COACHING DE CARREIRA

Construindo profissionais de sucesso

JOSÉ ROBERTO MARQUES & EDSON CARLI

COACHING DE CARREIRA

Construindo profissionais de sucesso

1ª edição

INSTITUTO BRASILEIRO DE COACHING®

Capa e Projeto Gráfico:
Equipe IBC

Diagramação:
Equipe IBC

Impressão:
Imprensa da Fé

Edição original, 2012 José Roberto Marques & Edson Carli
Contato: comunicacao@ibccoaching.com.br

Dados Internacionais de Catalogação na Publicação (CIP)
(Câmara Brasileira do Livro, SP, BRASIL)

Coaching de Carreira – Construindo profissionais de sucesso / Autores: José Roberto Marques & Edson Carli – São Paulo: Editora Ser Mais, 2012.

Bibliografia.
ISBN 978-85-63178-27-5

1. Coaching. 2- Sucesso em negócios. 3. Carreira

CDD-158.7

Índices para catálogo sistemático:

1. Coaching. 2- Sucesso em negócios. 3. Carreira

Editora Ser Mais Ltda
av. Rangel Pestana, 1105, 3° andar – Brás – São Paulo, SP – CEP 03001-000
Fone/fax: (0**11) 2659-0968
Site: www.editorasermais.com.br
e-mail: contato@revistasermais.com.br

Para todos aqueles que um dia sonharam que através do exemplo, do carinho e da dedicação ao próximo seria possível criar uma nova consciência e que esta mudaria o mundo.

Permita-se ir além a cada dia, ouse fazer diferente e o Poder lhe será dado.

Marques & Carli

Marques & Carli

Sumário

Apresentação

M a-ra-vi-lho-so!

Quem conhece José Roberto Marques, presidente do Instituto Brasileiro de Coaching - IBC certamente já ouviu mais de uma vez esta expressão, dita assim sílaba por sílaba. É uma forma de se referir a tudo que possa ser desafiador, novo, provocante e acima de tudo, que possa trazer um significativo valor para as pessoas à sua volta. A expressão "*MARAVILHOSO!*" tornou-se uma poderosa ferramenta do *Coaching* de quebra de padrão, que busca evocar a intenção positiva em qualquer situação, por mais inusitada que ela seja.

A origem deste livro não poderia ser diferente. No ano de 2009, durante um dos tão esperados e disputados cursos de especialização em *Business and Executive Coaching* – BEC do IBC, juntaram-se pela primeira vez José Roberto Marques e Edson Carli, instrutor e estudante respectivamente durante os oito dias de duração do treinamento. No início, o desafio parecia enorme, pois de um lado estavam o método e a filosofia do IBC, que prega o processo de aprendizado acelerado, com sentimento e fluidez, permitindo que as pessoas desenvolvam seu modelo de aceitação em ritmos distintos, sentindo cada passo do processo, que vai além do fazer, ler ou ouvir.

Um processo de aprendizado que combina diferentes abordagens da Psicologia (Psicologia Positiva, Cognitiva Comportamental, Psicodrama, Psicanálise e outras), Programação Neurolinguística, Neurociências, Meditação, Espiritualidade, Administração de Empresas, Gestão de Pessoas e RH com um conjunto de ferramentas e exercícios práticos e vivenciais que têm como meta a ampla compreensão e o envolvimento das pessoas de forma sistêmica, atemporal e com foco no EU INTEGRAL, compreendendo um caminho quádruo que contempla corpo, espírito, intelecto e emoção.

Do outro lado, estava o estudante, sócio diretor da GDT Brasil, cujo histórico abarca diversas posições como executivo de empresas nacionais e multinacionais, consultor especializado em gestão de talentos e que, por sua vez, defendia a estrita sistematização dos processos de transferência de conhecimento de maneira pragmática, previsível, coordenada e estatística. Tinha tudo para não ser congruente e complementar, mas as duas percepções e formas de ver e viver os estilos de aprendizagem acabaram se fundindo num poderoso processo que é o MCC – Metodologia para *Coaching* de Carreira.

Aos poucos, os dois foram estudando, conhecendo, buscando e entendendo o que havia de complementar na visão de cada um, pois se por um lado as pessoas têm necessidades de serem "ouvidas na essência" (uma das poderosas ferramentas do IBC), compreendidas, de sonhar, conquistar e, mais do que tudo, ter sua história reconhecida e honrada, por outro lado, existe um mercado profissional onde o desempenho de cada pessoa é medido incisivamente por sua capacidade de geração de valor. As metas e objetivos são cada vez maiores e as empresas ao procurarem os serviços de um *coach* de carreira sempre têm em mente a obtenção de resultados absolutamente tangíveis e mensuráveis.

Era preciso encontrar uma forma de somar. Um ponto de congruência e convergência que pudesse trazer ao profissional de *Coaching* ferramentas para combinar a essência do PSC (*Professional & Self Coaching*), os objetivos claros do BEC (*Business and Executive Coaching*) e uma metodologia mais específica que permitisse ao *coachee* assumir o comando da sua estratégia de carreira. Assim ele teria subsídios para traçar objetivos claros e específicos, construindo a melhor carreira que ele, o *coachee*, poderia ter. Tudo isso sobre um alicerce de valores reais, respeito a si mesmo e uma dose transcendental de autoconhecimento.

Conversas e mais conversas ocorreram e, depois de três anos de extenso trabalho, nasceu a ideia de adicionar ao programa de formação de *coaches* do IBC uma especialização em *Coaching* de Carreira. Esse programa combinaria a filosofia e valores deste *Coaching* idealizado por José Roberto, que convida as pessoas a se transformarem de uma maneira profunda e verdadeira, numa estrutura pautada no melhor da psicologia e ciências comportamentais e uma experiência adquirida ao longo de sua história empresarial e psicoterapêutica, com o pragmatismo e visão analítica de mercado e relações capital-trabalho defendidas por Edson com sua metodologia de autogestão de carreira que igualmente obteve resultados extraordinários na vida de milhares de pessoas, convidando-as a terem o famoso "*click*" em suas cabeças.

Assim, querido leitor, o livro que você tem em mãos agora é o resultado de muitos anos de pesquisa e desenvolvimento e milhares de horas de atendimento a pessoas e organizações para as quais foram operadas verdadeiras transformações, tanto nos modelos de crenças como em suas culturas, no Brasil e no exterior. O conteúdo é uma mescla precisa de ciência, tecnologia, marketing, crenças, experiências, ferramentas, boas práticas e tudo o mais que um profissional do *Coaching* necessita para desempenhar de maneira excepcional este ofício tão gratificante que é o *Coaching* de Carreira.

Ao longo dos capítulos você compartilhará a essência destes dois profissionais e poderá compreender como o EU Verdadeiro e o EU Profissional se combinam para criar um indivíduo profissional, capaz de gerar valor para si, para seus clientes e para a sociedade, juntando peça por peça, honrando e respeitando a história do *coachee*, aliada a uma estrutura sistemática de ações. Exploraremos o *Coaching* de Carreira como uma especialização dentre as várias possibilidades de desenvolvimento e atuação do profissional de *coach*. O que é, para que serve, onde utilizar e, principalmente, onde conquistar clientes uma vez que não existe *Coaching* sem o *coachee*.

No capítulo "Trilho ou Mapa" apresentamos o conceito geral de condução de carreira e como cada pessoa pode determinar o que considera sucesso profissional, independentemente de qual profissão seguir, encontrando o seu momento de vida e conhecendo as diversas formas de construir uma carreira.

Considerando que "*Coaching* é uma poderosa ferramenta facilitadora, para que se indentifique o estado atual e se chegue ao estado desejado", um bom *coach* de carreira deve permitir que seu *coachee* desenvolva uma visão clara do estado desejado. Ou seja, aquilo que no momento ele define como sendo seu sucesso profissional. A metáfora do trilho e mapa traz embutida a capacidade do *coachee* aceitar desafios, correr riscos e, acima de tudo, negociar com a vida e com o universo o quanto de energia ele está disposto a empregar na busca do seu estado futuro desejado. Assim que o *coachee* consegue definir claramente seu estado desejado, ambos (*coach* e *coachee*) conseguem trabalhar na aceleração para a obtenção desse estado.

Em seguida traremos à discussão uma das mais complexas reprogramações do sistema de crenças que um *coach* pode trabalhar: A percepção de valor. Segundo o filósofo ateniense Protágoras que viveu em Atenas do ano 480 a.c até 410 a.c, *"O Homem é a medida de todas as coisas"*. Explicando melhor, se a temperatura ambiente estiver em 18°C e estiverem presentes um gaúcho e um nordestino, o primeiro dirá que está muito quente enquanto o segundo procurará abrigar-se contra o frio. Posições antagônicas e, contudo absolutamente corretas: para um está frio e para o outro está calor. Ambos dizem a verdade. Hipoteticamente, havendo um brasileiro do sudeste entre eles, este diria: "Para mim está ótimo!".

O valor sempre é atribuído pelo observador e, no mercado profissional, isso é a mais pura e plena verdade. Contudo, cada *coachee* possui, sempre, mais de um observador em sua cadeia de geração de valor. Visto que para ser bem-sucedido em sua carreira ele deverá no mínimo ser reconhecido como um profissional de valor por seu superior, seus pares e seus subordinados, isto sem contar as eventuais avaliações de clientes.

Você encontrará também conhecimento e ferramentas para ressignificar o conceito de valor e construir a crença poderosa de que cada um de nós possui um EU Profissional que é o produto que oferecemos ao mercado. Este EU Profissional deve ser criado a partir da nossa essência, mas deve acima de tudo ser capaz de encantar o maior número de clientes possíveis, gerando aceitação e sucesso em nossas carreiras também.

Compartilharemos também formas de como construir uma identidade profissional. Note que utilizamos o termo construir e não criar. Todos nós já possuímos os componentes de nossa identidade profissional que chega a ponto de virar quase um *slogan*. Você já percebeu como algumas pessoas possuem características marcantes? Veja só: "Deixe este trabalho com o João, ele é o cara que resolve tudo" ou ainda "A Maria é porreta, se não souber como resolver, ela acha quem sabe". Tem ainda aquele sobre o qual se diz: "Vai tranquilo que este cara é de confiança" e assim por diante.

No mundo dos negócios é comum que as grandes empresas declarem suas visões e missões que servem de direção e estratégia. Um bom *coach* de carreira apoiará seu *coachee* na identificação destas declarações, permitindo que este tenha um porto seguro para onde voltar todas as vezes que estiver em dúvida sobre qual caminho tomar. Neste sentido, ter clareza de quem somos e por que estamos no mundo é uma poderosa ferramenta de transformação.

Vencidas as etapas iniciais de reprogramação, identificação de missão, visão e valores, seu *coachee* estará pronto para iniciar uma jornada estratégica rumo ao estado desejado. A próxima etapa envolve a definição de um mapa com objetivos de curto, médio e longo prazo onde aparecerão as diversas pessoas (*stakeholders*) cujos conceitos únicos de valor podem definir o sucesso ou não desta jornada. A compreensão destas forças combinadas com a estruturação do EU Profissional permitirão ao *coachee* pensar de maneira lógica e perceber sobre como sua atitude, energia e a canalização do *self* poderão levá-lo a atingir os diversos patamares do estado desejado.

No decorrer dos capítulos você estará apto a definir junto ao seu *coachee* a estratégia de atuação. Assim como os grandes navegadores, precisará definir no mapa o percurso a ser seguido de forma a atingir o ponto que interessa na carreira (estado desejado). Um curso traçado nesse mapa traz um grande número de incertezas e, portanto gera um grande volume de apostas que aparecerão na forma de hipóteses que formulará, por exemplo: "Se minha equipe estiver produzindo de acordo com as metas, serei considerado um bom líder". Ou ainda "Sempre mantenho um sucessor pronto para assumir, assim terei mais possibilidades de ascensão".

O fato a considerar é que ainda que sejam boas apostas, sempre serão apostas. Podem dar certo ou não, assim como o caminho traçado pelo navegador pode estar livre de tempestades, ou não. Quanto melhor for o conhecimento do mapa, que no nosso método é formado pela rede de valor, maiores serão as chances de obter sucesso na carreira. De toda forma, lembre-se de que a definição do EU Pessoal terá impacto direto no resultado da estratégia. Para muitos, a jornada é mais importante do que a chegada, o desfrutar do caminho é ainda mais relevante do que o próprio resultado. Nesses casos, o prazer de conseguir e viver o processo vai além do que a própria meta específica.

Como *coach*, veremos que você atuará em sete diferentes níveis de conhecimento, permissão e transcendência junto ao seu *coachee*. Em alguns momentos como mestre, outros como apoiador e professor, e ainda como questionador, utilizando todas as suas ferramentas para que ele, e sempre ele, esteja no comando da situação.

O *coach* de carreira busca harmonizar os interesses da empresa e do *coachee*, visto que, de maneira simbiótica, um não existe sem o outro. É bom lembrar que uma empresa é um organismo vivo composto de pessoas que vibram num mesmo sentido alicerçado numa missão conjunta.

Não existe experiência mais gratificante do que ser dono da própria vida, decidir para onde ir, como chegar e em que tempo. Assim, convidamos você a conhecer nas próximas páginas uma série de técnicas, modelos e ferramentas que possibilitarão definir uma percepção e, ainda, uma estratégia de carreira ao mesmo tempo percebida de dentro para fora, fluída o suficiente, coordenada, controlada e focada em resultados de curto, médio e longo prazo. Assim como em qualquer empreendimento de sucesso, afinal de contas, seu *coachee* possui um EU Pessoal e um EU Profissional, que é o melhor produto que ele poderá vender.

Lembre-se sempre de se lembrar de nunca esquecer que somos o resultado de nossa permissão de ousar fazer diferente, de ir além, de acreditar e colocar energia em direção a grandes ideais e conquistas. Somos o que imaginamos e acreditamos *Ser*, do tamanho de nossas crenças e do resultado da energia que compartilhamos no universo.

Uma grande dica é entender que as crenças norteiam nossos valores, que pautam nossas atitudes e comportamentos. Mais do que isso, o que acreditamos ser real passa a ser verdadeiramente real e assim, nossas crenças se transformam em nossas verdades individuais, ou seja, nosso sistema de crenças são nossas verdades e isso personifica nossa identidade.

Reflita sobre algumas crenças limitadoras que talvez você possa desafiar e transcender ao ler este livro. No mesmo sentido, permita-se potencializar suas crenças fortalecedoras para que seu resultado seja ainda melhor. Acredite, você foi feito para *Ser* a melhor pessoa e o melhor profissional que pode *SER*!

Concluímos esta apresentação com outra ferramenta de *empoderamento* do *Professional and Self Coaching* (PSC), que é a crença positiva de que...

Você Pode Tudo!!!

Evidentemente, em tudo que você acredita que pode, você pode! Aproveite a leitura!

José Roberto Marques & Edson Carli

Introdução

"No futuro todos os líderes serão coaches, quem não desenvolver essa habilidade automaticamente será descartado pelo mercado".
Jack Welch, CEO, General Electric

Trilhar uma carreira de sucesso, cheia de recompensas positivas ou mesmo escolher uma profissão, é uma missão que exige foco, dedicação e, muitas vezes, um *coach* de carreira. A chegada em massa da tecnologia não só transformou processos como criou eficazes canais de oportunidade, e de quebra, alterou todo um sistema de produção, exigindo mais qualidade técnica dos recursos humanos existentes. Várias portas foram abertas ao redor do planeta ao mesmo tempo, a globalização elevou não só o nível de comunicação, como o de oportunidade de novos negócios e, consequentemente, de desenvolvimento de carreira.

Qual a profissão que devo escolher? Qual curso devo fazer? Será que estou no lugar certo, na profissão certa? Será que vou dar conta do recado? Será que tenho alguma habilidade? Será que vou obter sucesso? Estas são algumas das milhares de perguntas que rondam a cabeça de um jovem, em fase pré-vestibular, ou daqueles que já estão construindo uma carreira, atuando no acelerado mundo do *business*, construindo uma carreira dentro de uma grande empresa, ou empreendendo seu próprio negócio.

Existem indicadores que são grandes complicadores, e causam desconforto ao trilhar uma carreira: escolher o sucesso ou a fama; prazer, satisfação pessoal, qualidade de vida ou sucesso financeiro. Para ajudar no processo de indecisão assistimos diariamente algumas situações paradoxais em nosso cotidiano: um presidente da República, um artista famoso sem formação superior, um grande amigo, bem-sucedido financeiramente, que jamais frequentou uma escola, nunca pegou numa caneta ou leu um livro, pessoas que apostaram no mercado financeiro e se tornaram milionárias, e assim vai, são várias as histórias e as experiências assistidas em nosso dia a dia.

Quase sempre tomamos decisões baseadas, sem percepção clara, nos valores dos grupos sociais nos quais convivemos, e esquecemos dos nossos próprios valores. Se fizermos parte de uma família de médicos, temos uma tendência de achar que também nascemos para a coisa, se tivermos um amigo que se deu bem, tentamos realizar os mesmos passos, sem ao menos conhecermos de fato a caminho por onde passaram.

Neste contexto o *Coaching* busca trazer luz a essas questões, tornando-as mais fáceis de serem encaradas. Há dúvidas também com relação ao processo de *Coaching*. Muitos profissionais com os quais trabalhamos em anos e anos de carreira, tanto executiva como nas ações de consultoria e *Coaching*, compartilham dos mesmos questionamentos quanto ao processo e obviamente quanto à sua aplicação.

Existem confusões naturais entre o processo de *Coaching*, que é um excelente acelerador de resultados e, portanto, um elemento chave de transformação de amplo espectro com trabalhos ligados à psicologia, antropologia, sociologia e a até mesmo reprogramação e treinamento sendo por muitas vezes associado a um processo de correção de algo que está errado. Mas *Coaching* é muito mais do que isso, tem relação com potencializar o que já é muito bom para se tornar excelente.

No mundo corporativo é bastante comum ouvir nossos contratantes dizendo frases como "Esta equipe está muito ruim, vamos colocá-los no *Coaching* para tomar jeito". Considerando que o *Coaching* leva o indivíduo de um estado atual incômodo para o estado futuro desejado, esta pode ser considerada uma meia verdade. Sim, o *coachee* melhorará em muitos aspectos e podemos até dizer que ele vai "tomar jeito". Mas certamente, o *Coaching* vai muito mais além.

Coaching é um processo que utiliza técnicas, ferramentas e recursos de diversas ciências. Algumas pessoas dizem que é ciência, mas na realidade é um *cocktail*, um *mix* de recursos e técnicas que funcionam em ciências do comportamento (psicologia, sociologia, neurociências, etc.) e de ferramentas da administração de empresas, esportes, gestão de recursos humanos, planejamento estratégico e outros. É um processo que produz mudanças positivas e duradouras. Conduzido de maneira confidencial, individual ou em grupo, o *Coaching* é uma oportunidade de visualização clara dos pontos individuais, de aumento da autoconfiança, de quebra de barreiras de limitação, para que as pessoas possam conhecer e atingir seu potencial máximo e alcançar suas metas.

Coaching é uma metodologia que busca atender as seguintes necessidades: atingir metas, solucionar problemas e desenvolver novas habilidades. É um processo de aprendizagem e desenvolvimento de competências comportamentais, psicológicas e emocionais, direcionado à conquista de objetivos e obtenção de resultados planejados que, para ser compreendido, pode ser comparado à aliança de sucesso entre um técnico desportivo (*coach*) e seus atletas (*coachees*). O técnico não atua no jogo diretamente, mas oferece, como um padrinho, sua experiência que concorre para o desenvolvimento e desempenho do atleta. Da mesma forma o *coach* contribui para o aprendizado e amadurecimento emocional, tomada de decisão, planejamento de ação, definição de tarefas e de estratégias de remoção de obstáculos.

Ocasionalmente confundido com terapia, o *Coaching* vai bem além desta, na medida em que dá ao cliente a autonomia e o mérito pelos resultados obtidos, objetivando o acúmulo de experiências automotivadoras e a conquista da independência o mais cedo possível.

"De maneira sintética e objetiva, Coaching *pode ser caracterizado como o processo conduzido por um profissional* Coach, *visando identificar o estado atual de seu* Coachee *(cliente) e caminhar junto com ele até um estado desejado."*

Definições de *Coaching* segundo a Global Coaching Community (GCC):

"Coaching *é a parceria entre* coach *(profissional) e cliente* (coachee) *onde acontece um processo estimulante e criativo que inspira e maximiza o potencial pessoal e profissional do cliente."*

"Coaching *é um processo sistematizado onde um* coach *acompanha e estimula seu cliente no desenvolvimento de sua performance e alcance de suas metas."*

"Coaching *é uma metodologia de desenvolvimento humano onde se cria um contexto transformacional para o alcance de um estado desejado."*

O *Coaching* e suas vertentes

Processo, metodologia e parceria são excelentes termos para se definir um bom *Coaching*. De fato, este trabalho conjunto entre *coach* e *coachee* é uma forma de gerar riqueza no verdadeiro sentido da palavra, pois ao passar por um processo deste nível o *coachee* efetua um verdadeiro resgate de si mesmo, reconhecendo e honrando sua história, olhando para dentro e descobrindo o quão linda pode ser a vida quando ela é vivida de maneira plena e verdadeira.

Ao longo do relacionamento entre *coach* e *coachee*, o papel do profissional se altera dentre os sete níveis de percepções e conhecimento de relacionamento.

Veja a seguir a Pirâmide do Processo Evolutivo do Coaching adaptada dos Níveis Neurológicos de Aprendizagem e Mudanças de Robert Dilts e Bernd Isert por José Roberto Marques.

	PAPEL DO COACH	TIPOS DE LIDERANÇA	7 HÁBITOS	7 LEIS ESPIRITUAIS DO SUCESSO	7 LEIS UNIVERSAIS ETERNAS	7 LEIS NATURAIS	OS SETE PRINCÍPIOS HERMÉTICOS
Legado Visão e Propósito Espiritualidade	**SELF** Empowerment	CARISMÁTICA E VISIONÁRIA	1+1=3 7º HÁBITO Ser Holístico	7º Lei Do Dharma	VII- LEI UNIVERSAL Da Criação	VII-A LEI DO AMOR	VII - O PRINCÍPIO DE GÊNERO
Afiliação Eu e o Grupo Pertencimento	AGLUTINADOR	COLABORATIVA	Campo Relacional 6º HÁBITO Crie Sinergia	6º Lei Do Distanciamento	VI- LEI UNIVERSAL Da Graça	VI-LEI DA MANIFESTAÇÃO	VI - O PRINCÍPIO DE CAUSA E EFEITO
Identidade Missão / Senso do Eu	PATROCINADOR Foco no Positivo	CONSIDERAÇÃO INDIVIDUALIZADA	Compreender para ser Compreendido 5º HÁBITO	5º Lei DA INTENÇÃO E DO DESEJO	V -LEI UNIVERSAL Da Verdade	V-A LEI DA POLARIDADE	V - O PRINCÍPIO DE RITMO
Crenças Valores Permissão Motivação	**MENTOR**	INSPIRACIONAL	ECOLOGIA 4º HÁBITO	4º Lei DO MÍNIMO ESFORÇO	IV- LEI UNIVERSAL Do Amor e Perdão	IV-A LEI DA EVOLUÇÃO	IV - O PRINCÍPIO DE POLARIDADE
Capacidades e Habilidades Direção Estratégia	CONSULTOR PROFESSOR	ESTÍMULO INTELECTUAL	Prioridade 3º HÁBITO	3º Lei DO CARMA	III-Lei Universal Do Unidade e Reflexão	III- A LEI DA ORDEM	III - O PRINCÍPIO DE VIBRAÇÃO
Comportamento Ação e Reação	TREINADOR	ESTÍMULO POR RECOMPENSA	PMP 2º HÁBITO Poder Mental Positivo	2º Lei DO DAR E RECEBER	II-Lei Universal Da Ressonância	II- A LEI DA HARMONIA	II - O PRINCÍPIO DE CORRESPONDÊNCIA
Ambiente Limites e oportunidades	**GUIA**	GERENCIAMENTO POR EXCEÇÃO	TBC 1º HÁBITO Seja Proativo	1º Lei DO POTENCIAL PURO	I-Lei Universal Do Carma	I - A Lei Da Natureza	I - O PRINCÍPIO DE MENTALISMO

Coaching é um processo cuja essência é a arte de fazer boas perguntas para gerar no *coachee* um estado de reflexão e permissão para aumentar sua visão perceptiva sobre o mundo. Compartilhamos abaixo poderosas perguntas em cada nível de conhecimento:

Níveis Neurológicos de Percepções e Conhecimento

Primeiro Nível: AMBIENTE

O nível de ambiente está relacionado com o contexto inicial, as primeiras informações referentes ao meio em que estamos inseridos. Tem relação com tudo que está fora e causa movimentos internos. A interpretação e vivência neste nível nos dá a percepção de nossas oportunidades e limites em nossas vidas. Tem relação com "onde e quando" acontecem as informações. O papel do *coach* neste sentido é de atuar como GUIA do *coachee* e o tipo de liderança que se adapta é o gerenciamento por exceção. Excelentes perguntas nesse sentido são:

- Como vai você?
- Como é sua casa?
- Você gosta das suas roupas?
- Seu guarda-roupa é organizado?
- Como está sua saúde?
- Como você está fisicamente?
- Quando você se olha o que você vê?
- Qual sua distância do espelho ao acordar todos os dias?
- Como você tem guiado a sua própria vida?
- Se você pudesse dar uma nota do quanto você se guia, quanto seria essa nota de 0 a 10?
- Quanto está aproveitando o seu ambiente e transformando em oportunidades para a sua vida?
- Você está fazendo dele oportunidade ou limitação?
- Quanto uma informação superficial atinge você?
- Quanto você se preocupa em aprofundar o que ouve?
- Você vive a superficialidade do contexto inicial ou você vive o aprofundamento, a alma?
- Você vive fora ou dentro?
- Você verdadeiramente acredita que o mundo é um manancial

de potencialidades de energia infinita?
- Você acredita que nosso meio é infinito e por isso traz inúmeras possibilidades?

Segundo Nível: COMPORTAMENTO

O nível de comportamento está relacionado com o que fazemos no contexto inicial, extraído das primeiras informações do meio onde estamos inseridos. Tem relação com a ação e reação que temos do impacto do ambiente externo onde nos encontramos. Como agimos em um contexto específico? A interpretação e vivência nesse nível nos dá a percepção do que fazemos, agindo ou reagindo dentro dos vários contextos da própria vida. O papel do *coach* neste sentido é de atuar como um TREINADOR do *coachee* e o tipo de liderança que se adapta é o estímulo por recompensa. Algumas perguntas nesse sentido são:

- Quais são seus melhores comportamentos?
- O que você admira nas suas ações?
- Quais atitudes e comportamentos confirmam que você é uma pessoa maravilhosa ou que você não é maravilhoso?
- Como está o melhor treinador que existe dentro de você?
- Como você avalia o seu autotreinamento?
- Quanto a Lei Universal da Ressonância faz sentido para você?
- Qual é a realidade de plantar e colher na sua vida?
- Você vive uma vida harmônica e feliz?
- Os seus comportamentos traduzem suas atitudes?
- Suas ações confirmam suas palavras?
- Seus discursos e suas ações são congruentes?
- Sua predominância de ações são mais ativas ou reativas?
- Como você está se programando positivamente?
- Quanto você acredita na lei universal do comportamento?
- Na lei da reciprocidade humana?
- Quanto você vive a realidade do mundo e do universo?
- Quanto você dá, quanto recebe, planta e colhe?
- Se pudesse ver o seu comportamento, diria que age ou reage?
- Você vive uma harmonia sistêmica?
- Você se considera o grande treinador de sua própria vida?
- O quanto isso é verdade?

Terceiro Nível: CAPACIDADES E HABILIDADES

O nível de capacidades e habilidades está relacionado com a indagação "Como nos posicionamos no universo de forma a nos nortearmos em direção ao nosso estado desejado? Como convivemos e utilizamos nossas habilidades emocionais, espirituais e físicas?" A permissão de viver nossas melhores capacidades e habilidades nos dá o aumento da percepção de nossa direção e estratégia no processo evolutivo e em nossa alta *performance*. Neste caso, o *coach* vai atuar como um tipo de CONSULTOR ou PROFESSOR do *coachee* e o tipo de liderança que se adapta é o estímulo intelectual. Perguntas neste sentido são:

- Quanto suas capacidades e habilidades dão direção e estratégias para sua vida?
- Qual a sua maior prioridade?
- Existe uma ordem nas suas prioridades?
- Suas melhores competências direcionam você ao estado desejado? O quanto você vive essa relação entre suas habilidades e capacidades para chegar aonde quer chegar?
- Você convive com pessoas do mesmo nível que o seu em capacidades e habilidades?
- Você acredita que semelhante atrai semelhante?
- Você acredita que você tem energia e poder interno infinito?
- Você tem habilidade e competência suficiente para entender que cada ação gera uma força de energia?
- Você tem estratégias suficientes para viver a reação da força que você coloca no Universo?
- Você respeita a ordem sistêmica familiar, respeitando a ordem de pai, mãe e filhos?
- Existe uma hierarquia sistêmica nos contextos em que você está inserido?
- O quanto você vive seu potencial professoral em si mesmo e nas pessoas com as quais convive?
- Você é consultor de si mesmo?
- Você tem planejamentos específicos nas diferentes áreas de sua vida, a curto médio e longo prazo?
- Você se permite viver novas perspectivas no dia a dia?

Quarto Nível: CRENÇAS E VALORES

O nível de crenças e valores está relacionado com a indagação "Por que somos o que somos e conseguimos ou não conseguimos o que queremos?" Está diretamente ligado ao que acreditamos sobre nossa verdade individual. Por que os valores, critérios, crenças e generalizações sobre o mundo e as pessoas nos trazem resultados extraordinários ou por que não conseguimos esses resultados...?

Nosso sistema de crenças e valores nos dá PERMISSÃO e MOTIVAÇÃO para ousarmos novas posições perceptivas dos diferentes contextos em nossas vidas. Ousar fazer e ter novas interpretações nos traz um poder interno. Talvez aqui você também estabeleça ou concorde com esta crença facilitadora que podemos conseguir tudo que ousamos acreditar e fazer!

Neste sentido o papel do *coach* é de atuar como um MENTOR do *coachee* e o tipo de liderança que melhor se adapta nesse nível é a inspiracional. A seguir, algumas perguntas nesse sentido:

- Você realmente acredita que todo o problema só é um problema por trazer em si a força da solução?
- O quanto suas crenças permitem a você chegar aonde quer chegar?
- Quanto aquilo no que acredita dá a você uma permissão para ir além?
- O quanto seus valores o permitem viver sua força universal absoluta?
- Você acredita na verdade de que para ganhar ninguém precisa perder?
- Você verdadeiramente acredita que um problema é uma oportunidade de transcender esse lugar?
- Sua crença permite que você viva a aceitação de si mesmo?
- Quanto você acredita que o amor cura e restaura todas as coisas do universo?
- Você vive e sente a verdade de que você foi feito para brilhar?
- Quanto você verdadeiramente crê que existe poder nos seus pontos de melhoria?
- Quanto você acredita na unidade da dualidade?

- Você tem sido o mentor de si mesmo?
- Quanto o arquétipo do mentor é verdadeiro em sua vida?

Quinto Nível: IDENTIDADE

O nível de identidade está relacionado com a indagação "Quem Somos? Quem é responsável pelos acertos e desacertos? Quem vive dentro de uma missão de vida e que missão?" Está ligado ao senso do EU e de viver por uma MISSÃO. "Qual meu papel no mundo? Que tipo de pessoa EU SOU?" Está diretamente ligado com nossa missão de vida.

Nosso sistema de identidade nos dá SENSO DO EU e percepção da MISSÃO DE VIDA, nossos papéis no mundo. A vida faz muito mais sentido quando sabemos quem somos e vivemos nossa identidade. Convidamos você a viver seu senso de significado Eu!

O papel do *coach* neste sentido é de atuar como um tipo de PATROCINADOR e APOIADOR, sempre com foco no positivo. O tipo de liderança que melhor se adapta nesse nível é a consideração individualizada, que oferece todos os caminhos possíveis e ações que se adequem a identidade do seu *coachee*. Excelentes perguntas que auxiliam neste processo são:

- A verdade é o único caminho da libertação. Isso faz sentido pra você?
- Condiz com seu senso de identidade?
- Quem é você dentro da sua verdade, da verdade do outro e da verdade universal?
- Quanto você verdadeiramente acredita na sua missão?
- Qual é a sua missão?
- Quem é você?
- Qual a consciência e o senso que você tem do seu eu?
- Como você acredita que vive a sua identidade?
- Você consegue compreender o outro?
- Você consegue viver a pureza e a luz?
- Você aceita a polaridade e a diversidade?
- Você vive uma ressignificação contínua e consegue ver nos problemas uma oportunidade?

- Você é capaz de transcender e aprender?
- Você acredita que o tamanho do seu amor tem uma congruência sistêmica com o tamanho do seu perdão?
- De 0 a 10 qual o tamanho do seu perdão?
- O que você aprende com essa resposta?
- O que seria um número suficiente?
- Existe uma intenção positiva maior no que você compartilha com o mundo?
- Quanto você usa a positividade na sua vida?
- Você é um grande patrocinador de si mesmo?
- Você se permite ver as coisas boas em tudo que acontece com você?
- Você vive o papel do *coach* patrocinador na sua história?
- O quanto você permite que sua mente maior traga de informações para sua mente consciente?
- O quanto você está receptivo para receber em si mesmo dons maiores?
- O quanto você acredita que pode receber de si mesmo as respostas, as soluções e resultados?

Sexto Nível: AFILIAÇÃO

O nível de afiliação está relacionado com a indagação "Com quem? Com quem compartilho meus sucessos, intimidades, pontos de melhoria e sonhos? Com quantas pessoas eu me relaciono nas diferentes áreas de minha vida? O quanto eu pertenço aos lugares que faço parte? Que nível de pertencimento eu me permito viver?"

Está ligado também ao nível de pertencimento dos diferentes locais aos quais fazemos parte. Tem relação com "Eu dentro do grupo". Outra boa definição é aglutinação, o quanto pertenço às diferentes hierarquias e pessoas da minha vida. Nosso sistema de afiliação nos dá a SENSAÇÃO DE PERTENCIMENTO no Universo. A vida é muito maior quando somos capazes de aglutinar ideias, ideais, sonhos e objetivos comuns a diversas pessoas dentro e fora de nossa esfera familiar.

O papel do *coach* neste sentido é de atuar como AGLUTINADOR do *coachee*, convidando-o a pertencer e participar dos diferentes contextos e nos diferentes papéis em sua vida. O estilo de liderança é a colaborativa. Excelentes perguntas neste sentido são:

- O quanto o seu fluxo de energia contribui para o Universo?
- Quanto que o seu campo relacional emana energia positiva pelos lugares onde você passa?
- Qual a intensidade do desapego que você vive na sua vida?
- Quanto você se permite sair da ilusão de estar no controle e acreditar no processo e no fluir universal?
- Qual a capacidade que você tem em dar o melhor de você sem obsessão pelo resultado e mesmo assim ter convicção do seu atingimento?
- O quanto acredita que tem merecimento para viver a lei universal da graça?
- Quanto você pertence a si mesmo?
- Qual a diferença que você faz na sua própria vida, de sua família, dos seus amigos e em seu lado profissional?
- Qual é a diferença que você faz em todos os grupos que você pertence? Lembre-se de que você pertence a si mesmo. Que capacidade você tem de deixar fluir e tornar tangível o que é intangível?
- Que nota você dá para sua capacidade de aglutinar pessoas?
- O quanto o papel do arquétipo do *coach* aglutinador é uma realidade em você e na vida das pessoas que o cercam?

Sétimo Nível: LEGADO

O nível de legado está relacionado com a indagação "Quem mais pilota sua vida?" Traz a reflexão sobre nosso desenvolvimento espiritual, nos convidando a ter uma visão ampliada do mundo, um propósito e a construção de um legado, que nada mais é do que a memória que deixaremos no Universo. Está ligado ao senso do SIGNIFICADO DE VIDA, do PENSAMENTO SISTÊMICO, da visão HOLÍSTICA e da aceitação da quadrinidade de corpo, alma, intelecto e emoção.

Nesse nível o profissional *coach* atua com uma visão ampliada do todo e das partes das diferentes áreas da vida do *coachee*. É o profissional que ao mesmo tempo guia, treina, é professor e consultor, muitas vezes considerado como mentor e patrocinador com foco no positivo, além de compartilhar a reflexão da missão, convidar o cliente a pertencer a diferentes sistemas e finalmente, contribuir para o *empoderamento* do eu do seu cliente.

O papel do *coach* neste sentido é de atuar como um *Self Empowerment*, no sentido abrangente da palavra, e seu tipo de liderança é a carismática e a visionária. Excelentes perguntas nesse sentido são:

- Quanto você sente que é uma parte do Universo e que é parte de si mesmo?
- Quanto você sente que é uma parte significativa nos diferentes meios em que está inserido?
- Quanto você vive a realidade e a certeza de que ao mesmo tempo em que é parte, vive a interferência no todo em que está inserido e assim é o todo?
- Quem você quer ser quando você crescer?
- Como você será lembrado após mudar de endereço?
- Qual o grande propósito que norteia a sua vida?
- Qual o tamanho do seu senso e significado de vida?
- Você vive uma congruência de corpo, alma, mente e espírito?
- Você acredita que nós somos pura energia? Que nós fazemos parte da criação e que nós cocriamos o tempo inteiro?
- Você verdadeiramente acredita que tudo o que você pedir e com a ação devida será atendido no seu pedido?
- Você vive a lei maior, a lei do amor?
- Você experimenta o êxtase do seu próprio espírito e deixa fluir o melhor de si nos diferentes contextos em que está inserido?
- Você aproveita seu propósito de vida dentro de um pensamento sistêmico, visão holística, energia universal, dentro da crença maior que somos seres de energia eterna?
- Quanto você vive o *empoderamento* do seu eu?
- Você acredita nessa força maior, nessa centelha de luz que habita dentro de você que o engrandece e que o leva aonde quer chegar?
- Quanto você vive o despertar do *self empowerment* das outras pessoas e de si mesmo?
- Você acredita ter todas essas capacidades ou ser essas próprias capacidades?

- O que você sente ao ouvir que você tem tantos conhecimentos e qual sensação interna você tem ao ouvir que você tem todas estas habilidades e é tudo isso ao mesmo tempo?

Os vários papéis do *coach*

Quando analisamos o modelo de comportamento das pessoas e seus relacionamentos, podemos identificar nas mais diferentes metodologias alguns arquétipos que se repetem em essência ainda que em denominações diferentes. Os arquétipos usualmente são divididos em quatro grupos com os seguintes verbos: fazer, planejar, avaliar e interagir. Se olharmos para nós mesmos, veremos que em algum momento somos direcionados por estes verbos e se essa figura for muito forte, agiremos assim na maioria das vezes como se criássemos um *slogan* da nossa forma de ação.

Em uma das várias reuniões para a cocriação deste livro, o tema dos arquétipos e verbos veio à tona e concluiu-se que faltava um verbo neste modelo:

Sentir!

Tão óbvio e ao mesmo tempo tão brilhante! É impossível desempenhar o papel de *coach* sem que haja sentimento verdadeiro na relação com o *coachee*, ainda que existam os processos de conexão e desconexão necessários para a proteção da saúde emocional tanto do *coach* como do *coachee*, todos os esforços devem ser direcionados para a construção e manutenção do sentir de maneira ampla.

Sentir não significa complacência ou concordância. No *Coaching* de Carreira, o *coachee* está buscando desenvolver uma estratégia de resultados acelerados em termos de sucesso profissional, ainda que ao melhorar como profissional automaticamente ele também melhorará como indivíduo. Assim, o *coach* de carreira deve conhecer melhor do que ninguém os papéis que deverá desempenhar de acordo com o nível neurológico do seu *coachee*.

O *coach* como guia

Pensemos por um momento na etimologia da palavra e na pessoa que vem a nossa mente quando ouvimos a palavra guia:

- Quem está perdido, precisa de um guia.
- Quem não conhece determinado local, precisa de um guia.
- Quem precisa de um caminho melhor, precisa de um guia.
- Quem não sabe para onde ir... precisa definir.

O guia facilita o caminho do *coachee*, desde que este tenha decidido minimamente o que pretende fazer. Em termos técnicos, é necessário que o *coachee* defina seu estado desejado a partir de seu estado atual. Neste momento, o trabalho do *coach* está muito focado no modelo das perguntas poderosas provocando reflexões no *coachee* para que ele se perceba no ambiente.

Este papel é particularmente utilizado nos primeiros passos do *coach* de carreira quando o *coachee* precisará definir suas diretrizes pessoais e profissionais respondendo perguntas simples como, por exemplo:

- Que atividade, remunerada ou não, me traz mais prazer?
- Se não houvesse necessidades financeiras, quais seriam as minhas atividades diárias?
- Como serão meus últimos anos de vida?

Todas estas provocações levarão o *coachee* a questionar sua posição atual, por que ele se incomodará e será acionado o jargão TBC (Tire a Bunda da Cadeira) levando-o a iniciar o processo de transformação tanto pessoal como profissional. Nesse processo muitas vezes os *coachees* têm informações e crenças em demasiado, o que os impede de visualizar seu caminho.

O *coach* de carreira deve iniciar então um processo de limpeza, gerenciando por exceção e tirando do caminho tudo o que não interessa para o *coachee,* até que ele possa encontrar seu foco. Substituir perguntas positivas como "O que lhe traz mais felicidade?" por perguntas direcionadas às dores como "O que você não faria por dinheiro algum?" costumam oferecer melhores resultados quando o *coach* trabalha no papel de guia.

Acompanhar o *coachee*, sentir seu ritmo, tirar do caminho o entulho emocional são boas ferramentas para iniciar o *Coaching* de Carreira no nível básico.

O *coach* como treinador

Seguramente este é o estereótipo que mais comumente simboliza o *coach* e o *Coaching*, até mesmo porque a palavra deriva daí. O cinema e a literatura estão recheados de exemplos na área esportiva onde um profissional dedica-se a treinar seus discípulos para realizar feitos maravilhosos e impressionantes:

- *Coach Carter;*
- *Lendas da vida;*
- *Cisne Negro;*
- *Wall Street;*
- *Karatê Kid;*
- *Filhos do silêncio;*
- *A última fortaleza.*

Falando efetivamente de *Coaching* de Carreira, o papel do treinador está calcado no desenvolvimento de habilidades necessárias para o sucesso do *coachee*. Assim que ele define seu estado desejado, cria um alvo em seu mapa com diversos passos intermediários até a meta final. Cada pessoa possui um mapa específico desenhado de acordo com suas experiências e vontades, todavia, como bem sabemos, cabe ao observador confirmar o valor do observado e assim, ao longo do mapa de carreira de nosso *coachee* aparecerão várias pessoas que ora o apoiarão, ora o bloquearão.

Essas pessoas são chamadas *stakeholders* (partes interessadas) cujas expectativas de valor devem ser atendidas caso nosso *coachee* queira conquistar uma determinada vaga ou promoção. Das expectativas dessas pessoas, sejam elas físicas ou jurídicas, nascerão elementos que são críticos para obterem a concordância e a esses elementos damos o nome de fatores críticos de sucesso.

Quando um *coach* atua como treinador, ele utiliza ferramentas como *autofeedback*, reforço positivo, tela mental positiva e demais modelos que estimularão o *coachee* a construir uma nova realidade, direcionando-se a ela passo a passo. Nesta fase, a definição de tarefas e o gerenciamento dos progressos são fundamentais, pois o *coachee* estará passando por uma alteração de estado mental que certamente gerará incerteza e desconforto. Ele está literalmente se reprogramando, o que aumenta a necessidade de sentir de maneira aberta pelo *coach*. Forçar em demasia pode causar desistência e frustração, ser complacente em demasia não altera o estado atual, gerando frustração e desistência. É como uma dança, condução suave, harmônica, mas firme.

Coach como consultor ou professor

Conteúdo, competitividade, diferenciação. Essas são as palavras de ordem de um bom *coach* de carreira para seu *coachee* no terceiro nível neurológico. Quando o *coachee* ultrapassa a barreira da percepção de valor e conscientiza-se de que o EU Profissional é um produto que precisa ser desenvolvido, melhorado e, acima de tudo, comercializado de maneira adequada, ele passa a perceber a necessidade de posicionar-se no mercado e competir de maneira vencedora.

Neste ponto, o *coach* de carreira distancia-se levemente do *life coach* onde as bases são as perguntas poderosas e o conteúdo sempre pertence ao *coachee*, assumindo uma postura de maior influência, trazendo para seu *coachee*, comparativos, boas práticas, conhecimento e muita, mas muita estratégia. Neste ponto o *coach* passa a atuar no sistema de crenças de nível dois do *coachee*, ou seja, ele passa a utilizar exemplos de senso comum para orientar os trabalhos e as reflexões de seu *coachee*.

Embora a decisão final de fazer ou não fazer sempre caibam ao *coachee*, como professor o *coach* trará muito conhecimento propondo leitura, consultas, trabalhos comparativos, especialização, planejamento e um grande número de tarefas que terão como base oferecer ao *coachee* algo que ele desconheça. Especificamente no tema carreira, é preciso que o profissional (*coachee*) construa um diferencial baseado em suas habilidades intelectuais e conhecimentos acumulados, assim cabe ao *coach* estimular a criação de um capital intelectual para seu *coachee*, tornando-o cada vez mais atraente aos olhos do mercado e cada vez mais confiante em si mesmo.

No Brasil, a economia caminha a passos largos para uma sociedade baseada em serviços e que, portanto, terá como diferencial a capacidade de desenvolver ideias e planejar serviços diferenciados e de alto valor agregado. Cabe ao *coach* estimular intelectualmente seu *coachee*, provocando-o, levando-o a lugares que ele nunca pensou ir e por vezes, convidando-o a fazer coisas inusitadas que sejam capazes de levá-lo a uma nova percepção de mundo.

Coach como mentor

Este é o patamar da relação onde a verdadeira transformação começa, pois até então, o processo de construção do EU Profissional estava relacionado à percepção do ambiente, à criação de habilidades e conhecimentos, mas que de maneira geral ainda significavam transformações externas ao Eu Verdadeiro.

Diversos *coachees* com os quais trabalhamos, "aprenderam" a construir suas estratégias de carreira como algo lógico e determinado na obtenção de objetivos de negócio que no final das contas se traduz no conceito individual de sucesso do *coach*.

Ao atingir o quarto nível neurológico, porém, as transformações acontecem no código interno e passam a fazer parte de um novo sistema de crenças que transformarão o indivíduo de maneira definitiva. Relembrando os sistemas de crenças, estes existem em quatro níveis sendo o primeiro e mais conhecido, o dogma.

Quando o sistema de crenças se baseia em dogmas não existe espaço para negociação. Os dogmas são verdades absolutas somente permitindo que existam dois polos, ou você concorda com eles ou não. Os dogmas constituem a base das religiões e logicamente, dos grandes conflitos. Muito se fez de bom e de mal apoiado em dogmas, pois a ética também é um dogma.

Quando nosso *coachee* está apoiado em um sistema de crenças de nível um (dogma), ele terá muita dificuldade de vislumbrar uma maneira diferente de enxergar o mundo. Caso isso aconteça, a primeira sensação será de estar perdido, pois muito do que alicerçava sua visão de mundo desmorona dando espaço a algo novo que demorará certo tempo para ser assimilado.

No *coach* de carreira, o principal dogma que enfrentamos é o fato das pessoas não se considerarem produtos. Na verdade, o que de fato consideramos como produto é o serviço que temos a oferecer, que primeiramente e principalmente deve ser valorizado por nós mesmos. Para romper com este dogma é preciso criar a estrutura do EU Profissional como se fosse uma segunda pessoa, um personagem que por não ser o Eu Verdadeiro pode ser precificado, valorado, etc.

Convide seu *coachee* a perceber a empresa onde ele trabalha como se fosse um cliente e não o patrão. Quando isso acontece, ele perceberá que o serviço que oferece deve ser diferenciado ao cliente, deve ser encantado e tudo passa a fazer mais sentido.

O segundo nível do sistema de crenças é baseado no senso comum, ou seja, na repetição de fatos e na observação de uma realidade comum a todos. O expoente deste modelo é a observação: "Já vi muito disso, sei como vai acabar". Quando seu *coachee* possui um sistema de crenças de nível dois, ele dificilmente estará aberto para caminhos inovadores, pois este considera que a experiência vivida por outros e presenciada por ele tende a se repetir, criando assim limitações que o impossibilitam ir adiante. Pense em quantas vezes seu *coachee* não sai do lugar por que simplesmente não pensa em questionar seu modelo de crenças?

O terceiro modelo de crenças tem como base a constatação cientifica e os sistemas de métrica. Para pessoas que pensam desta forma, tudo o que não pode ser medido ou evidenciado não pode ser considerado como verdade. Se por um lado este modo de pensar traz segurança e planejamento, por outro ele pode ser extremamente limitante, pois invariavelmente as pessoas que utilizam-no reagem a uma nova ideia com o bordão: "Que evidências você possui de que isso vai dar certo?"

Se seu *coachee* pensa assim e não consegue imaginar uma

forma de atuação não planejada ou previamente discutida, a melhor maneira de lidar com ele é a apresentação de casos de sucesso, referências, colocá-lo em contato com outras pessoas e no caso específico de *Coaching* de Carreira, um excelente remédio consiste na leitura de biografias de pessoas bem-sucedidas e que seu *coachee* considere como exemplos. Ao constatar que as pessoas que ele admira utilizaram métodos para os quais ele está sendo convidado, cria-se a tão famosa referência que trará confiança para seguir em frente.

Finalmente, o quarto nível de crenças, a crença construída, que nada mais é do que nossa forma de fazer *coach* buscando o estado desejado. Criar a crença de que se pode fazer algo, ser alguém, conhecer lugares e pessoas é que faz nosso *coachee* ganhar as asas que o levarão ao estado desejado de carreira. Utilize exemplos, seja um exemplo, inspire seu *coachee* a ser mais do que ele um dia pensou ser. Este é o papel do mentor.

O *coach* como patrocinador

Quando o *coachee* atingiu o nível neurológico da identidade, ele está apto a iniciar seu processo de independência na gestão de carreira, pois já tomou consciência da sua existência, de seus vários "Eus", ressignificou suas crenças limitantes e criou outras tantas mais poderosas e decididamente está no comando da sua vida seguindo um plano de desenvolvimento profissional em busca do estado desejado de sucesso.

Contudo, sabemos que ninguém vai longe sozinho. Ainda que tenhamos toda a confiança do mundo, nossa estratégia sempre será um conjunto de hipóteses que podem ou não obter o resultado que queremos e nestas horas, uma corrente de fatos e situações não favoráveis podem levar nosso *coachee* de volta aos níveis neurológicos anteriores retrocedendo o progresso.

Como patrocinador, é importante que o *coach* de carreira busque compreender no nível mais profundo os motivos que movem seu *coachee*, investindo a energia de ambos na potencialização dos pontos fortes e reduzindo a energia gasta em minimizar *gaps*. Desta maneira se ativa a quarta lei espiritual do sucesso otimizando o menor esforço para progredir.

O *coach* como aglutinador

Do ponto de vista antropológico, somos seres humanos que necessitam viver em comunidade e sempre estamos procurando fazer parte de um conjunto de pessoas que se pareçam conosco e que possam de alguma forma ter os mesmos interesses e, por que não, as mesmas necessidades. Quando estamos no nosso grupo, nos sentimos protegidos e somos muito mais fortes. Assim, quando o *coachee* atinge o nível neurológico seis que está relacionado à afiliação, seu estado desejado visa dar continuidade a este processo por mais e mais tempo perdendo a ilusão do controle e simplesmente fazendo parte.

O papel do *coach* neste caso é ao mesmo tempo simples e desafiador, pois será preciso dar suporte ao *coachee* neste processo de harmonização, colaborando para que seu estado desejado se perpetue, efetuando intervenções extremamente sutis, visto que o *coachee* encontra-se em pleno voo. Não mais se tratam de processos de transformação ou de cura, mas de manutenção.

As tarefas envolvem a busca da sinergia, a ampliação da rede de contatos, o fortalecimento da marca pessoal, a construção de histórias de sucesso e certamente, a solidificação dos hábitos de carreira que manterão o *coachee* neste voo. A ferramenta "Nove hábitos de carreira" é um excelente guia para a tratativa do *coachee* que se encontra neste nível neurológico.

A seguir reproduzimos o artigo original de Edson sobre os "*Nove hábitos para uma carreira de sucesso*" publicado em 2010:

Nove hábitos para uma carreira de sucesso!

Olá! Faz alguns meses que venho cozinhando esta ideia e tentei de todas as formas não utilizar o termo hábitos, para não pegar carona no trabalho do consultor Stephen R. Covey com seus sete hábitos das pessoas altamente eficazes, mas ouvindo amigos e especialistas, percebi que não existe palavra melhor: hábito.

Construir uma carreira de sucesso demanda que se mantenha um padrão de comportamento voltado para esse objetivo e que por repetição se criem novos hábitos. Pensa, pensa e pensa e acaba de nascer o artigo que será a base de meu mais novo livro e que agora quero compartilhar com vocês:

1 - Conhecer-se

Após o segundo ano na carreira de palestrante e de celebrar o milésimo participante, posso dizer com alguma autoridade que noventa por cento das pessoas que desejam o sucesso profissional não se conhecem o suficiente. Perguntas básicas como, por exemplo, o que você gosta de fazer? Qual sua missão de vida? Qual seu talento natural? Simplesmente não têm uma resposta pronta que sirva de orientação para as atividades de plano e desenvolvimento de carreira.

As pessoas simplesmente existem! Acordam de manhã, vão ao trabalho, alguns vão à escola noturna, voltam para suas casas, descansam no final de semana e vivem vidas que certamente são cópias das vidas de outras pessoas que conheceram, numa repetição de padrão que beira a psicose. Olhar-se no espelho pode ser assustador para muitas pessoas e, por conta disso, muitos não o fazem e vivem vidas inteiras sem realmente conhecerem a si mesmas.

2 - Trabalhar suas crenças

No final tudo dá certo! Não existe recompensa sem esforço! Por trás de toda fortuna existe um crime! Mesmo sem resultado o esforço deve ser recompensado!

O indivíduo é fruto do meio! Estes são exemplos claros de coisas que acreditamos sem questionar e que fazem parte do nosso sistema de crenças, assim como um código de programação que foi inserido em nosso subconsciente e que mesmo que não percebamos, direciona a forma como conduzimos nossa vida e logicamente, tem efeitos diretos sobre nossa carreira.

Entender quais são essas crenças, se são positivas ou negativas, trabalhando profunda e diariamente sua reprogramação, abre um gigantesco espaço de crescimento tanto pessoal como profissional.

3 – Perceba o sistema

Sempre quando um conjunto de pessoas está reunido, forma-se um sistema social com papéis e regras claramente definidos, embora muitas vezes esse sistema não seja de imediato percebido por todos. Desde os sistemas mais simples como, por exemplo, em uma roda de amigos sempre haverá alguém mais falador e contagiante que será ouvido pelos demais ou, ainda, alguém presente ou não será motivo de brincadeiras. Entender que o sistema existe e perceber seu fluxo natural cria harmonia. Se uma pessoa está liderando o grupo, a tentativa de liderança vinda de outro ponto do sistema cria desestabilidade.

No campo familiar o sistema funciona de maneira clara com os pais zelando pela educação e manutenção dos filhos sem perder a visão de carinho e responsabilidade para com os avós. Quando um filho tenta assumir o papel de educar o pai ou ainda os pais passam a tratar os avós como crianças, o sistema se corrompe e cria turbulências.

O mesmo ocorre nas empresas onde existe um claro sistema de comando e responsabilidade instalado. Entender as regras escritas ou não é um hábito decididamente eficaz para a construção de uma carreira de valor, para si e para os demais membros do sistema.

4 – Adonar-se

Peguei esta palavra emprestada do espanhol (adueñarse), pois traz o verdadeiro conceito deste hábito: tornar-se dono. Entender que tudo que acontece em nossas vidas tanto para o bem como para o mal, e tornar-se dono de suas atitudes, decisões e reflexos, é um exercício de maturidade necessário para a construção do bom perfil profissional.

Tornar-se dono de seus atos e responsável pelos efeitos elimina a possibilidade de considerar-se vítima dos fatos ou ainda de terceirizar culpas e ansiedades. Sem tornar-se dono de sua vida será impossível guiar seus passos rumo ao sucesso, restando apenas contar com a sorte.

5 – Ter disciplina

Este possivelmente seja o hábito mais complexo de se construir quando ele não é natural ao indivíduo. Muitas pessoas confundem disciplina com rigidez. Enquanto a rigidez limita os movimentos do indivíduo, a disciplina liberta a mente para atividades mais nobres e importantes.

Ser disciplinado é um hábito para toda a vida, como por exemplo, alimentar-se de maneira adequada, fazer exercícios com regularidade, manter uma reserva financeira, não cometer excessos de qualquer natureza, manter uma lista de objetivos, reservar um tempo para autodesenvolvimento, manter o networking *ativo e uma série de outras atitudes que sabidamente são importantes, mas por falta de organização relegamos a segundo plano ou àquela caixa do arquivo mental etiquetada como "Faço o dia que for possível". Sem disciplina, nenhum resultado é possível.*

6 – *Projetar-se*

O sexto hábito compreende duas perspectivas do mesmo conceito: Projeção. O primeiro conceito refere-se à construção de uma visão de futuro, projetar-se para um, três, cinco ou dez anos e perceber-se no futuro com as conquistas, realizações, desafios e tudo o que se pretende construir. Não se trata simplesmente de mentalização, mas sim de perceber-se no futuro e compreender os passos necessários para que esse futuro seja verdadeiro.

O segundo conceito, complementar a este, está na capacidade de projetar-se além dos papéis vividos como filho, pai, mãe, amigo, chefe, subordinado e tantos outros que exercemos ao longo de nossa carreira e sermos capazes de nos avaliarmos de maneira isenta. Muitas vezes, somos muito duros ou muito condescendentes com nós mesmos, pois somos incapazes de nos vermos de outra posição perceptiva. Projetar-se e olhar para si mesmo pode trazer importantes revelações sobre quem realmente somos e como nos apresentamos ao mundo.

7 – *Ouvir*

O mundo contemporâneo tem cobrado das pessoas cada vez mais respostas em um tempo muito curto e com isso, passamos a responder de forma automática a tudo que nos é pedido, falado, entregue e cada vez menos prestamos atenção na pessoa que está na nossa frente falando sobre algo que para ela é importante. Todo ser humano anseia por ser ouvido na essência e compreendido em seus motivos e pontos de vista.

A carreira profissional é feita de muitos relacionamentos e infelizmente, estamos perdendo a capacidade de ouvir as pessoas com calma, em silêncio tanto exterior como interior. Quem nunca passou pela situação de ter uma pessoa à sua frente falando e ao mesmo tempo ter uma voz interior falando de outras coisas de maneira tão alta que não ouvimos a pessoa à nossa frente?

Este é um exercício de paciência, disciplina e treinamento para acalmar a mente e simplesmente ouvir. Muitas das coisas que podemos resolver iniciam-se com o fato de ouvir e compreender.

8 – Negociar

O oitavo hábito tem como base um antigo ditado italiano que diz "Primeiro seja comerciante, depois decida sua profissão". Por mais maravilhosas, complexas e amadas que sejam as pessoas, um profissional deve ter em mente que é parte de uma complexa engrenagem econômica global cuja única função é a geração de riqueza, seja para pessoas, empresas ou nações.

Perceber-se inserido neste contexto concentra a percepção do indivíduo como um elemento de geração de valor e que, portanto, de tempos em tempos fará com que seja necessária a negociação, seja ela financeira, de interesses, de conforto, de futuro. Negociar é uma atividade que traz de maneira intrínseca a confrontação de interesses e obviamente, algum tipo de conflito.

Muitas pessoas não desenvolvem uma estrutura emocional que permita administrar este conflito e acabam delegando a outros o papel de representante na negociação, seja através do superior imediato, dos sindicatos ou mesmo do manto protetor de regras de isonomia. O hábito da negociação é fundamental para a conquista dos pontos de alavancagem da carreira.

9 – Acreditar

Crer no verdadeiro sentido da palavra. Independente de religião, doutrina e crença todos nós precisamos acreditar em algo maior como uma motivação de vida. Quando deixamos de crer em algo maior para nossa existência, ela se torna pequena, vazia e, portanto, todos os planos de sucesso e crescimento não passam de retórica.

Acreditar que podemos fazer a diferença na vida de alguém, que nosso legado será lembrado, que nossos descendentes contarão nossas histórias, todas essas formas de acreditar mantêm nossa vontade interior de seguir em frente e fazem com que busquemos nos tornar pessoas cada vez melhores, independentemente do que considerarmos como "o melhor". Viver em descrédito é um dos piores castigos que um ser humano pode ser submetido, por outro lado, pessoas que acreditam fazem o mundo girar.

Bem, como diz aquele comercial de TV de uma companhia de telefones celulares: Pronto, falei!

Espero que este primeiro artigo sirva de reflexão para uma significativa mudança de hábitos em sua vida e em sua carreira. Quanto a mim, já me preparo para uma rotina de seis páginas de texto por dia ao longo dos próximos quarenta dias.

O *coach* em *self empowerment*

Quando atinge este nível neurológico, o *coachee* adentra a mais nobre de todas as áreas que está relacionada ao legado e a confirmação de sua missão de vida. Normalmente, neste estágio encontraremos *coachees* de mais idade, maduros profissionalmente, buscando completar seu ciclo profissional onde os desafios são muito mais holísticos e espirituais. Nesse nível, o estado desejado tende a apontar para a harmonia onde não existe mais nada a ser provado, mas sim, dar continuidade ao que foi criado.

O papel do *coach* nesse nível é desafiador, pois junto ao seu *coachee* ele deverá conduzir um novo estado desejado que transcende a carreira profissional em si e busca os pontos de realização do indivíduo que ainda não foram alcançados. Buscar junto ao *coachee* um renascimento pós-carreira onde ele poderá finalmente encontrar-se consigo mesmo.

Diversos profissionais que adotam o processo de *Coaching* de Carreira já em níveis elevados de conhecimento buscam conhecer-se além do profissional, olhar para o histórico, viver através de seus feitos e deixar um legado de valor para as próximas gerações. Cabe ao *coach,* neste processo, ampliar os horizontes do *coachee* e buscar transformar as metas que até agora orientaram os trabalhos em um caminho que não tem tempo nem hora para acabar.

As demandas mais comuns para *Coaching* de Carreira

Antes de mostrarmos os passos que serão dados durante o processo, é importante ver algumas situações, onde o *Coaching* de Carreira pode auxiliar as pessoas a alcançarem o seu estado desejado. Analisando cada um destes momentos podemos perceber que se tratam de demandas bastante variadas, o que nos faz observar o quão versátil e necessário o *coach* pode e deve ser para dar suporte ao longo de todo o caminho ao *coachee.*

Coaching para bloqueios de carreira

Muitas variáveis colaboram para tirar um profissional do caminho. O *Coaching* de Carreira trabalha com o indivíduo para desenvolver autoconsciência e obter *insights* na superação de obstáculos que possam impactar diretamente na obtenção do sucesso profissional. A menos que tais questões sejam trabalhadas, a conquista de novas metas e planos de ação dificilmente poderão ser alcançados.

Dentre estes obstáculos podemos citar o senso ou crença equivocada de ser merecedor de uma promoção a qual não se está qualificado, esperar pelo sucesso e resultados rápidos sem empenho, trabalho duro e perseverança, tentar agradar a terceiros ao escolher uma carreira, atitudes incorretas com chefes e empregadores. Um exemplo pode ser o fato de que alguns indivíduos "adotam seus chefes como pais", o que pode resultar, entre outras coisas, em uma postura de dependência. Crenças negativas, distorção da realidade e da *performance*, falta de competências para Liderança e falta de inteligência técnica, emocional ou comportamental fecham a lista do que podemos chamar empecilho para os objetivos serem alcançados.

Neste contexto, o *coach* pode trabalhar com seu *coachee* esses bloqueios desenvolvendo crenças positivas e comportamentos específicos, dando maior clareza aos fatos, mostrando a realidade como ela verdadeiramente é e estruturando um plano de ação de carreira.

Career Stoppers (Fatores que param uma carreira)

3P - 2N - Adaptado do _Center for Creative Leadership_

P - Problemas com relacionamentos
P - Problemas com mudanças e adaptação
P - Percepção muito estreita de sua função
N - Não consegue criar/liderar uma equipe
N - Não consegue alcançar as metas

Coaching para executivos

O *coaching* para executivos algumas vezes foca em assuntos que estão relacionados à trajetória de carreira do indivíduo. Contudo, existem áreas específicas onde o *coach* pode guiar o profissional para que este alcance resultados ainda mais satisfatórios em sua vida.

O processo de *coaching* envolve a pesquisa de mercado, identificação das habilidades do presente e futuro e ajuda o executivo tanto a lidar com problemas financeiros como com as incertezas que ele sempre teve e com as que surgem ao longo do caminho. Já no auxílio para a mudança de carreira, o *coach* faz pesquisas de oportunidades e desenvolve novas habilidades e competências junto ao *coachee*, para que este possa alcançar seus objetivos como uma promoção ou aumento de salário. Também ajuda o profissional na adaptação a novos desafios em decorrência de promoções e em uma das questões mais trabalhadas no *Coaching* de Carreira, que é o equilíbrio entre as questões pessoais e as que envolvem o trabalho.

Falando agora dos fatores que são limitantes na carreira de um executivo, os chamados "descarriladores", podemos citar a inabilidade de melhorar. Um exemplo disso é que alguns executivos temem contratar uma pessoa que seja mais bem qualificada ou mais competente do que eles, isso acaba impedindo a troca de experiências e o crescimento da empresa e de seus profissionais.

Outra grande dificuldade encontrada é a insegurança e a falta de autoridade, perante a sua equipe e aos superiores, a inabilidade para agradar e a falta de integridade, que causa a quebra de confiança, onde o executivo não é visto como confiável pelos outros na organização. Há também aqueles profissionais que são arrogantes e tratam as pessoas ao seu redor com indelicadeza. A consequência disso é um certo desconforto e desarmonia no ambiente de trabalho.

Coaching para executivos recém-contratados

É comum empresas ou executivos, que irão assumir uma nova posição, contratarem *coaches* para auxiliá-los na preparação para isso. Durante o processo, o *Coaching* de Carreira vai orientar na condução de uma análise política de poderes para a consolidação e construção de parcerias eficazes e de uma primeira impressão forte. Poderá também ajudar o profissional a desenvolver uma estratégia de comunicação para todos os empregados e na elaboração de planos de gestão.

Os *gaps* mais comuns que levam a falha do novo líder

- Falta de esclarecimento sobre sua posição e função
- Falha em identificar os "*stakeholders*" e construir parcerias chaves
- Aprender o trabalho de forma lenta
- Crítica à cultura existente ou inabilidade de construir uma cultura apropriada
- Diferenças interpessoais
- Falha em alcançar o equilíbrio necessário entre o trabalho e a vida familiar
- Superconfiança nas habilidades gerenciais e profissionais existentes

Coaching para empreendedores

O maior problema de ser um empreendedor ou um presidente é que na verdade nunca se sabe detalhadamente os riscos que serão enfrentados. Certamente Bill Gates não tinha ideia, quando ele desistiu de Harvard para iniciar a Microsoft, que se tornaria o sucesso que é. Da mesma forma, o florista que precisa encarar a falência também nunca previu que este seria o seu destino. Para ser um empreeendedor é preciso ter muitas qualidades, senão pelo menos tolerância ao risco.

Existem algumas formas para reduzir o risco. A chave para isto é fazer avaliações de maneira apropriada. O primeiro passo é enxergar a ideia de forma fria e firme, analisando que tipo de negócio você quer iniciar e responder as seguintes perguntas:

- Você está satisfazendo a necessidade do mercado criando esse negócio?
- Quem comprará seus produtos ou serviços? Eles podem pagar? Eles querem? Onde eles adquirem isso atualmente? Por que eles migrarão para você?
- O que pode dar errado e se der errado, qual será o seu custo? Você pode pagar?
- Como está a competição no mercado? Qual a qualidade do trabalho deles e como você pode competir contra eles?
- Quanto tempo você levará da ideia, a partir do seu desenvolvimento até a sua implementação? Qual será precisamente o custo disso? Você pode pagar por isso? E se levar mais tempo do que o necessário?
- A sua ideia é nova ou é algo tradicional? Se nova, há demanda para ela? Se não, o mercado está muito saturado?
- Qual a experiência e perspectiva única que você tem que o permitirá realizar o seu sonho? Você pode aprender o que você não sabe?
- A demanda para este produto ou serviço está para crescer de forma precisa? Se não, o que você fará?

A seguir, veja mais alguns exemplos onde o *Coaching* de Carreira pode atuar:

Primeiro emprego

- Gerar comprometimento para decidir sobre uma futura vocação que permita um equilíbrio na vida, onde o indivíduo possa expressar as vontades e necessidades pessoais;
- Identificar traços e temperamento de personalidade e encontrar uma carreira interessante;
- Atuar como recurso para encontrar uma vaga;
- Preparação de currículos;
- Desenvolvimento de habilidades para se sair bem em entrevistas.

Mudança de carreira

- Desenvolver a coragem para mudar e correr riscos;
- Desenvolver habilidades e competências para se tornar autônomo;
- Mudar a área ou indústria na qual o indivíduo trabalha;
- Planejamento de transição;
- Identificação de pontos de segurança.

Colocação após perda de emprego

- Ajudar o indivíduo a administrar e solucionar os sentimentos de perda, raiva e vergonha. O *coach* pode criar um ambiente seguro onde o indivíduo discutirá abertamente seus sentimentos e desenvolverá estratégias para lidar com eles;
- Discutir as expectativas, aspirações e os relacionamentos que impactam na situação presente do indivíduo;
- Conduzir uma avaliação de habilidades e uma revisão do histórico de carreira do indivíduo, enfatizando os sucessos e aptidões;
- Discutir e aconselhar sobre novas possibilidades de carreira no futuro por meio de métodos para aumentar a consciência das mudanças das tendências do trabalho;
- Estabelecer metas e um plano de ação;
- Oferecer um *feedback* e apoio contínuos durante o processo de procura de emprego.

Pré-aposentadoria e aposentadoria

- Planejar para uma mudança positiva;
- Deixar os velhos hábitos de lado;
- Criar uma visão de futuro;
- Reexaminar valores e senso de propósito na luz de seu estado de mudança;
- Mudar a identidade feita por um trabalho ou posição para quem deseja ser.;
- Lidar com arrependimentos e perdas;
- Lidar com crenças destrutivas;
- Adaptação à nova realidade financeira;
- Lidar com as reações negativas dos familiares;
- Inserção familiar;
- Lidar com o tempo vago.

Modelos de carreira

"O homem nasce. Muitos são os caminhos que o conduzirão pela vida. Muitos serão os meios e suportes que ele irá encontrar neste percurso. Cada um tem seu caminho, mesmo aqueles que seguem lado a lado, numa mesma direção."

Companhia Laso de Dança

Quando você pensa em sua vida profissional, qual a imagem que lhe vem a cabeça, um mapa ou um trilho de trem? Pergunta difícil. Então vamos nos aprofundar um pouco mais nos detalhes.

Trilho ou mapa?

Trilho

O trilho de trem, como conhecemos, é uma linha que oferece poucos desvios, é pontilhada por estações cujas paradas são conhecidas, normalmente obrigatórias e certamente chegam a um ponto conhecido, cabendo ao condutor ou maquinista decidir unicamente sobre o controle da velocidade. Conduzindo a composição com mais calma e atenção, certamente não haverá qualquer risco de acidentes, porém caso aconteça algum imprevisto atrasos serão percebidos. Ao aumentar a velocidade da composição é possível atingir os pontos da linha em menos tempo, contudo o risco de acidentes sobe na mesma proporção.

Para compararmos nossa vida profissional com uma ferrovia é fundamental reconhecer que a identidade de valor das ferrovias está ligada a sua eficiência e pontualidade, ou seja, escolhemos esta ou aquela ferrovia pela capacidade dela chegar a determinado ponto, com o mínimo de risco e no tempo combinado, sem sustos e sem improviso, pois elas foram desenhadas para isso. Observe, porém, o que acontece quando o plano bem traçado sofre uma interferência externa e não planejada como um alagamento, queda de barreiras ou até mesmo uma prosaica boiada atravessando a linha. A única alternativa possível ao condutor é a parada da composição até que o imprevisto seja resolvido. Não existe espaço para mudanças de rumo.

O trilho da nossa carreira costuma receber o nome de plano de carreira, onde nas empresas que o adotam os profissionais ingressam na corporação em uma determinada estação e vão seguindo no trem da empresa de cargo em cargo, de estação em estação até que o ponto final da linha seja atingido (presidência, conselho, etc.) em um tempo definido como bom pelos profissionais que gerenciam a corporação.

Não são raros os casos em que gestores usam frases do tipo "Esta pessoa vai muito bem, vamos deixá-lo nesta posição por um ou dois anos para ele criar músculos e aí o promoveremos" ou ainda "Fulano tem as competências necessárias, mas ainda é novo demais para a posição". Quando temos nossa carreira em formato de trilho, nossa vida está como a composição, com paradas definidas, tempos conhecidos, riscos baixos e quando aparece um imprevisto na linha, a composição para até que o imprevisto se resolva.

Mapa

Continuando com a pergunta original, falemos um pouco sobre o mapa. Conhecemos mapas de todos os tipos e cores, mas vamos utilizar como exemplo os mais democráticos que são as cartas náuticas. Para quem não está familiarizado, cartas náuticas são mapas de pequenas partes de mar e costa que possuem diversas informações para que os navegadores definam seu curso. Entre outras coisas, elas trazem latitudes, longitudes, profundidades, pontos de acesso, faróis, canais de entrada, correntes marítimas etc.

De maneira geral, elas possuem todas as informações para que o navegador tome a decisão de onde navegar e onde atracar, contudo, nenhuma delas define o caminho a ser seguido, ainda que algumas sugiram estes. Por exemplo, você pode sair navegando de Natal – RN até Dakar no Senegal, em linha reta contando com as correntes e ventos ou fazendo pequenos desvios de ilha em ilha de forma a conseguir suprimentos, água fresca e até companhia. Qual dos dois rumos será o melhor? Depende da sua meta, das suas capacidades e do que você pretende com a viagem.

O fato relevante é que seja lá qual for a sua opção, ela será SUA. Com todos os ônus e bônus da decisão. Somente uma pessoa poderá definir a velocidade de sua viagem, quantas paradas terá, se será feita somente de dia, se irá enfrentar as tempestades ou esperá-las passar e assim por diante. Para que qualquer marinheiro possa levar seu barco até o destino, ele precisará conhecer o mapa, identificar os pontos de vantagem e desvantagem, formular sua estratégia e conduzi-la.

Quando o grande marinheiro, explorador e navegador Amyr Klink decidiu atravessar o oceano em um barco a remo, certamente ele considerou pontos de vantagem e desvantagem para sua tarefa, mas conhecedores de sua obra podemos relatar alguns pontos bastante interessantes que nos levarão a refletir sobre este aspecto: o primeiro ponto favorável é o conhecimento das correntes marítimas, pois quando ele não estava remando, o barco precisava continuar a rumar na mesma direção traçada, sob pena de colocar tudo abaixo. Ele conhecia uma característica do seu ambiente que era favorável, ou seja, mesmo quando ele não estava dedicando esforço direto ao progresso, havia fatores externos que o impeliam na direção definida.

O segundo ponto de destaque refere-se à embarcação em si. Existem dois pontos que mantêm qualquer capitão em alerta quando está navegando: fogo e água. Um incêndio a bordo é uma coisa rápida e devastadora, quase não há tempo para salvar nada, ou você está prevenido com sistemas de combate automático ou vai precisar saber nadar muito bem. Quanto à água, não existe quem não tenha passado um perrengue com vazamentos, ondas que quebram no *cockpit* e capotamentos, estes por sua vez inundam a embarcação tão rapidamente que poucas se salvam.

Agora, imagine você o risco de capotamento de um barco a remo atravessando o oceano Atlântico. Amyr tentou de várias formas desenhar um barco que não capotasse e não obteve sucesso, até que seu projetista veio com a ideia mágica: "Vamos fazer um barco que capote muito bem, quantas vezes forem necessárias e ainda assim fique inteiro".

Bingo! Ao mudar a estratégia de proteção para adaptação, os dois encontraram a forma de lidar com esta variável do ambiente e tirar vantagens dela, assim como o bom profissional ao conhecer seu ambiente, suas variáveis e principalmente a si mesmo, poderá construir seu caminho ao longo do mapa e alcançar os resultados que deseja, ou seja, a carreira em mapa dá ao indivíduo a possibilidade de ascender com mais liberdade, traçando o caminho que ele achar que será mais conveniente ao que o ambiente proporciona.

Condutor ou passageiro

Para completar a análise inicial de intenções vamos considerar mais um aspecto de definição: ao pensar na sua atuação frente a sua carreira profissional como você se define; condutor ou passageiro? Esta pergunta parece mais simples, a maioria das pessoas que conhecemos gostaria de ser o condutor da sua própria carreira profissional, entretanto, existem momentos diferentes que exigem posturas diferentes de cada pessoa. Vamos analisar as possíveis combinações de escolhas de forma que você possa dar o passo inicial na sua decisão.

Antes de fazer a sua escolha, é fundamental levar em consideração que a aparente clareza da decisão de ser o condutor de sua carreira, assim como acontece com os 90% dos participantes dos *workshops* de carreira que fazemos, deve-se considerar que os passageiros gozam do conforto de serem transportados, da tranquilidade de não terem que decidir sobre caminhos e desvios e mais ainda, não são responsáveis por eventuais contratempos da viagem.

Optar pela condição de condutor exige que ao mesmo tempo exista uma clara declaração de aceitação da responsabilidade sobre as decisões que serão tomadas, com suas consequências, riscos e todo o trabalho que vem associado a ela. Existem diversos profissionais que encontraram a realização profissional trabalhando em cargos técnicos de grandes empresas, seguindo uma carreira delineada pelas políticas da empresa e nem por isso são menos realizados ou infelizes com o que fazem.

Há algum tempo, isso era considerada uma virtude para o

mercado de trabalho. O profissional que adentrasse em uma empresa ainda em cargos inferiores como assistente, *office boy*, mensageiro e outros tantos cargos de entrada e, que após vinte anos de empresa, estivessem em uma gerência ou coordenação eram considerados como exemplos a serem seguidos.

No ano de 2009, em uma palestra sobre o valor da marca do Banco Bradesco, que nesse mesmo ano foi considerada a empresa com a marca de maior valor pelos critérios da revista The Brander, o diretor de marketing orgulhava-se da política de carreiras fechadas deste banco. Por carreiras fechadas, entende-se que os profissionais que são escolhidos para ocupar cargos de coordenação, gerência e diretoria, necessariamente são oriundos das bases da empresa, havendo inclusive, vice-presidentes que iniciaram no banco como mensageiros e *office boys*.

Vejamos agora como esses modelos de carreia podem se cruzar:

Trilho e Passageiro

Os profissionais em início de carreira uma vez que resolvam ingressar em uma corporação, serão mais bem-sucedidos ao contar com a proteção de um plano de carreira. De maneira geral, essa proteção é encontrada na forma de programas de *trainees* onde não somente a empresa estabelece os passos iniciais da carreira, como profissionais mais experientes fazem o papel de mentores com foco na orientação dos primeiros passos, definindo o "pode-não-pode" das atividades que serão desempenhadas.

Nesta fase, os profissionais com perfil empreendedor tendem a se sentir frustrados, pois saíram da universidade cheios de vontade e sonhos de mudar o mundo. Quando esses profissionais chegam às empresas que os contrataram, encontram processos de formação que têm como meta, antes de mais nada, condicioná-los ao modelo de operação das empresas. Alguns conflitos são esperados, todavia, se o jovem profissional souber conviver com a ansiedade dos primeiros anos, certamente será bem-sucedido.

Tal situação se torna patológica ou inadequada para a condução da carreira quando o profissional tem mais anos de profissão, bastante experiência acumulada e, portanto, é capaz de tomar decisões e assumir riscos e, ainda assim, buscar o conforto do passageiro em um trem sendo guiado por outros. Vários executivos têm citado o famoso bordão: "Também é preciso ter soldados!", porém na hora de premiar, valorizar e reconhecer esses soldados, certamente eles ficam por último e serão premiados com o relógio de ouro por estarem na empresa há 25 anos e, quem sabe, na mesma função.

Trilho e Condutor

É uma boa situação para profissionais novos, com liderança e experiência em suas funções. Normalmente, esta é uma condição apropriada para profissionais em situação de primeiro comando, ou seja, aqueles que saíram das linhas e passaram a coordenar pequenos grupos de antigos colegas.

Por si só, essa é uma situação bastante estressante, pois o profissional em primeiro comando lida com a incerteza das ações a serem tomadas, carece profundamente de *feedback* de seu gestor e é encarado como um ser diferente. Para os gestores ele ainda não é um colega, pois acabou de assumir e ainda tem muito chão pela frente. Além do mais, até pouco tempo atrás ele estava entre os profissionais de linha sendo visto pelos gestores como um subordinado. Neste caso, alguns gestores acabam tendo de ser severos e, às vezes rudes, para lembrar aos colegas que agora não mais respondem às ordens destes.

As palavras-chave para essa escolha são: renovação, oxigenação, melhoria. Observe que a palavra inovação não faz parte da lista, pois inovar antes de tudo é romper com o modelo atual, escolha que não cabe a um profissional que está em posição de novo comando. Ele precisa apresentar ideias novas, mostrar seu potencial, mas sem romper com o que existe. Muitas vezes ao fazer esta opção sustentada em ideias inovadoras em demasia (na opinião de outros) o profissional poderá criar uma onda de resistência ao seu primeiro comando, sendo considerado como uma escolha infeliz por seus superiores.

Nessa situação de Condutor e Trilho, é necessário buscar renovar seu entorno, gerar valor para seus *stakeholders*, mas lembre-se de que a cultura que forma o trilho ainda guia seus passos e velocidade demais pode descarrilar. Dessa maneira, a situação se torna patológica, quando o profissional desenvolve esta postura por longo tempo, ficando aprisionado pela cultura da empresa e incapaz de provocar mudanças. Um claro sintoma é a inexistência de um sucessor preparado. O profissional pode até considerar que está no comando de sua carreira, pois possui influência, tem uma esfera definida de decisão, subordinados que o seguem, mas ainda precisa do conforto do trilho para continuar em frente. Profissionais que se acomodam desta forma são os primeiros alvos de remanejamento quando a empresa ou precisa crescer, ou entra em dificuldades.

Mapa e Passageiro

Situação curiosa, pois o profissional possui um espectro de liberdade de ação, afinal de contas sua carreira está em formato de mapa, porém, essa liberdade é restrita ao comando da empresa. Tipicamente encontramos este cenário em empresas de consultoria e serviços onde o modelo de gestão é matricial e pessoas com o mesmo cargo formal têm funções completamente diferentes.

Por exemplo, em algumas consultorias temos duas áreas distintas: Indústrias e Soluções. As indústrias representam os segmentos de mercado onde a empresa atua como Manufatura, Seguros, Bancos, Oil&Gás, Mineração etc.. Enquanto a área de Soluções tem como foco os produtos oferecidos pela empresa, assim para que um cliente seja atendido ele é contatado na grande maioria das vezes por profissionais de Indústria, que conhecem o mercado, possuem o *networking* e sabem de maneira geral como atender aos problemas e demandas da área.

Uma vez efetuada a venda, entram em campo os profissionais de entrega, ou seja, aqueles que entregarão o produto comprado pelo cliente normalmente na forma de um projeto, envolvendo tecnologia ou não. Quando um profissional ingressa na carreira de consultor ele ainda não recebeu o selo, se será de indústria ou solução, portanto, abre-se a sua frente um mapa de opções onde ele poderá tornar-se um executivo de contas no extremo da indústria ou um especialista em determinada solução na outra ponta da equação.

O importante é observar que apesar de toda esta liberdade, ele ainda estará sob o comando de operações da empresa-mãe e sua carreira terá limitantes como, por exemplo, tempo em determinado patamar da hierarquia, experiência acumulada em projeto, domínio de línguas e assim por diante. Esta opção é uma evolução em relação ao modelo Trilho e Condutor, porém oferece limites para aqueles que têm pressa de crescer. A palavra-chave neste ponto é inovação. Inovar, inventar, aprender rapidamente e aplicar o conhecimento obtido serão as principais características de um profissional que tenha esta opção como base de sua atuação. É aqui que as hipóteses e escolhas começam a fazer toda a diferença.

Este cenário não existe somente em empresas de consultoria, é possível encontrar cenários idênticos em outros tipos de empresas como, por exemplo, áreas de pesquisa e desenvolvimento, vendas, gestão de produtos e tecnologia da informação, pois essas áreas têm fortemente definidos os conceitos de metas e objetivos individuais, assim como o conceito de cliente que é fundamental para a criação de valor individual de formulação das hipóteses.

Um companheiro fundamental para que este comportamento não se torne patológico e comece a destruir o valor do profissional é a noção clara de risco. Muitos profissionais, após algum período com a liberdade de atuação e com sucessos reconhecidos, começam a perder a noção do risco e buscam empreender de maneira mais agressiva, sem considerar que ainda fazem parte de uma organização que está no comando da operação e, portanto, ainda são passageiros nesse trem.

Os sintomas começam a aparecer quando a ira toma conta da alma após um projeto ser rejeitado, o desconto para aquele cliente "estratégico" é negado, o novo produto 100% garantido de sucesso é atrasado por falta de verba e assim por diante. As opções são muitas e o histórico de sucesso do profissional levam-no a achar que nada pode dar errado. Empreender significa entre outras coisas arcar com as consequências de seus erros, o que pode ser desde um simples "passa moleque" até o final da carreira. Profissionais que escolhem esta opção de gestão de carreira devem construir alianças fortes de patrocínio e estar preparados para lidar com negativas, disputar recursos para suas iniciativas e pedir muito mais "por favor," do que "me desculpe".

Mapa e Condutor

"Nirvana", diriam alguns. "Sou dono do meu nariz e posso fazer o que eu quero, quando quero e se quero". Esta cena lembra muito um trecho de Peter Pan, onde o pequeno herói debate com Wendy sobre a vida na Terra do Nunca, falando das maravilhas de não ter controle, de poder fazer o que quiser, mas no fundo de sua alma, anseia por uma família, com conforto, regras e limites.

Ser condutor, possuindo um mapa de opções, realmente oferece a possibilidade de construir uma excelente carreira, pois os limitantes foram retirados, você está em posição de decidir e os caminhos estão livres em qualquer direção. Livres? Ninguém falou em caminho livre, falamos em opções e hipóteses, você terá a opção de ir por onde quiser, mas poderão haver obstáculos.

Esta situação é bastante comum em empresas de grande porte e multinacionais espalhadas pelo mundo, uma grande gama de produtos e serviços onde o profissional poderá desenvolver competências e galgar posições para cima e para o lado, de acordo com seus desejos e com a disponibilidade de vagas. Algumas vezes, principalmente em empresas de serviços, a vaga nem precisa existir, basta que o profissional convença seus superiores de que existe um mercado a ser explorado.

A opção mapa e condutor necessita fundamentalmente de empreendedorismo para dar certo e essa palavra traz junto toda a incerteza e planejamento necessários a criação de um empreendimento ou lançamento de um produto. Seguir por este caminho, sem uma estratégia clara com objetivos e riscos calculados, pode significar a diferença entre sucesso e fracasso. Sendo assim, para se obter sucesso é necessário que haja planejamento, caso contrário, a estratégia irá falhar.

Para cada combinação de escolha entre caminho e papel será necessário um conjunto de habilidades e comportamentos no intuito de gerar valor e obter a aceitação dos *stakeholders*:

	PASSAGEIRO	CONDUTOR
MAPA	**PRIMEIRO COMANDO** Foco Entendimento das regras Resistência a frustração Alinhamento	**LÍDER** Empreendedorismo Aceitação de risco Planejamento Disciplina
TRILHO	**INÍCIO DE CARREIRA** Paciência Percepção de papel Respeito a hierarquia Perseverança	**TRIPULANTE** Flexibilidade Confiança Iniciativa Inovação Autodesenvolvimento

Conceito de valor

"A percepção de valor sempre estará associada à expectativa de atendimento de uma necessidade, ainda que essa expectativa seja inconsciente."
Fundamento econômico

Este talvez seja o maior desafio para quem pretende desenvolver um plano para sua carreira pois, o conceito de valor que temos desenvolvido desde criança é calcado no que cada um de nós acha que pode fazer e como somos eficazes, eficientes, valorosos etc...

Sempre trabalhamos na primeira pessoa do singular, ou seja, Eu, Eu e Eu. Quando pensamos em autoafirmação, autoestima e todos os demais "autosentimentos", temos a sensação de que basta querer e se valorizar para que as coisas aconteçam pela convergência de forças cósmicas. Até certo ponto isso é verdade, pois se não nos valorizarmos primeiro, certamente os outros não o farão. Mas isso não é suficiente.

Lembre-se sempre de se lembrar de nunca esquecer que estamos trabalhando nossa carreira com estratégia e isso presume que temos um conjunto de hipóteses que sustentem nossas ações e iniciativas no intuito de alcançar o plano traçado rumo ao sucesso esperado. Para que possamos desenvolver uma hipótese ligada ao valor é importante conhecer os componentes de valor que existem no nosso mapa de carreira e aí temos a grande mudança de pensamento em relação ao nosso sucesso de carreira.

O conceito de valor está no outro

Não basta bater no peito e dizer "Eu sou uma pessoa de valor". Ao longo de sua carreira, várias pessoas serão responsáveis pela sua movimentação rumo ao topo. Essas pessoas estão ao seu redor, mas não trataremos deste assunto neste momento. Por ora é importante entender que precisamos identificar no outro aquilo que ele considera valor e associar nossa imagem a isto.

Pare por um instante e pergunte a si mesmo o que as pessoas abaixo consideram características de valor:

- Seu superior imediato
- O superior dele
- Seus colegas
- Seus clientes (internos ou externos)
- Os acionistas de sua empresa
- Seus familiares
- Você mesmo

Provavelmente você teve alguma dificuldade em diagnosticar estes conceitos de valor, afinal de contas, como podemos saber o que o outro pensa? É exatamente por isso que este trabalho de estratégia se torna fundamental para sua carreira. Cada pessoa da lista acima e certamente muitas outras, fazem parte de seu mapa de carreira, ora aparecendo como obstáculos e ora aparecendo como impulsionadores.

Essas pessoas formam o principal conjunto de arquétipos de sua carreira e caso você tenha conseguido formular as sentenças de valor, observará que além de visões diferentes, muitas vezes, elas são conflitantes entre si, pois cada pessoa que o observa traz consigo suas verdades e expectativas. Exploremos um pouco cada arquétipo.

Superior imediato

De maneira geral os superiores, salvo quando são os donos da empresa, exercem a função de coordenação de equipes e gestores de pessoas, processos ou produtos reportando diretamente a um superior. Desta forma, sua principal missão é trabalhar como intermediário entre as demandas da direção da empresa e as características da força de trabalho. Este equilíbrio de interesses se dá mediante a criação e manutenção de competências de equipe, que em outras palavras significa ter pessoas capacitadas, em quantidade e a tempo suficiente de atender às demandas de negócio.

Este conjunto de competências deve ser convertido em valor para a empresa na forma de resultados concretos e este é outro conceito que varia de empresa para empresa e de área para área. Áreas comerciais têm obviamente a venda como resultado concreto mais visível, todavia, existem outros resultados como retenção de clientes, *mix* de produtos, reforço de marca e assim por diante.

Áreas de apoio têm como resultado o cumprimento dos níveis de acordo de serviços internos da organização, portanto a expectativa do gestor da área certamente estará ligada ao nível de satisfação dos clientes internos, assim como ao atendimento das regras e processos (*compliance*). Existem ainda as áreas de pesquisa e inovação onde o resultado é mais difícil de definir, pois ideias novas podem surgir a qualquer momento e pesquisas podem levar anos sem chegar a qualquer conclusão prática, mas mesmo nestes casos existe uma percepção de valor que está ligada à dedicação e empenho dos profissionais na busca de soluções ou objetos de pesquisa.

Entendendo que o valor criado pela área é o desafio de seu superior e que o valor será criado pelas pessoas da equipe, vemos que o conceito de profissional de valor para os superiores imediatos pode variar de acordo com as características técnicas da área, mas não escapa de atender aos grandes grupos de competências humanas:

Trabalhar pela equipe - Existem significativas diferenças entre trabalhar "em" equipe, "na" equipe e "pela" equipe. Ao trabalhar pela equipe o profissional coloca sua competência e conhecimento pelo bem comum, ainda que não seja o amigão da turma ou participe de vários comitês de ação. Trabalhando "na" equipe o profissional está presente no grupo, oferece seus serviços, é colaborativo e está engajado. Ao trabalhar "pela" equipe, mesmo não estando presente, o profissional pode facilitar as ações do time, tomar iniciativa e abrir caminhos de forma que todo o resto do grupo possa apresentar seu resultado. Muitas vezes, quem trabalha pela equipe, sem estar o tempo todo na equipe, tem dificuldade de demonstrar seu envolvimento e comprometimento.

Autodesenvolvimento - Formar competências no grupo é um trabalho absolutamente árduo e, dependendo do tamanho da equipe, este se torna um trabalho desproporcional para qualquer gestor. Assim, profissionais que apresentam a característica de procurar se autodesenvolver auxiliam o gestor no atendimento de suas metas.

Focar no resultado – Empresas de grande porte, com o passar dos anos, gastam mais tempo se preocupando em como as coisas são feitas do que analisando por que são feitas. Assim, um bom profissional deve manter o foco nas ações que agreguem valor para a área, auxiliando o gestor na apresentação dos resultados.

Alinhamento – A pluralidade de opiniões e o debate são salutares em qualquer grupo de pessoas, porém, discussões inúteis geram mais calor do que movimento na condução de área ou departamento. É importante que um profissional saiba diferenciar os itens que estão abertos à discussão, críticas e sugestões daqueles que devem simplesmente ser cumpridos. Os grandes velejadores têm como regra para regatas: "Em terra se debate tudo, na água se cumprem ordens". Neste ponto, os gestores procuram valor nas pessoas que possam sim contribuir para a melhoria com questionamentos, mas uma vez decidido o caminho, seguem e motivam os outros a seguir.

Vamos agora analisar caracterítsticas que são comuns a alguns gerentes, que acabam por se tornar pontos cegos gerenciais, e tornam a relação entre chefe e subordinado bastante delicada e complexa.

Pontos cegos gerenciais: *cases* para *Coaching*
Por Kathy Simmons; Fonte: Atualização Executiva

Não é fácil reconhecer os seus pontos cegos como gerente, muito menos observá-los minuciosamente. Apesar de eles poderem ser alusivos, suas consequências são claras. Os pontos cegos do gerente têm efeitos de amplo alcance em uma organização. Infelizmente, essas desvantagens provavelmente não serão expostas por uma simples razão: o medo inevitável de expor o lado negativo do chefe. Não há muitas pessoas ousadas o suficiente para alertar os seus gerentes sobre imperfeições profissionais. Ao invés disso, elas tentam trabalhar em torno das fraquezas dos gerentes.

Daniel Goleman, o autor de "*Working With Emotional Intelligence*" (Trabalhando com a Inteligência Emocional), oferece a seguinte percepção: "Sempre que alguém consistentemente lida mal com uma determinada situação, é um claro sinal de um ponto cego. Nas camadas mais baixas da organização, tais problemas podem ser mais facilmente caracterizados como peculiaridades". Mas em níveis superiores esses problemas são ampliados em consequências e visibilidade; os efeitos adversos importam não só para a pessoa que os tem, mas também para o grupo como um todo.

Os pontos cegos mais comuns em gestores

A irresistível necessidade de estar certo

Você já deve ter ouvido a frase, "O cliente sempre tem razão". Alguns gerentes se consideram "clientes" dentro da organização - especialmente com seu *staff*. Essa filosofia sufoca a comunicação honesta e o pensamento independente entre os funcionários. O *staff* se torna condicionado a dizer o que o chefe quer ouvir e concordar com ele a qualquer custo.

Secretamente, eles devem conhecer as suposições errôneas ou obstáculos nos planos do chefe, mas têm medo de mencionar, porque eles arriscam ser tachados como "negativos" ou "de não fazer parte do grupo". A longo prazo, os funcionários percebem que as recompensas são maiores se eles sempre disserem "sim".

A necessidade que o gerente possui de estar certo é muito mais poderosa do que a necessidade de considerar todos os ângulos e possivelmente admitir uma deficiência em suas diretrizes e seus planos. Os funcionários aprendem a conservar a ilusão de que o chefe é infalível para evitar a fúria do superior.

Focado em autopromoção

Líderes que se concentram em si mesmos gastam uma energia considerável em suas pautas pessoais. Eles são compelidos a receber os créditos pelas realizações e achar alguém para culpar quando algo estiver errado. Esses gerentes não desenvolveram as duas áreas essenciais: humildade e lealdade. Para poupar o próprio orgulho, eles não hesitam em trair um de seus funcionários.

Para aumentar sua própria visibilidade, eles frenquentemente alegam posse das ideias brilhantes e dos bons resultados dentro do departamento. A equipe rapidamente compreende o que está acontecendo. Gerentes que têm um ponto cego na autopromoção pagam um preço alto: baixa confiabilidade e credibilidade do *staff*. Funcionários de alta qualidade rapidamente se decepcionam com gerentes de ego excessivo e buscam líderes que acalentem suas necessidades de reconhecimento.

Fora de controle

Gerentes que são altamente competitivos frequentemente têm relações frágeis com seus colegas de trabalho. Eles têm dificuldade em visualizar os colegas gerentes como valiosos membros de uma equipe. A inclinação natural deles é de ver esses profissionais como ameaças – pessoas que podem superá-los e ofuscá-los.

O mecanismo de defesa deste ponto cego específico pode ser maldoso, de manobra política ou conflito desnecessário, em relação a um problema que poderia ser facilmente resolvido com um espírito mais cooperativo de amizade.

A rivalidade entre gerentes nunca é um segredo para as equipes. Eles estão altamente sintonizados com as evidências de desarmonia na alta cúpula e infelizmente sofrem as consequências. Saber da desunião entre líderes nunca é uma situação confortável para funcionários. Gerentes com um ponto cego na competitividade geram uma tensão desnecessária no ambiente de trabalho, reduzindo a produtividade e a boa vontade dentro da organização.

Gerentes ambiciosos demais/pouco realistas

Os gerentes ambiciosos demais querem mudar o mundo em tempo recorde. Eles têm uma percepção falha do que pode ser cumprido e, como resultado, pressionam incessantemente seu *staff* com expectativas absurdas. Quando líderes de alta cúpula da organização sofrem deste ponto cego, os gerentes normalmente têm um número excessivo de projetos em andamento.

Ninguém consegue ficar de olho em todas as iniciativas. Apesar de ser tentador admirar o entusiasmo que esses gerentes possuem (muito mais desejável do que a complacência), os resultados finais do ponto cego deles não podem ser ignorados: uma grande quantidade de esforços sem resultados, prazos perdidos, e funcionários sem a sensação de orgulho e satisfação.

Líderes demasiadamente exaltados geralmente têm funcionários confusos, que estão inseguros quanto às prioridades e visão da organização. Gerentes com excesso de objetivos destroem a confiança e o sentimento de realização dentro de sua área de influência, como resultado por tentarem resolver muita coisa ao mesmo tempo.

Pouca preocupação com o elemento humano

Gerentes intensos são altamente focados no ponto principal - até o limite em que o elemento humano é ofuscado. Eles pressionam pessoas como se fossem máquinas, sem se preocupar com o conflito emocional que eles podem causar, não só aos seus funcionários, mas também à família deles. Uma pessoa da equipe que não esteja disposta a trabalhar por excessivas horas é tachada como descomprometida.

A lista é bastante extensa e cabe a cada indivíduo conhecer seu superior direto e avaliar o que este considera como valor no momento presente, pois os conceitos podem variar muito de acordo com a estratégia do gestor e o que é valioso hoje pode não ser amanhã. Lembre-se de que o trabalho é desenvolvido sobre hipóteses e estas são mutáveis.

Uma lembrança quando se fala do superior direto diz respeito às armadilhas da aceitação. Lembre-se de que somos seres sociais que só sobrevivemos aos rigores da natureza porque instintivamente nos protegemos e sempre vivemos em grupos. Vários gestores sofrem de narcisismo corporativo e tendem a valorizar somente as pessoas que se parecem com eles no modo de agir e pensar, o que de certa forma perpetua a espécie – neste caso o chamado estilo de gestão. Se ao avaliar o que seu superior direto considera valor você tiver a sensação de que ele valoriza somente e tão somente aquilo que se parece com ele, não caia na tentação de parecer quem você não é na tentativa de parecer mais valioso. Na sua estratégia, a sua verdade deve ser um porto seguro.

Para finalizar o conjunto de pessoas consideradas superiores diretos, existem ainda os superiores funcionais, geralmente representados por uma linha pontilhada no organograma, que são tanto ou mais importantes que o superior direto quando se fala em estratégia de crescimento. Em empresas de grande porte cujo modelo de operação é matricial, é comum que os profissionais respondam localmente ao gestor da unidade e de maneira funcional a um gestor fora do país.

Para exemplificar, temos o caso de um cliente e bom profissional, que atua em uma empresa do setor de autopeças e que sente na pele este tipo de dualidade. Lotado na área de tecnologia, ele responde localmente para o gerente geral da operação brasileira e, por ser da área de tecnologia responde funcionalmente ao diretor geral de tecnologia que está baseado nos Estados Unidos. Esta situação complica e muito a montagem da estratégia, pois não necessariamente estes dois chefes terão as mesmas expectativas para com o seu trabalho e, portanto, seus conceitos de valor serão diferentes.

O chefe local que responde pelo P&L (*Profits & Losses* ou Perdas e Lucros) da empresa tem claramente a direção de obter mais com menos, otimizando o uso de ativos e reduzindo custos operacionais, assim, tende fortemente a se apropriar de tecnologias seguras e testadas, adotando a postura *fast-foward*, ou seja, seguindo de perto aqueles que foram pioneiros. Enquanto isso, o chefe funcional - aquele da linha pontilhada - não responde pelo P&L local, mas sim pelo posicionamento estratégico da companhia em termos de tecnologia e busca a todo custo implementar novidades, padronizar processos mundiais e garantir a visão de futuro.

No meio deste enrosco fica o profissional que precisa apresentar valor para ambos, pois a opinião destes tem peso igual em qualquer movimento ou promoção. Especificamente neste caso, trabalhamos muito nas sessões de *coach* até encontrar uma sutil diferença de pesos na decisão de promoções a favor do gestor local, visto que ele é quem define o corpo diretor da operação brasileira. Este cliente ficou com duas opções nas mãos: gerar valor de acordo com as expectativas do gestor local e crescer na operação brasileira ou se alinha com o gestor internacional e direcionar sua estratégia para uma carreira fora do Brasil. A decisão é mais pesada, contudo é bem mais clara.

O superior do superior

Este tem uma importância em sua carreira tão ou mais forte que seu superior imediato. Lembre-se de que é dele que emanam as demandas para seu superior imediato e que certamente influenciarão as decisões e as iniciativas da área. Entendendo que o conceito de valor está diretamente ligado à definição de resultado, cada profissional deve conhecer de maneira ampla o papel de sua área na organização e como as ações internas influenciam a posição da área como um todo.

Se ao investigar as expectativas do superior direto se busca a percepção de valor das pessoas, ao trabalharmos o superior indireto se busca a expectativa com os processos e com o valor da área em si. Essa investigação fica mais complexa na medida em que o contato com este grupo de pessoas não se dá no dia a dia, mas sim através de reuniões, comunicados e informações recebidas diretamente do gestor imediato.

A maior expectativa do gestor indireto está ligada à continuidade dos negócios em determinada área ou departamento. O que em outras palavras significa: "Caso o gestor saia por um motivo ou outro, quem assume?". Para atender a esta expectativa, é fundamental que se construa uma liderança, ou melhor, que se conquiste uma liderança clara dentre os profissionais da área. O grande desafio consiste no fato de que essa liderança nunca é imposta, ela deve ser construída e emanada a partir da equipe, portanto, o melhor jeito de atender às expectativas vindas do "chefe-do-chefe" é estar muito bem alinhado com os pares e ser reconhecido por estes como uma liderança, isto gera tranquilidade e oferece mais opções de manobras e estratégias para quem está no comando.

Entender as expectativas desse grupo de pessoas significa antes de tudo entender as expectativas da empresa para com a área. As duas situações (direto e indireto) estão intimamente ligadas e, ao traçar seu mapa de carreira, lembre-se de que alinhar-se com o superior do superior é bom, desde que o alinhamento com o superior direto e, algumas vezes com o funcional, esteja garantido.

Seus colegas

Note como a estratégia vai ficando cada vez mais interessante e necessária, pois os pares são um item importante no atendimento da percepção de valor, tanto do superior direto quanto do indireto, todavia, este é um terreno bastante delicado para sua atuação, pois ao mesmo tempo em que seus pares são membros valorosos de uma equipe, podem se tornar grandes competidores caso apareça um processo de seleção e promoção para uma vaga melhor posicionada na hierarquia.

O ideal é trabalharmos sempre com a agenda positiva, ou seja, não colocaremos na equação inicial de valor uma possível situação de competição com seus colegas e pares, assim vamos procurar ser aceitos e valorizados pelo grupo. Comece se perguntando:

- O que você espera de um colega?
- O que o faz preferir trabalhar com este ou aquele indivíduo?
- Quem você admira e por quê?

Exclua de suas considerações qualquer efeito narcisista, pois como somos humanos teremos uma forte inclinação a valorizar pessoas que sejam parecidas conosco e aí supervalorizar estas características. Esta não será uma análise simples e requer certo nível de autoconhecimento para identificar se as características que temos são boas e, portanto, podem ser parâmetros de valor daquelas que consideramos valiosas, única e exclusivamente por que as temos.

Clientes internos e externos

Quem você considera seu cliente? Outra pergunta bem difícil. Para auxiliar, vamos apresentar uma definição clássica de cliente:

"Cliente é aquele a quem entregamos o produto de nossa atividade e que nos remunera por isso".

Quando se trabalha em uma área externa ou de atendimento ao público é bem mais fácil identificar seu cliente e certamente é mais simples definir a expectativa destes. As declarações variam em maior ou menor grau, mas certamente não escapam de itens como: atenção às necessidades, antecipar demandas, ser cordial, trazer novidades e por aí vai. Muitas empresas com bons produtos, vendidos a preços acessíveis, observam perdas de vendas em função do mau atendimento a clientes. Por conta disso, muito esforço e investimento é feito em capacitação dos profissionais que lidam diretamente com os clientes externos.

Agora, vamos nos voltar e identificar quem são nossos clientes internos, ou seja, pessoas que trabalham conosco no dia a dia e para quem temos de entregar o "produto da nossa atividade". Para facilitar a resposta será necessário entendermos como são os processos da nossa empresa e que identifiquemos a cadeia de valor da nossa área.

Cadeias de valor, como o próprio nome diz, são elos de relacionamento entre fornecedores e clientes, que têm como objetivo final a geração de um produto ou serviço. Normalmente entende-se uma cadeia de valor com os cinco principais elementos desta:

- A empresa em análise.
- O seu fornecedor.
- Seu cliente.
- O fornecedor do seu fornecedor.
- O cliente do seu cliente.

Se imaginarmos um segmento como, por exemplo, o de laticínios, teremos a seguinte composição de cadeia de valor:

A empresa..ACME queijos e iogurtes
O seu fornecedor......................................Fazenda Santa Genoveva
Seu cliente...Supermercados Compre e Pague
O fornecedor do fornecedor.................Nutrição animal Vaca Gorda
O cliente do cliente.................................Pizzaria VIP

Sem conhecer a cadeia de valor total, talvez o dono da nutrição animal Vaca Gorda jamais terá em sua lista de preocupações com clientes a Pizzaria VIP e, mais ainda, ele não terá no radar nós que somos os clientes da Pizzaria.

Voltando ao mundo corporativo é fundamental entender como as informações e processos fluem em sua empresa de modo a entender quem são seus clientes internos e, partindo desta análise, identificar de maneira geral o que estes esperam do seu departamento ou área. Sendo assim, ao buscarmos as expectativas dos nossos clientes, temos que REALMENTE calçar seus sapatos e procurar entender como nossa área contribui para o sucesso do todo e, a partir daí, moldar nossa atitude para criar mais este crédito de valor.

Os acionistas da companhia

Muitos profissionais sequer têm a curiosidade de conhecer quem são os acionistas de suas empresas e tampouco procurar identificar quais as expectativas que estes têm para com a empresa e por decorrência disso, para com as pessoas que nela trabalham.

Obviamente, as expectativas dos acionistas ganham mais peso quando o profissional está em um cargo ou posição de liderança na empresa, mas a busca de informações a respeito pode e muito facilitar a execução de uma boa estratégia de carreira. Tomemos por exemplo algumas empresas de mercado.

O grupo Amil, capital brasileiro e focado em planos de saúde, possui uma grande rede de atendimento no país, em segmentos distintos de negócio como saúde, odontologia, resgate e hospitais. Seu modelo de crescimento está baseado em aquisições, fato noticiado a cada movimento efetuado pela empresa. Imaginemos que o profissional que está desenhando sua estratégia de carreira esteja lotado em um dos hospitais da rede e desconheça a estratégia macro dos acionistas (crescer por aquisição). Certamente em seu radar de opções de atuação não estarão contempladas as possíveis mudanças para outras unidades, ações de *due-dilligence*, implantação de processos e uma gama de atividades que não fazem parte do dia a dia dos hospitais, mas que são valores preciosos para os acionistas.

Outra empresa interessante é a Unilever, gigante da área de produtos de consumo que tem sua história de crescimento repleta de compras e vendas de empresas de alimentação, limpeza, beleza etc. Para os profissionais lotados em qualquer uma das unidades, é fundamental que compreendam como o grupo cresce e quais as competências necessárias para que estes saltos de mercado ocorram, gerando assim um portfólio pessoal que possa ser oferecido à companhia. Certamente, essa geração de valor não tem um efeito tão imediato quanto aquela endereçada ao seu superior direto. Portanto, se em sua estratégia, os acionistas da companhia forem *stakeholders* de importância maior, serão necessárias ações complementares no âmbito do resultado, risco e marketing pessoal para atender aos objetivos.

Uma boa alternativa é buscar projetos de alcance corporativo onde seu valor possa ser apresentado, todavia, sempre haverá um risco de exposição. Se o projeto der certo é possível que você não seja lembrado como parte da equipe, mas se der errado você certamente o será. Ao longo deste processo temos trabalhado sempre o conceito de hipóteses e neste caso não será diferente. A hipótese em curso é: "Se eu participar de projetos corporativos, então, os acionistas de minha empresa saberão das minhas habilidades".

É um caminho que pode dar muito certo se executado de maneira eficiente, de qualquer forma, é importante conhecer as expectativas e para isso uma coisa é necessária: pesquisa, pesquisa e pesquisa.

Seus familiares

Esta avaliação é a mais delicada para ser efetuada, pois envolve nosso relacionamento com um grupo de pessoas específicas com as quais convivemos devido a laços afetivos e que para os quais temos um tratamento completamente diferente dos demais seres vivos. A relação com nossos familiares muda de acordo com a idade e com o momento de carreira de cada um. Tecnicamente classificamos os familiares em três grandes grupos de interesse e, por conseguinte, de influência em nossas vidas, são eles:

- Ascendentes
- Descendentes
- Companheiros

As expectativas dessas pessoas podem ser conflitantes e, quando isso acontece, é comum ver pessoas que no ambiente de trabalho são eficientes, eficazes e equilibradas, irem parar no divã de um analista. Iniciemos nossa avaliação pelos ascendentes.

São as pessoas que estão acima de nós na árvore genealógica, seja ela biológica ou afetiva. Desde o final do século passado, com o vai e vem dos casamentos tornou-se comum o conceito de família expandida, onde crianças e jovens ganharam padrastos, madrastas e uma infinidade de tios, tias e avós que não constam na certidão de nascimento, mas que influenciam diretamente na formação e logicamente geram expectativas para com nossa *performance* e valor.

Os ascendentes têm mais influência no início da nossa carreira, pois como nossa estratégia não está claramente definida, buscamos referências, exemplos e modelos de atuação, tornando-nos porosos e facilmente influenciáveis. Nesta fase, temos familiares que querem única e exclusivamente que sejamos felizes e é comum ouvirmos conselhos de tipo: "Você merece coisa melhor", "Será que é isso que você quer da sua vida?", "Foi para isso que você se formou?" e por aí vai. Outro grupo de pessoas, geralmente formada pelos *baby boomers* (pessoas nascidas entre 1946 e 1964) têm posições como "Para chegar ao topo é preciso ralar muito", "Aguente firme que isso forma o caráter", "Não existe almoço grátis", etc. De fato, essas pessoas têm algo em comum que é querer o nosso bem, o único problema é que, na maioria dos casos, ter sucesso significa ser igual a eles e isso pode criar muito problema na formação, pois as soluções do passado podem não servir agora.

A chamada geração X, filhos dos *baby boomers,* que nasceram entre 1965 e 1977 tiveram o histórico profissional bastante influenciado pelos ascendentes com as regras de antigamente, com como por exemplo, o tempo para entrada no mercado de trabalho. As pessoas desta época adentravam no mercado de trabalho formal aos catorze anos como *office boys*, contínuos, empacotadores e qualquer outra forma de emprego para jovens, o que hoje em dia quase não existe. Este amadurecimento profissional prematuro certamente os ajudou em sua formação e até na velocidade de ascensão, mas hoje soa muito estranho. Inclusive a idade mínima para entrar no mercado de trabalho, atualmente, é de dezesseis anos.

Hoje os jovens da geração Y (nascidos após 1978) que concluem seus estudos acadêmicos, poucos procuram estágio nos últimos anos de formação e somente depois entram no mercado de trabalho propriamente dito. Estes terão mais tempo para decidir melhor sua entrada, porém, certamente serão mais influenciados pelas expectativas de seus ascendentes.

Para aqueles que já possuem famílias constituídas, lembrando que não significa morar sob mesmo teto, os filhos ou descendentes são um capítulo à parte em nossa análise. As mães vivem o eterno dilema entre a carreira profissional e a formação dos filhos, atividade que muitas vezes é terceirizada por duas equipes, uma constituída de empregadas e avós de plantão e outra de professores e pedagogos. De qualquer forma, a expectativa dos descendentes tem um peso enorme em nossa estratégia de carreira, pois queremos ser pais melhores do que foram os nossos e estes são o único parâmetro de pais que conhecemos.

Quanto aos pais, concentremo-nos naqueles que são conscientes de seu papel e para quem a expectativa dos filhos faz alguma diferença, estes buscam dar aos filhos conforto, exemplo, cuidados etc.. Porém, muitas vezes se utilizam de recompensas materiais para repor o tempo que não foi dedicado, como se oferecessem uma desculpa para conseguir aquele abraço ou agradecimento. O peso desta culpa, em muitos casos, alimenta os egocentrismos e a tirania das crianças que acabam confundindo o carinho de um presente com a obrigação de ganhar.

Incluir os filhos como elementos importantes da estratégia fará com que você consiga estabelecer uma relação mais sadia, baseada em sentimentos e valores imateriais que certamente fortalecerão o caráter dos pequenos para as dificuldades que com certeza eles enfrentarão. Lembre-se de que o papel dos pais é prover, mas também é educar e preparar. Se você pensar em como seus pais o educaram, certamente lembrará de diversos nãos, regras e proibições, até mesmo um safanão ou outro. Mas nem por isso sua percepção de valor para com eles foi reduzida.

Existe ainda uma terceira categoria de pais e mães, normalmente na casa dos quarenta que receberam o pitoresco nome de geração sanduíche, pois precisam dividir sua atenção e carinho com os filhos e com os pais, já mais idosos.

A expectativa dos filhos em geral, considerando uma família saudável, gira em torno de presença e atenção. É preciso estar presente de corpo e alma às necessidades destes. Este quadro muda um pouco a partir da adolescência, quando os jovens querem mais liberdade e mais distância dos pais, contudo, na fase infantil é preciso que o pouco tempo que se passe junto com filhos seja um tempo intenso e recheado de boas memórias. Para isso, o profissional em sua estratégia deverá considerar fortemente seu conceito de sucesso. Se ao final do trajeto o sucesso profissional custou o fracasso no lar, talvez não tenha valido a pena.

Como experiência, devemos procurar colocar as atividades com os filhos no mesmo rol de outros afazeres, dessa forma evitamos que os momentos em família sejam encaixes de uma agenda completa de coisas profissionais. Ao mesmo tempo, é importante que eles compreendam que cada coisa tem seu tempo, assim, as expectativas pouco a pouco se harmonizam. É necessário estar presente mesmo estando ausente, assim podemos utilizar de todos os métodos que estão disponíveis, sendo o telefone e a internet os mais usados. Quando estiver junto com sua família, procure estar realmente presente de forma a criar as boas lembranças e os exemplos que contribuirão para o futuro e, principalmente, formação de seus filhos. Tenha em mente que qualidade é melhor do que quantidade.

No mundo atual o termo cônjuge ficou um pouco deslocado, pois companheiro é muito mais adequado seja pela orientação sexual de cada um, seja mesmo pela beleza da palavra nem tantas vezes representada. Ser companheiro é muito mais do que ser cônjuge. Participar do sucesso da carreira de seu companheiro é uma experiência fantástica e, do ponto de vista da estratégia de condução de carreira, esta pessoa será sempre fundamental seja como alicerce de sua formação, como porto seguro em uma tempestade ou como aquele terceiro olho que nos mostra o que não queremos ver.

Vamos concentrar nossa análise em casais sadios, onde o sucesso de um é o sucesso de ambos. Considerando este cenário, de maneira geral, a expectativa de nosso companheiro é que antes de tudo, sejamos felizes. Caso isto não seja verdade, precisamos voltar alguns passos atrás e reavaliar a própria razão da convivência e da união. Mas somente a nossa felicidade não completa o jogo, é importante que a outra pessoa também seja feliz.

A felicidade é um estado de espírito e uma forma de encarar o mundo, assim é importante ser feliz. Podemos vez por outra estar ou não alegres com certa situação e ninguém fica alegre o tempo inteiro, a não ser que tenha um sério distúrbio de percepção de ambiente, logo, felicidade é um modelo de vida enquanto alegria e tristeza são momentos pelos quais passamos e certamente são efêmeros.

Voltando às expectativas, nossos companheiros querem que sejamos felizes, que eles sejam felizes e o mais importante, que os dois progridam. Ao ingressar em uma união, ambos fizeram um pacto de plano de vida que certamente deve ir adiante em direção ao que ambos considerem o objetivo de vida comum. Sucesso neste caso pode ser descrito de várias formas: uma família bem estruturada sobre valores éticos, um patrimônio sólido que garanta um futuro tranquilo, realização pessoal e uma vida sem estresse ou até mesmo tudo isso junto. Para definir a expectativa de seu companheiro, faça a coisa mais difícil para a maioria dos casais, converse.

Discuta como vocês veem o futuro, o que cada um quer para si, quais concessões serão necessárias, quais planos farão juntos, onde cada um entra na vida do outro e, principalmente, onde não entra. Pessoas infelizes são incapazes de fazer outras pessoas felizes. Ao cuidar de você e alinhar expectativas com o outro, certamente a vida ficará bem mais simples e, na montagem de seu mapa de ações, a ilha com o nome de seu parceiro será um porto seguro e não um cabo de tormentas.

Você mesmo

Originalmente, este não era um dos *stakeholders* considerados para o processo, porém em 2006 estávamos aplicando o método para um grande banco internacional cujo problema era que eles haviam definido um grupo de profissionais de talento, os quais seriam a próxima geração de executivos mundiais e, ao serem informados de sua posição, acabaram se empolgando além da conta e não tiveram sucesso na empreitada. Quando souberam de sua escolha para participar de um plano de desenvolvimento diferenciado por serem talentos, acreditaram que estavam acima dos demais e que eram tão valiosos para a empresa que deveriam ser tratados como reis ou, no mínimo, como príncipes herdeiros.

Bem, como já deu para perceber, este é um método onde o profissional deve assumir o comando de sua carreira e obviamente terá responsabilidades sobre ela, cabendo ao banco então apoiar no que for preciso. Partimos do princípio de que quem não consegue gerir a própria carreira, como poderá gerir um banco com cinco mil colaboradores. Mas o fato em questão é que no segundo dia de *workshop* estávamos construindo a lista dos *stakeholders* quando um rapaz de ascendência indiana apresentou seu diagrama onde constava um *box* com a expressão "Eu mesmo".

Até então nós não havíamos tratado esta projeção extra-corpórea de maneira tão efusiva. Pedi então a ele que expusesse a sua visão e ele sem mais delongas foi a um dos *flipcharts* da sala e começou a discorrer sobre a teoria dos papéis, descendo um nível na leitura dos *stakeholders*. De imediato conversamos sobre a beleza do que ele expunha e adotamos a alteração, que foi mais do que bem-vinda à nossa metodologia.

De acordo com a teoria dos papéis, cada um de nós representa diversos papéis em nossos relacionamentos pessoais, familiares, amorosos e profissionais e, portanto, ao entendermos que existem pessoas que podem influenciar em nossa carreira, precisamos decidir qual dos nossos papéis estará no centro de nossa rede de valor. Entendendo que se trata de uma estratégia de gestão de carreira, certamente quem está no centro da estratégia será o seu EU Profissional, portanto, o outro EU pode perfeitamente ser um *stakeholder* com expectativas claras de valor para com o EU Profissional.

Parece muito confuso, mas vamos facilitar as coisas: quantas pessoas você conhece que no trabalho são de uma maneira e em casa ou com os amigos são completamente diferentes? Agora pense em quantas pessoas você conhece que sofrem com o trabalho e não veem a hora de poder parar de trabalhar para fazerem aquilo que realmente gostam.

Avaliemos o segundo cenário. Quantas pessoas você conhece que se identificam tanto com seu trabalho que parecem que estão o tempo todo ligados a ele? Pense em pessoas que, por mais trabalho que tenham, parece que sempre estão felizes e descansadas. Na primeira análise você pode identificar claramente pessoas que vivem o conflito entre o EU Profissional e o EU Verdadeiro, e na segunda análise, esse conflito não existe, pois as pessoas aprenderam a fazer do EU Verdadeiro sua profissão. Quando trabalhamos para grandes corporações, fica bem mais difícil transformar o EU Verdadeiro em profissão, embora existam alguns casos de destaque.

Existem alguns exemplos patológicos onde o EU Profissional escravizou o EU verdadeiro dando a impressão de que se trata da mesma pessoa, mas isso está classificado como doença e responde pelo nome de vício em trabalho. Assim, de maneira geral e para a maioria dos mortais, o EU Profissional não é o verdadeiro EU. Se este é o seu caso, é fundamental buscar em suas convicções quais os valores de seu verdadeiro EU e qual a expectativa deste para com o EU Profissional. Essas expectativas estão ligadas a sua missão de vida e ao que o motiva e o faz feliz.

Responda as seguintes perguntas:

- Qual sua missão na vida?
- Para que você existe?
- O que o faz feliz?
- Quais as ações que você tomou no último ano que o levaram nesta direção?

Essas certamente são as expectativas de seu EU verdadeiro para com o seu EU Profissional e caso elas não sejam atendidas sempre haverá uma frustração pesando em seus ombros, por mais longe que você consiga chegar na sua. A melhor estratégia de carreira é como uma viagem de veleiro, onde a chegada é importante, mas o objetivo é obter prazer na jornada.

EU Profissional

"Dentro de nós habitam milhares de pequenas pessoas com comportamentos diferentes, umas tristes, outras alegres, umas covardes, outras guerreiras. É importante conhecermos todas elas e as levarmos conosco em nossa jornada, pois nunca saberemos a hora em que uma delas precisará emergir e tomar o controle da nossa vida." ***Lwaxana Troy.***

Considerando a teroria dos papéis, não existe um único papel que possa definir o chamado papel de profissional, pois ao longo de nosso dia executamos diferentes papéis, entre eles o de chefe, subordinado e colega são os que mais demandam nossa atenção. É o conjunto desses papéis e comportamentos que definimos como o EU Profissional.

Essencialmente, o EU profissional é a soma de nossos comportamentos e, portanto, quando levamos a análise em termos finais, o EU Profissional é um personagem que construímos ao longo de nossa carreira. A boa notícia é que esse personagem criado por nós ainda não está totalmente definido e certamente pode ser moldado de acordo com a nossa estratégia.

Desempenhamos o conjunto de papéis que formam o EU Profissional durante grande parte da nossa vida economicamente ativa. Certamente você dedica mais de oito horas diárias aos seus afazeres profissionais, o que representa um terço de seu dia. Outro terço é dedicado ao descanso e ao sono, sobrando somente um terço do tempo onde o EU Verdadeiro pode existir. Todavia, nesse último terço coexistem os papéis de amigo, parente, pai, cônjuge, filho etc.. Portanto, quando nos deparamos com a influência do EU Profissional sobre o EU Verdadeiro é fundamental que compreendamos que essa influência é resultado única e exclusivamente da dedicação e do tempo que aplicamos a cada um deles.

Deste ponto em diante, assimile a seguinte declaração: **"O EU Profissional é o produto dos comportamentos que derivam da minha estratégia."**

Ao perceber que sua atuação como profissional é um produto de suas ações e decisões, se abre o primeiro passo para assumir o controle de sua carreira, pois esse produto é criado, mantido, revisado e aprimorado por você e ele não será necessariamente você, posto que você sempre estará no EU Verdadeiro.

A ideia de que no trabalho você não precisa necessariamente ser você mesmo soa um tanto estranha para alguns profissionais. Lembre-se de que estamos utilizando uma estratégia baseada nos principais *stakeholders* de sua carreira e, neste caso, é fundamental que você seja capaz de separar estas duas pequenas pessoas que moram dentro de você, o EU Verdadeiro e o EU Profissional. O EU Verdadeiro pode ser uma pessoa dedicada a proteger pessoas, ser resiliente ou teimoso, empreendedor ou pesquisador, apaixonado e assim por diante, mas uma vez alocado em uma função empresarial ele deverá focar suas decisões e comportamentos de acordo com as expectativas de seus superiores (diretos e indiretos) e com seus clientes (internos e externos).

Na busca do equilíbrio e da satisfação profissional, buscamos manter o EU Profissional em harmonia com o EU Verdadeiro, ou seja, nos comportarmos o máximo possível no ambiente de trabalho como seríamos em qualquer outra situação, ainda que tenhamos uma maior influência dos papéis de amigo, aluno e professor. Vez por outra temos a influência do papel de pai ou filho nas relações que envolvem autoridade.

Quando as características e os comportamentos demandados pelo EU Profissional são conflitantes com os valores do EU Verdadeiro, a única saída possível ao indivíduo é considerar seriamente a possibilidade de mudança de emprego ou profissão. Esta decisão pode ser tomada em qualquer momento da carreira, pois os valores que constituem seu EU Verdadeiro nunca devem ser superados por qualquer que seja o objetivo de vida. A carreira é importante, todavia ela é um momento da sua vida e não a própria vida.

Momentum's na carreira - *Coaching* em fases de carreira

Existem três "*momentum's*" na carreira das pessoas

- Ascenção
- Estagnação
- Mudança

O seu *coachee* estará sempre em uma dessas três fases, pois este ciclo se repete continuamente. Para um *coach* de carreira que alcance resultados na vida profissional de seu *coachee* é necessário observar em qual dessas fases ele se encontra, para desafiá-lo, orientá-lo e treiná-lo de maneira adequada ao seu *momentum* de vida.

Ascensão

Essa é uma das melhores fases que um profissional pode se encontrar, porém se ele não souber se comportar de forma proveitosa, os resultados poderão não ser os melhores. Nesse período o indivíduo costuma ter uma *performance* altamente positiva, com sentimentos de confiança, coragem, euforia, realização e capacidade. Ele encontra-se também com a agenda cheia e com muitos desafios pela frente.

É importante que o *coach*, juntamente com o *coachee*, realize um plano de ação, principalmente com foco e disciplina e ofereça sustentação durante este período. Para que a fase seja aproveitada da melhor maneira possível é necessário que haja treinamento para atender novas demandas; gerenciamento de tempo, estresse e de tomada de decisões; foco no plano/visão; cuidar de si; criar tempo para se recuperar.

Estagnação

Nesta fase, o *coachee* encontra-se em um estado interno desfavorável ao seu crescimento, tanto pessoal quanto profissional. Sua *performance* é negativa e os sentimentos que predominam é a tristeza, raiva, solidão e falta de autoconfiança.

Diante deste contexto, o papel do *coach* é de oferecer estímulo e impulso, gerar ação, mapeamento e desenvolvimento de competências; auxiliar o *coachee* a estabelecer metas e alinhar seus valores com elas, identificar qualidades/talentos, estimular autoconfiança, criar em conjunto com o cliente visão de futuro.

As atividades que serão realizadas para que este estado seja alterado, é o estabelecimento de metas, de missão e visão; a criação de um plano de ascenção, fazer com que o *coachee* busque realizar novas atividades que melhorem sua autoestima e autoconfiança, por exemplo, fazer esportes, caminhadas, corridas; busca de novo emprego/carreira, nova qualificação ou treinamento e também fazer *networking*.

Mudança

A mudança na carreira é caracterizada por um período de reflexão e quietude ou por um período extremamente turbulento. *Coach* e *coachee* fazem uma revisão de carreira. O foco é a mudança para novo trabalho ou posição, volta à universidade (mestrado, especialização) ou melhorias. Dependendo do contexto, a *performance* do *coachee* pode ser positiva ou negativa, estando ele confiante ou inseguro, estável ou instável, flexível ou rígido.

O processo de mundaça pode ser positivo quando o profissional deseja direções novas, após ter passado por um período difícil e se prepara para um possível desenvolvimento. Já se a mudança for algo doloroso para o *coachee,* podemos considerá-la negativa (por exemplo, deixar a família por um longo período por causa de um projeto).

Nesta fase, o papel do *coach* é de oferecer motivação, evolução contínua, revisão/desenvolvimento de crenças, valores e atitudes. Ele também irá auxiliar o *coachee* na busca de um sentido e estimular ação e visão. Aqui podem ser usadas as mesmas estratégias do *momentum* estagnação, como a procura de novo emprego, nova qualificação ou treinamento e fazer *networking*. Há também a necessidade de exploração interna, sustentação de mudança (follow-up) e avaliação/reavaliação de crenças/comportamentos.

Entendendo seu mercado

Antes de falarmos propriamente da construção do produto, vamos refletir sobre a sua relação de trabalho com seu atual empregador. Como você avalia essa relação?

- Quem detém o conhecimento?
- Quem determina as regras de relacionamento?
- Quem tem maior interesse na manutenção da relação?
- Quem mais perde caso a relação acabe?
- Quem tem mais condição de executar um plano B?

De maneira geral, as relações entre a empresa e o profissional são definidas pelas relações capital-trabalho, onde a empresa remunera a pessoa pela execução de um determinado conjunto de tarefas que devem ser executadas de acordo com os padrões de qualidade definidos por esta. Este modelo de relacionamento está vigente desde os tempos da Revolução Industrial e ainda hoje pode ser visto em grandes empresas. A relação capital-trabalho geralmente está associada às carreiras do tipo trilho-passageiro.

Empresas com presença internacional e grandes conglomerados enfrentam o enorme desafio de ser únicas em todos os seus mercados. Veja, por exemplo, as grandes redes de *fast-food,* onde em qualquer lugar do mundo os produtos são idênticos e os procedimentos adotados pelos funcionários são os mesmos. Para solucionar este dilema, as empresas resolveram padronizar seus procedimentos de forma a garantir a uniformidade.

Ao fazer isso, elas definiram o que conhecemos como metodologias de trabalho ou boas práticas de como fazer as coisas, o que na verdade é uma tentativa de concentrar o conhecimento, neste caso a receita, nas mãos de quem detém o capital e não nas mãos de quem executa o trabalho. Obviamente, não se consegue manter milhares de trabalhadores efetuando tarefas diariamente sem que estes avaliem suas funções, critiquem procedimentos e mais do que isso, usem de sua criatividade para alterar o que precisa ser alterado.

Essa liberdade de ação moveu novamente o conhecimento

para as mãos de quem executa, criando ilhas de conhecimento ou excelência que ameaçavam o controle das corporações.

Foi aí que surgiu uma nova fonte de mudança do controle do conhecimento definida de várias formas, mas a mais comumente usada é o *compliance*. Estar *compliance* é fazer de acordo com a norma que foi estabelecida e em nome do *compliance* foram definidas várias ondas de metodologias de qualidade como ISO (*International Organization for Standardization* ou Organização Internacional para Padronização), TQM (*Total Quality Management* ou Gestão da Qualidade Total) e mais atualmente SOX (*Sarbanes-Oxley Act* ou Lei Sarbanes-Oxley). Sendo que esta última foi rapidamente impulsionada pelo medo dos acionistas e pelos escândalos financeiros.

Resumindo, mesmo em plena era do conhecimento a grande maioria das empresas procura, protegida pelo manto da qualidade, padronizar os procedimentos de forma que o profissional que executa a tarefa não detenha o conhecimento em si mesmo, mas a habilidade de executar as tarefas de acordo com o *compliance*.

Reconhecendo seu cliente

Para desenvolver o EU Profissional como um produto, você precisará entender e alterar de maneira unilateral sua relação com seu empregador substituindo o modelo capital-trabalho pelo modelo de adição de valor, onde o profissional agrega conhecimento e competências ao longo de sua formação e coloca estes ativos à disposição da empresa sendo recompensado por isso de forma fixa, variável ou ambas. Segundo Ian Brooks em seu livro "*Ganhando Mais*", existe uma diferença considerável entre um trabalho de valor e um trabalho de qualidade.

"Qualidade é o que você coloca em seu produto, valor é o que seu cliente tira dele".

Se entendermos que executar nossas atribuições com qualidade é simplesmente nossa obrigação, ao construirmos o EU Profissional devemos buscar as características que nosso cliente, ou seja, quem irá comprar nosso trabalho, considera importante e, certamente, isso será bem mais amplo do que o resultado de nossas tarefas. Assim, comecemos pelo básico: quem é seu cliente? Relembrando...

"Cliente é aquele a quem entregamos o produto de nossa atividade e que nos remunera por isso".

Entendendo isso como verdade, quem de fato nos remunera? Bem, de maneira geral quem nos remunera é nossa empresa, uma pessoa jurídica com muita gente e departamentos, mas efetivamente quem exerce influência na nossa remuneração direta e indireta? Isso mesmo, o bom e velho chefe. Por mais que às vezes não gostemos desta situação, o chefe é o sujeito que detém boa parte da influência em nossa ascensão profissional, algumas vezes temos um chefe ruim e teremos que trabalhar para sair de baixo do sujeito, mas na maioria das vezes é um mau negócio tentar crescer na carreira sem estar alinhado com seu superior direto.

Até este ponto da leitura, você já aprendeu que o nosso valor depende de outros para ser confirmado, ou seja, não adianta se considerar valoroso se não houver pessoas que possam considerá-lo como tal. Sempre dependeremos de alguém que admire e respeite nosso trabalho. Este alguém certamente estará entre as pessoas de nosso mais estreito relacionamento.

Somos seres que precisam ter conexões com nossos pares para vivermos de forma plena no mundo, até mesmo por uma questão de sobrevivência, pois trabalhando em conjunto podemos nos organizar e lutar contra qualquer tipo de acontecimento, seja ele desconhecido ou não. Você já reparou como somos condicionados, ainda nos dias de hoje, a viver em grupos? Repare em você e em seus principais amigos, não parece que todos têm algo em comum? Interesses, aparência, nível sócio-cultural, disposição geográfica e por aí vai. Está no nosso DNA valorizar aquilo que se parece conosco e evitar o que for diferente.

No mundo profissional, algumas pessoas já entenderam a importância da diversidade e a necessidade de trabalhar com equipes cada vez mais plurais onde culturas e formas de pensamentos distintas são necessárias para criar vantagem competitiva. Mas por outro lado, as empresas cobram cada vez mais resultados de curto e curtíssimo prazo em um cenário onde as infinitas discussões de diferentes pontos de vista não cabem. Lembra da comparação entre as gerações X e Y? Pois é neste cenário que elas ficam cada vez mais acirradas e o velho bordão "Faça como mandei" aparece com mais frequência.

Se seu superior direto for da geração X, ele certamente considerará como valiosas as pessoas que apresentem similaridade ou familiaridade com o seu modelo mental. Note que não estamos exaltando as qualidades do tipo "clone-puxa-saco", mas sim profissionais para os quais o custo de alinhamento seja menor.

Custo de alinhamento

O custo total que você representa para sua empresa é bem maior do que aquilo que você percebe como remuneração, ou seja, salários, benefícios e obrigações trabalhistas. Estes valores são pagos a você assim como são pagos para todos os demais profissionais da empresa, portanto, não são temas ou preocupação imediata de seu superior direto. Em outras palavras, não é ele quem paga isso. O custo que você gera para seu superior direto é chamado custo de gestão ou custo de alinhamento. É quanto trabalho ele terá com você para que você esteja alinhado com as diretrizes e atuando do jeito que ele acha correto.

No Brasil somos apaixonados por carro e futebol, neste caso, imagine que você conheça um jogador de futebol daqueles famosos, que ganha bola de ouro, é artilheiro de campeonato, etc. etc.. Agora continue imaginando que ele está jogando em um time com mais cinco jogadores de mesma categoria, com resultados semelhantes e salários astronômicos. Agora vamos fazer uma pequena separação: dos seis jogadores, quatro mantém a cabeça no jogo, atendem as regras e orientações do técnico, treinam como e quando são mandados e dentro do campo cumprem a estratégia do jogo.

Os outros dois dão resultado, fazem gols, chamam a atenção da mídia, mas... são flagrados em boates, fogem da concentração, não treinam como deveriam, não se apresentam de imediato quando convocados etc.. Por fim, você é o técnico da Seleção Brasileira e está fechando a lista dos convocados, faltando preencher duas vagas. Quem você levaria?

Certamente, visto que todos dão resultados, você preferiria buscar entre aqueles que oferecem um menor custo de gestão e, sendo assim, sua escolha estaria entre os quatro primeiros. Existe um princípio de valor onde VALOR = BENEFÍCIO-CUSTO, no exemplo citado, todos os seis têm o mesmo benefício proposto, pois dão resultado dentro de campo, mas os dois últimos possuem um alto custo de gerenciamento e certamente causarão problemas de alinhamento na equipe e esses fatos poderão influenciar sua decisão.

Voltando ao seu produto, ou seja, o seu EU Profissional deverá oferecer entre outras coisas um custo de alinhamento e gestão mais competitivo que seus colegas para que o valor seja percebido pelo superior direto. Um baixo custo de alinhamento significa entre outras coisas, menos esforço para que você trabalhe de acordo com as expectativas de seu superior direto, desta forma, entender o que ele espera, respeita e reconhece como valor é fundamental, pois esse conjunto de coisas formará o conteúdo do seu produto.

Coaching de Carreira e Estresse

"Mantenha o seu foco no melhor que você possa imaginar e permita que uma visão positiva o impulsione para frente!"

Jack Anderson

Tanto na vida pessoal como, e principalmente, em nossas carreiras, nós somos notavelmente resilientes ao estresse. Sobrevivemos e encontramos momentos de paz, prazer e autoavaliação. Nós lidamos com o estresse através de orações e crenças religiosas, através de conexões humanas e de diversões que atendem nossas necessidades de alegria, pertencimento e crescemos compartilhando o amor, o encorajamento, tendo o apoio de nossa família e amigos.

Entretanto, nosso equilíbrio fisiológico/psicológico pode ser levado além da sua capacidade de suportar. Quando isso acontece, nós ficamos desregulados e desordenados, eventualmente ficamos esgotados ou entramos em colapso. Existem reações automáticas aos estressores que atuam em nossas vidas, não importa o que intelectualmente digamos a nós mesmos, elas determinam como vivenciamos o estresse, transformando um problema pequeno em algo muito maior.

O estresse pode nos impedir de manter o foco, de estar presente, de ver claramente, de resolver problemas de maneira criativa, de expressar nossas emoções de forma efetiva quando precisamos nos comunicar com os colegas de trabalho, e pode definitivamente, nos impedir de ficar com a mente em paz. Uma vida de reatividade incosciente provavelmente aumenta o risco de ficarmos esgotados e a possibilidade de termos doenças significativas.

Nossos relacionamentos e sentimentos, mesmo que não correspondam à "realidade", exercem um impacto sobre nós, causando estresse. Até o simples pensamento de que talvez você tenha uma doença fatal causará um estresse considerável. Os impostos são estressores previsíveis, enquanto acidentes ou eventos imprevistos, que acontecem de repente, com os quais você tem que lidar, ou, por exemplo, uma demanda excessiva de reuniões e prazos finais não realistas, são conhecidos como estressores agudos que acabam cobrando um preço.

Os estressores crônicos são os que nos afetam durante um período longo de tempo. Por exemplo, cuidar de um membro da família que está muito doente ou deficiente. Quando em algum momento você fica estressado, dependendo do quanto a sua mente identifica a situação como uma possível ameaça ao seu ser, independentemente de se tratar do seu bem-estar físico ou do seu senso de identidade (*self*), seu corpo todo entra em uma reação automática de alarme. Isso nos permite ativar todos os nossos recursos interiores para que eles nos ajudem em uma dada situação. Todo o nosso corpo passa por inúmeras mudanças, tanto químicas quanto bioquímicas.

Muito do nosso estresse vem da percepção de ameaças, reais ou imaginárias. Qualquer coisa que ameace o nosso bem-estar pode disparar em nós uma reação. Se nosso *status* social estiver ameaçado, ou nosso ego, ou crenças firmemente mantidas, ou nosso desejo de controlar as coisas, ou de que elas sejam de determinada maneira, nosso sistema de fuga de luta toma conta. Infelizmente, essa hiperestimulação pode se tornar um modo de vida permanente.

Muitas pessoas sentem:

- Ansiedade o tempo todo;
- Tensão muscular crônica, geralmente nos ombros, rosto, mandíbula e mão;
- Tremor decorrente de batimentos cardíacos elevados
- Tremor interno "borboletas no estômago";
- Palpitações;
- Palmas das mãos úmidas;
- Necessidade de se isolar ou evitar situações sociais;
- Incapacidade de manter o foco;
- Problemas para se lembrar das coisas;

- Volatilidade emocional;
- Ataques súbitos de raiva;
- Teimosia, contrariedade;
- Irritabilidade;
- Ataques de pânico.

Acabamos assim, desenvolvendo a resposta de fuga-ou-luta, sem poder fugir porque isso não é socialmente aceitável e não resolverá o problema. Entretanto, no nível bioquímico, o nosso corpo ainda se sente ameaçado. Nós nos sentimos magoados, amedrontados, com raiva, ressentidos, nosso corpo produz vários hormônios relacionados ao estresse, escondemos nossos sentimentos. Se inibir os sinais externos de estresse você não tem alívio. Você não consegue ter o alívio físico e nem se recuperar.

Os hormônios do estresse começam a causar uma grande desordem no seu corpo e a agitar seus pensamentos e sentimentos. A estimulação crônica prolongada do sistema nervoso central pode fazer com que sua fisiologia a longo do prazo fique desregulada. O resultado é o aumento da pressão sanguínea, problemas cardíacos, problemas digestivos, dores de cabeça crônicas, dores nas costas, desordens do sono e ansiedade crônica.

Nós desenvolvemos mecanismos de gerenciamento para encobrir o estresse, sendo que estes são mal-adaptados, ou seja, embora eles nos ajudem a tolerar o estresse e nos deem um senso de controle, a longo prazo eles compõem o estresse e seus resultados negativos. Os fatores que podemos considerar mal-adaptativos são:

- Negar: "Quem, eu estressado?...Tenso?"
- Tensão muscular sem explicação.
- Trabalhar compulsivamente (*workaholic*).
- Vícios...comer em excesso, beber ou usar drogas (antiansiedade) ou outros tipos.

E assim por diante, qualquer coisa que nos ajude a evitar, reconhecer e lidar com o estresse é tido como algo mal-adapativo. Eventualmente, isso desregula seu sistema imunológico resultando em doenças físicas mais sérias. Qualquer órgão pode ser o elo frágil que está sendo incitado a colapsar pelo estresse. Pode ser a pele, os pulmões, o sistema vascular cerebral levando a um derrame, o sistema digestivo, os rins, problemas de disco, etc.

O colapso não tem que ser propriamente físico. O estresse em excesso e não saber lidar de maneira efetiva o suficiente pode exaurir os recursos psicológicos até levar a um esgotamento, exaustão psicológica total, com a perda do ímpeto e do entusiasmo. O que costuma lhe dar prazer agora já não dá mais. Isso se torna um circuito autoperpetuante. Talvez não leve à morte, mas logo isso se torna um estressor adicional. É necessário prevenir este ciclo desenvolvendo estratégias, de curto e longo prazo, para diminuir o estado de hiperativação e reatividade.

Lidando com o estresse na vida profissional

Atualmente o profissional tem recebido uma alta demanda de produtividade e flexibilidade. A inabilidade de alcançar um equilíbrio vida/trabalho pode gerar altos índices de estresse. O *Coaching* de Carreira, além de focar no aumento de *performance* e resultados do indivíduo, deve também trabalhar o equilíbrio entre pessoal e profissional. O trabalho de gerenciamento de tempo e emoções também é mandatório para a redução do estresse, assim como a utilização de ferramentas de análise de cenários para a redução dos riscos e antecipação dos fatos. O *coach* de carreira pode precisar:

- Examinar desperdício de tempo;
- Explorar situações em que o profissional sente falta de realização ou se sente sub-utilizado;
- Determinar os valores do indivíduo e priorizá-los;
- Estabelecer o que é mais importante na vida da pessoa em um estágio específico da vida;
- Discutir possíveis trocas/compensações que o executivo precisa para obter mais equilíbrio na vida pessoal;
- Identificar e lidar com o vício pelo sucesso;
- Auxiliar o profissional a lidar com conflito ou ambiguidade de papéis;
- Auxiliar nos desafios de desenvolvimento de carreira;
- Lidar com estresse dos funcionários, pares ou estresse gerencial;
- Lidar com estresse relacionado às estruturas organizacionais, com sistemas de comunicação incompletos ou ambíguos;
- Lidar com a demanda dos clientes.

As técnicas de relaxamento e visualização têm se mostrado as mais eficazes na redução do estresse. Ensinar o *coachee* a fazer respirações diafragmáticas, durante o horário de trabalho, pode ser uma das tarefas do *coach*, para melhorar a qualidade de vida profissional.

As consequências do estresse

- Comprometimento do sistema imunológico;
- Inflamação dos tecidos, ligamentos e tendões;
- Vulnerabilidade a entupimentos das paredes das artérias;
- Insônia, depressão e ansiedade;
- Aumento da probabilidade de hipertensão e lesão do músculo cardíaco, por esforço excessivo;
- Elevação dos lipídios no sangue (colesterol ruim, acúmulo de gordura e cálcio que enrijece as artérias);
- Diminuição da capacidade cerebral no que diz respeito a:
  - resolução de problemas
  - inteligência emocional
  - clareza de pensamento
  - tomada de decisão
  - e outros processos mentais complexos

Os Reatores Quentes

As pessoas com altos níveis de hostilidade têm 29% de chance de morrer de doenças cardíacas e, no caso de hostis, com menos de 60 anos a taxa ultrapassa 50%. ("*From Stress to Strength*" Robert Eliot). As respostas fisiológicas dos reatores quentes são significativamente exageradas; um pequeno insulto poderá deflagrar alterações acentuadas da pressão sanguínea, pulsação e atividade de ondas cerebrais que a maioria das pessoas só registram durante emergências graves. Os tipos de reatores são:

1. Sabem e demonstram
2. Não sabem, mas aparentam
3. Sabem, mas não demonstram
4. Não sabem e não aparentam

Equívocos comuns a respeito do estresse

Nós sempre sabemos quando estamos sob estresse. Com

frequência as pessoas ficam tão acostumadas aos seus efeitos que deixam de percebê-lo conscientemente. Muitos de nós sofremos com as consequências debilitantes do estresse, mesmo que não estejamos nos sentindo tensos. Mas ele pode alterar a maneira como você trata os outros ou prejudicar o seu corpo, até mesmo na ausência de sentimentos de frustração ou ansiedade.

O estresse é algo que afeta principalmente aqueles que têm uma vida cheia de pressão. Muitos indivíduos comuns vivenciam o constante estresse da preocupação, de se viver uma vida insatisfatória, ou de não serem quem eles gostariam de ser. Ele é causado por eventos que acontecem conosco. Parafraseando o filósofo estóico Epíteto, não são os eventos por si só que causam nosso sofrimento, mas antes a percepção que temos deles.

As emoções têm vida própria e em pessoas com altos níveis de estresse, elas dificilmente podem ser controladas. Nós podemos mudar nossos sentimentos, mudando primeiramente nosso comportamento ou mudando nossa forma de pensar. Por exemplo, terminar um trabalho pode nos poupar de ficarmos nos preocupando a respeito. Desenvolver uma nova compreensão sobre uma situação pode fazer com que ela fique menos ameaçadora ou estressante.

Princípios contra o estresse

- Viva o hoje.
- Faça a pergunta: isso é uma preocupação ou um problema?
- Lembre-se de que 95% das nossas preocupações não se transformam em problemas.
- Todo problema tem solução.
- Prepare-se para aceitar o pior e pense como solucionar.
- Lembre-se do preço exorbitante, em termos de saúde, que você pode vir a pagar se não dominar as preocupações.
- Pare de sofrer pelo passado.
- Tente tirar proveito dos seus erros.
- Conte com a ingratidão.
- Nunca tente vingar-se dos seus inimigos.
- Acredite em Deus.
- Tenha bons hábitos no trabalho.
- Saiba descansar durante o dia, nem que sejam 10 minutos.
- Aprenda a dizer não, sem sentir culpa ou lástima por ninguém.
- Procurar agradar a todos é um grande desgaste emocional.

- Lembre-se, você não é a fonte dos prazeres!
- Saiba perdoar a si mesmo e ao outro.
- Faça uma tarefa por vez. Não canse excessivamente a sua mente.
- Lembre-se, nem tudo depende de você, esqueça de uma vez por todas que você é indispensável no trabalho, casa ou grupo de amigos. Ainda que não goste, tudo caminha sem sua intervenção.
- Tenha e desenvolva critérios de resolução de problemas e tomada de decisões.
- Evite reagir à ansiedade dos outros como se fosse sua.
- Sua família não é você. Só está perto de você, mas não é sua propriedade.
- É preciso ter sempre alguém com quem falar abertamente.
- Não deseje saber se alguém fala mal de você. Apenas faça o melhor que puder e tudo se resolverá.
- Competir em momentos de lazer, ou na vida do casal, é o preço para quem quer ficar cansado ou perder a melhor parte.
- A rigidez é boa nas pedras, não nos seres humanos.
- Conheça a hora certa de sair de uma situação ou reunião, mesmo as informais.
- Uma boa hora de diversão é um magnífico bálsamo para as preocupações. Divirta-se.
- Tenha em mente que a intuição, a inocência e a fé podem ser seus melhores amigos.
- Ajude as pessoas. A benção passa primeiro por você.
- Adie decisões quando estiver cansado ou nervoso.
- Cultive bons pensamentos, leia bons livros, ore, reze, medite, cante.
- Você já percebeu que o medo do problema é muitas vezes maior do que o problema?
- Para de se afogar em tigelinhas.
- Compreenda de uma vez por todas que: "você é o que faz de si mesmo".

* Fontes: "Instituo Francês para Controle da Ansiedade e Stress" e "Fundação Gurdjieff"

Dicas para reduzir o estresse

1. Aprenda a planejar: a desorganização pode gerar estresse. Com frequência, ter demasiados projetos acontecendo ao mesmo tempo leva à confusão, ao esquecimento e à sensação de ter projetos inacabados suspensos sobre a sua cabeça. Quando for possível, assuma um projeto de cada vez e trabalhe nele até terminar.

2. Reconheça e aceite os limites: a maioria de nós estabelece metas excessivas e perfeccionistas para si mesmo. Mas na realidade, nunca conseguimos ser perfeitos, e assim frequentemente ficamos com uma sensação de fracasso e inadequação, não importando quão bom tenha sido o nosso desempenho. Estabeleça para si mesmo metas que sejam alcançáveis.

3. Aprenda a brincar: ocasionalmente você precisa fugir das pressões da vida e se divertir. Encontre passatempos que absorvam sua atenção e dos quais você goste independentemente do seu nível de habilidade.

4. Foque no positivo: evite criticar os outros. Aprenda a elogiar as coisas que você gosta nos outros. Coloque o foco nas qualidades positivas que as pessoas à sua volta têm. Certifique-se de dar o crédito a si mesmo e valorizar suas boas qualidades também.

5. Aprenda a tolerar e a perdoar: ser intolerante com os outros leva à frustração e à raiva. Procurar realmente entender como as outras pessoas se sentem pode fazer com que você aceite mais como elas são. Aceite e perdoe a si mesmo também.

6. Evite competições desnecessárias: há inúmeras situações competitivas na vida que nós não podemos evitar. Ficar muito preocupado em vencer em demasiadas áreas da vida pode criar tensão e ansiedade excessivas, e faz com que fiquemos desnecessariamente agressivos.

7. Faça exercícios físicos regularmente: consulte seu médico antes de iniciar qualquer programa de exercícios. Você terá mais chance de dar continuidade a um programa de exercícios se escolher algum do qual realmente goste ao invés de um que lhe dê a sensação de

ser apenas trabalho duro ou chateação.

8. Aprenda uma forma sistemática de relaxar que não recorra a drogas. Meditação, yoga ou qualquer uma das várias técnicas de relaxamento podem ser aprendidas com diversos professores e psicoterapeutas habilitados.

9. Fale sobre os seus problemas: encontre um amigo, um membro da igreja, um professor, um conselheiro ou psicoterapeuta, com quem você possa se abrir. Expressar suas maiores ansiedades para um ouvido solidário pode ajudar incrivelmente.

10. Mude sua maneira de pensar: como nós nos sentimos emocionalmente depende com frequência da nossa perspectiva, ou filosofia de vida, mas mudar nossas crenças é um processo desafiante. Há pouca sabedoria prática no mundo moderno que nos guie através de nossas vidas. Ninguém tem todas as respostas, mas algumas respostas estão disponíveis. Converse com mentores, professores e conselheiros.

***Coaching* de Carreira e as defesas**

Quando, por qualquer razão, nos sentimos ameaçados, nós caímos de volta em uma das várias estratégias de defesa usadas habitualmente. Essas estratégias, embora estejam tentando reduzir nossa ansiedade e nos proteger contra a ameaça percebida, o que fazem realmente é tornar nossa comunicação interna e interpessoal relativamente ineficaz. Por favor, repare se tanto você como o seu cliente utilizam algumas dessas defesas. A percepção consciente de que elas estão atuando permite que você as ultrapasse e restabeleça um nível saudável de comunicação.

Lista das defesas

▲ Perder humor	▲ Ficar ofendido	▲ Hiperatividade
▲ Bancar o confuso	▲ Bancar o bobo	▲ Querer ter a última palavra
▲ Perder humor	▲ Ficar ofendido	▲ Hiperatividade
▲ Despejar informações para provar um ponto	▲ Explicações e racionalizações intermináveis	▲ Eu sou uma vítima
▲ Pobre de mim	▲ Rigidez...eu não vou mudar	▲ Negação... não houve o problema
▲ Fazer piada à custa dos outros	▲ Ser excessivamente crítico	▲ Abandonar a negociação
▲ Culpar os outros	▲ Ataques repentinos de doenças	▲ Fadiga repentina
▲ Agir de forma louca	▲ Intelectualizar	▲ Excentricidade
▲ Ser excessivamente bonzinho(a)	▲ Audição seletiva, ouvir apenas o que você quer ouvir	▲ Contra-ataque
▲ Ficar ressentido	▲ Trivializar através do humor	▲ Uvas verdes, eu não queria mesmo
▲ Eu já estou ciente disto	▲ Risada inapropriada	▲ Autodepreciação

Alimento para o pensamento

O *Coaching* de Carreira dispõe de inúmeros recursos extremamente eficientes para nelhorar a vida profissional do índivíduo. Um deles são as perguntas. Por meio de perguntas poderosas podemos nos livrar de certos comportamentos que nos levam ao estresse e diretamente aos mecanismos de defesa. Seguem algumas perguntas que podemos nos fazer e reconhecer se sofremos com algumas destas reações:

- Existe alguma recompensa ao utilizar estas estratégias de defesa?
- Quando você as utiliza?
- Qual delas você usa com mais frequência?
- Quais comportamentos nos outros parecem disparar estas respostas em você?

Otimismo Aprendido e *Coaching* de Carreira (Psicologia Positiva)

Martin Seligman, pai da Psicologia Positiva, em suas pesquisas com o conceito de *Learned Optimism* – Otimismo Aprendido e *Learned Helplessness* – Vitimização Aprendida, contribuiu para o campo da Psicologia Positiva, que consequentemente influenciou nos fundamentos do Alto Desempenho.

Segundo o conceito de Otimismo Aprendido, todas as pessoas têm um estilo explanatório – como a pessoa explica para si mesma as causas dos eventos, bons ou ruins. O estilo pode ser pessimista ou otimista, aprendido de experiências na infância e influenciado no presente pelas atitudes e crenças de pessoas importantes na vida do indivíduo. Três fatores compõem o estilo explanatório (The 3 P's):

1. *Permanence*/Permanência do evento: quanto tempo a pessoa acredita que vai durar. "É sempre assim/vai ser assim para sempre";
2. *Pervasiveness*/Penetração ou escopo do evento: se a pessoa vê o evento como algo específico ou global: "Tudo na vida está ruim";
3. Personalização do evento: se a pessoa vê o evento causado

por ela, por outros, ou fatores externos "É tudo culpa minha". Mulheres em geral tendem a se responsabilizar mais quando as coisas dão errado, e não se dão tanto crédito quando as coisas dão certo.

Há mais de 500 pesquisas que mostram que otimistas têm menos depressão, resfriados, infecções, e os atletas resistem melhor às derrotas, além de possuir sistema imunológico mais robusto. Têm mais sucesso em competições e em vendas, pois os vendedores otimistas vendem 20/40% a mais que seus pares pessimistas, atingindo 84% em alguns estudos.

***Skills* Competência de Otimismo**

É importante que nós tenhamos a habilidade de ser otimistas nas situações mais diversas e surpreendentes que a vida nos impõe. Sendo assim, o *Coaching* de Carreira nos traz a habilidade de termos pensamentos positivos para que possamos acreditar mais em nós mesmos e encarar esses momentos sem perder a confiança e estabelecendo a competência de otimismo.

- **Permanência**

A - Eventos ruins são temporários - "Amanhã será melhor"; "Isto é um obstáculo de curto prazo"; "Estou tendo apenas um dia estranho hoje". Especificar.

B - Eventos bons e qualidades pessoais duram - "Sempre que eu precisar estarei ligado"; "Eu sei que sempre consigo lidar com o que acontece"; "Eu tenho habilidades que vão servir por muito tempo". Globalizar.

- **Penetração/Escopo**

A - Eventos ruins são específicos a uma situação. Negatividade pode se limitar - "Vai funcionar na próxima vez"; "Não vou parar só por causa de uma conversa ruim"; "O trabalho está cansativo, mas minha vida pessoal vai muito bem".

B - Eventos bons e qualidades pessoais são globais - "Sou um bom líder na maioria das situações"; "Aprendo com cada coisa que faço".

- **Personalização**

A - Diante de eventos ruins:

1) O otimista se responsabiliza por seu papel;
2) Considera na equação a ação dos outros;
3) Considera o papel de circunstâncias externas

"Eu posso consertar a minha parte nisto e pedir ao outro para ser mais claro nas suas expectativas".

B - Diante de Eventos bons:

1) O otimista sente que pode influenciar bons eventos;
2) Sabe que eles não são apenas resultado de sorte;

c) Acredita que: "tenho muita habilidade para fazer muito bem a minha parte".

Outras conceituações importantes da Psicologia Positiva

- "Motivação é um momento passageiro que desaparecerá se a pessoa não tiver a habilidade de trazê-la de volta".
- "Motivação é um estado mental".
- "Otimismo é uma habilidade/competência para ser usada no dia a dia

FLOW – Psicologia Positiva - (Experiência Máxima - Alta *Performance*)

Este é um conceito criado por Mihaly Csikszentmihalyi (pronuncia - se Mirraí Chizen Mirraí), PhD, após mais de duas décadas de estudos de estados de *Optimal Experience* – Experiência Máxima. Seu foco de estudo não é em evitar momentos de estresse, mas em aumentar a qualidade de cada experiência. O que faz com que uma experiência se torne altamente agradável é o estado de flow (fluir), um estado de concentração tão centrado, que a pessoa fica totalmente envolvida na atividade.

Exemplos de *Flow*:

- Corpo em *Flow*: esportes, dança, tocar um instrumento
- Pensamento em *Flow*: leitura, quebra-cabeças, diálogos profundos sobre ideias
- Trabalho em *Flow*: estímulos e desafios; todos os tipos de criação

Momentos de experiência máxima - sentimos que temos controle de nossas ações, somos donos de nosso destino, o que dá uma sensação profunda de prazer e satisfação. São momentos lembrados por muito tempo e se tornam um ponto de referência de como deveria ser a vida. Estes eventos ocorrem não apenas quando as condições externas são favoráveis. Ex.: nascimento de um filho, mas também em condições adversas. Ex: momento de paz no meio de uma situação de risco de vida.

Ilusão social – uma das maiores ilusões sociais é acreditar que os melhores momentos são aqueles nos quais estamos relaxados, passivos.

Momentos memoráveis - "Corpo ou mente completamente empenhados num esforço voluntário para realizar algo que vale a pena... experiência mínima é algo que fazemos acontecer". Quando acontecem, esses momentos nem sempre são agradáveis (como o atleta que sente os músculos esgotados durante uma prova, mas não vê a hora de participar dela de novo). Esses momentos são memoráveis porque trazem uma sensação de domínio, de controle sobre a vida.

***"O universo não é hostil nem amistoso. Ele é simplesmente indiferente"* - J H. Holmes**

Obstáculos à satisfação

Temos o mito de que o Universo foi criado para atender às nossas necessidades. Na realidade, a frustração faz parte da vida, o Universo tem seus processos naturais que não levam em consideração os desejos humanos. Isso faz com que desenvolvamos uma insatisfação crônica, que é quando queremos imediatamente sempre mais, quando alguma necessidade é insatisfeita.

Há também a ilusão de que o avanço tecnológico nos trará felicidade e a sensação de que a vida é fácil. Essa crença favorece a perda de coragem e de determinação nas pessoas frente aos primeiros obstáculos, gera ansiedade e apatia.

Superação

A superação dos obstáculos ocorre com o controle direto da experiência e da capacidade de criar satisfação, instante a instante, com o que fazemos. Ser feliz depende de como somos presas fáceis de outros, que nos exploram para seus próprios ganhos. O passo fundamental é o controle do conteúdo de nossa consciência, ou seja, "focalizar a atenção conforme o desejo, sem se distrair, concentrando-se pelo tempo necessário para atingir a sua meta". Atenção é igual a Energia Psíquica, ou seja, forma e conteúdo da vida dependem do uso da atenção.

Já a Entropia Psíquica é igual a desordem na consciência, sendo a informação que entra em conflito com nossas metas e desejos, ou o que nos impede de realizá-los. Raiva, medo e ansiedade são os nomes que damos a como vivenciamos essa informação. Essa informação contrária desvia a nossa atenção e focamos no indesejável, tornando a energia psíquica ineficaz. Se a entropia for prolongada, a pessoa não consegue mais investir a atenção em suas metas.

Nenhum acontecimento é positivo ou negativo, é apenas informação que interpretamos e rotulamos de acordo com a influência deste evento nos nossos interesses. "Este evento ameaça minhas metas, as apoia ou é neutro?".

Prazer X Satisfação

Temos prazer quando satisfazemos programas biológicos (dormir, comer, descansar, sexo etc). O prazer ajuda a manter a homeostase (equilíbrio) física, mas não gera crescimento, não acrescenta nenhuma complexidade ao *self*.

A satisfação é igual a acontecimentos onde a pessoa não apenas realizou desejos, mas alcançou algo novo ou além do que conseguia antes (jogar uma partida esportiva que utilize a nova técnica ao máximo, fechar um acordo de negócios disputado). É provável que a experiência não tenha sido agradável no momento, mas depois de concluída, sentimos satisfação. Nosso *self* expandiu e se tornou mais complexo.

O prazer é fugidio porque o *self* não cresce com atividades prazerosas. A busca da satisfação exige que a energia psíquica seja investida em metas novas e desafiadoras. Achar que investir energia psíquica em novas metas é desperdício, a menos que tenha garantias de recompensas, é um erro, pois acaba gerando insatisfação com a vida e a necessidade de prazer se intensifica. Não haverá qualidade de vida autêntica a não ser que se aprenda a construir satisfação ao invés de prazer momentâneo.

A habilidade mais importante para se ter qualidade de vida é ter capacidade de transformar adversidade em desafio gerador de satisfação – transformar ameaças potenciais em desafios satisfatórios. Este estilo de personalidade tem algumas características básicas: busca tarefas desafiadoras que requerem suas habilidades e a tarefa deve ter metas claras ou a pessoa estabelece as próprias metas. A satisfação surge entre o tédio e a ansiedade, quando os desafios estão em equilíbrio com a capacidade de adaptação da pessoa.

Atenção: metas nos levam a caminhos novos, mas podem surgir todos os tipos de problemas. A tentação é desistir e procurar outras menos exigentes. Quem modifica suas metas sempre que encontra oposição consegue uma vida mais confortável a curto prazo, mas uma vida vazia, frustrada e sem sentido.

Nota: para o senso de autoestima não importa se realizamos totalmente o propósito, e sim se o esforço foi utilizado para alcançar a meta, em vez de ser desperdiçado.

Regras do jogo para gerar satisfação:

1. Variedade
2. Desafios adequados
3. Metas claras
4. Retorno imediato

Trabalho x Lazer

Um estudo feito com 100 profissionais de várias áreas, respondendo sobre suas atividades oito vezes por dia, demonstrou que as pessoas experimentam mais momentos de *Flow* (fluir) no trabalho, do que no lazer. O critério adotado foi de experiências de desafio que exigissem suas capacidades. As pessoas que tiveram essas experiências sentiam-se frequentemente mais fortes, ativas, criativas e motivadas.

No trabalho, 54% das respostas indicavam situações de fluir juntamente com momentos memoráveis. No lazer, apenas 18%, indicando uma categoria de apatia, níveis de desafio e utilização de capacidades abaixo da média – nesta categoria, as pessoas afirmaram se sentir passivas, fracas, desanimadas e insatisfeitas.

Vimos alguns exemplos de como o estresse, atualmente, é um fator presente na vida da maior parte dos profissionais. Isso nos traz a necessidade de ficarmos sempre atentos quanto aos seus efeitos, pois em certos momentos eles podem ser devastadores. Sendo assim, as ferramentas que foram expostas neste capítulo são bastante úteis, e a todo instante você pode voltar a elas, utilizá-las e assim melhorar o desempenho e desenvolvimento de sua carreira.

Arquétipos

"Todo homem toma os limites de seu próprio campo de visão como os limites do mundo."

Arthur Schopenhauer

D desde que o mundo é mundo, os homens tentam simplificar a visão do que existe de acordo com sua capacidade infinitamente pequena de compreender o mundo à sua volta. Aquilo que não conseguimos classificar como conhecido nos assusta e buscamos claramente enquadrar em padrões para que possamos conviver com a tal coisa.

Entre nós mesmos, buscamos nos adjetivos as qualificações que nos classificam e coisificam, como se tudo e todos devessem caber em caixinhas pré-definidas, senão vejamos: quando nascemos, já temos uma raça o que para muitos diz muita coisa. O fato de ser branco, negro, árabe, judeu, asiático nos coloca em determinada "caixa".

Em seguida, temos um país. Brasileiros são assim, russos são assados, italianos são de outra forma. Crescemos um pouco mais e recebemos um time do coração. Elegemos um tipo de música, moramos em um bairro e assim por diante. Todas estas caixas definem as características de determinados grupos e transferem as características do grupo para o indivíduo.

No campo comportamental, existem atitudes e modelos mentais cuja incidência sobre a população pode ser analisada nestes milhares de anos em que nossa espécie (*Homo sapiens*) subjugou o homem de Neandertal e assumiu em definitivo o controle da Terra, onde temos o prazer de dividir com as demais criaturas a pequena parte habitável de sua superfície. De cultura em cultura, lendas em lendas, vários foram os modelos comuns que habitaram nossa mente e formaram uma maneira de identificar grupos de pessoas semelhantes. A esses modelos chamamos arquétipos.

Este termo, na psicologia analítica, mostra como os fenômenos psíquicos tendem a se moldar de maneira não material, são tendências estruturais invisíveis dos símbolos. Os arquétipos criam imagens ou visões que correspondem a alguns aspectos da situação consciente. Jung concluiu que os arquétipos são gerados a partir de uma forma constante de repetição de uma determinada experiência, durante bastante tempo.

Eles se encontram isolados uns dos outros, embora possam se interpenetrar e se misturar. O centro de um complexo é um arquétipo que engloba experiências referentes ao seu tema. Ele se tornará consciente por meio dessas experiências conexas.

Os arquétipos que mais utilizamos são o do Guerreiro, o do Curador, o do Visionário e o do Mestre. Eles podem ser considerados como sistemas dinâmicos e autônomos, porém alguns deles evoluíram de forma tão profunda que seu tratamento como sistemas separados da personalidade, pode ser perfeitamente justificado.

Chamamos de instinto os impulsos fisiológicos percebidos pelos sentidos. Mas, ao mesmo tempo, esses instintos podem também manifestar-se como fantasias e revelar, muitas vezes, a sua presença apenas por meio de imagens simbólicas. São estas manifestações que revelam a presença dos arquétipos, os quais as dirigem. A sua origem não é conhecida, e eles se repetem em qualquer época e em qualquer lugar do mundo - mesmo onde não é possível explicar a sua transmissão por descendência direta ou por "fecundações cruzadas" resultantes da migração.

O modelo Jung

A melhor tradução do termo arquétipo é "modelo" ou de "padrão", termo proposto por Carl G. Jung, um dos estudiosos mais brilhantes na identificação de arquétipos, cuja teoria discorre sobre a ideia dos arquétipos e de seu correlato, o conceito de inconsciente coletivo.

De acordo com Jung, o inconsciente coletivo é um segundo

sistema psíquico do indivíduo. Ele tem um caráter coletivo e não pessoal, diferente da natureza pessoal de nossa consciência. Jung o chama também de "substrato psíquico comum de natureza suprapessoal", que não é adquirido, mas herdado. Consiste de formas preexistentes, arquétipos que só se tornam conscientes secundariamente. Basicamente, o trabalho de Jung considerava o seguinte conjunto de modelos, ou padrões:

O pensador extrovertido

Este tipo de pessoa faz do pensamento objetivo a paixão dominante de sua existência. Suas metas são compreender os fenômenos naturais, descobrir as leis da natureza e executar formulações teóricas. Seus principais expoentes foram Darwin e Einstein. O pensador extrovertido pode dar aos outros a impressão de ser impessoal ou mesmo frio. Sob pressão, pode se tornar autocrático, fanático, presunçoso e impermeável a crítica. Como arquétipo de cientista, tende a valorizar o tipo aprendiz que acompanha seu raciocínio e parecer ser a única pessoa que o entende.

O pensador introvertido

Possui um modelo mental voltado para dentro, o que significa certa distância de outras pessoas e de suas opiniões. Não cogita particularmente que suas ideias sejam aceitas pelos outros e tende a dar mais valor a fatos e números. É propenso a mostrar irritação e arrogância. É o tipo de profissional que pode trabalhar para uma equipe, mas dificilmente trabalhará em equipe. Tende a valorizar os profissionais que precisam de pouca ou nenhuma supervisão, que buscam as informações necessárias, recebem as indicações do que precisa ser feito e trazem o resultado, sem grandes debates ou filosofias. Valoriza trabalhos que falem por si mesmo e que dispensem apresentações e comentários. Em casos extremos, pode apresentar comportamentos obstinados e até mesmo quixotescos.

O sentimento extrovertido

Segundo Jung, tipicamente observado em mulheres, as pessoas com este arquétipo são capazes de se mostrar caprichosas, pois sua percepção da realidade varia na proporção em que os fatos alteram seus sentimentos. São pessoas efusivas, emocionais, exibicionistas e instáveis. Possuem forte tendência ao egocentrismo. Criam laços muito fortes com outras pessoas, porém assim como são intensos, são efêmeros. Tendem a valorizar além dos semelhantes, pessoas com pensamento amplo e raso, ou seja, muitas coisas ao mesmo tempo e nenhuma com o nível de detalhe adequado. Quando pressionados a focar em uma única coisa, ou defender uma ideia que lhes parece óbvia, reagem de maneira primitiva como explosões de raiva que tendem a sumir assim como uma chuva de verão.

O sentimento introvertido

É um arquétipo largamente conhecido e explorado em folhetins e dramaturgia. É a pessoa que engole todos os problemas, parece que sempre tem algo escondido e jamais bota "as cartas na mesa". Em geral, possui um ar melancólico e deprimido. Outra característica comum desse arquétipo é a adoção de um certo ar *zen*, transparecendo harmonia interior, tranquilidade e autossuficiência. Valoriza os relacionamentos verdadeiros e, portanto, demora a consolidar um. Na relação com seus subordinados, o tempo será usado como cimento na construção dos pilares do relacionamento. É resistente às mudanças mas, uma vez assimiladas, irá com elas até o final.

Sensação extrovertido

Realista prático, superficial. Não apresenta nenhum interesse particular pelo significado das coisas e aceita o mundo como ele é, usando de estratégia para tirar o melhor dele. Vive em função do que acha valioso e do que pode obter da vida. Na relação com subordinados, convive com a equipe e separa muito bem os verbos ser e estar. Ele está com a equipe, ao contrário de ter uma equipe. Valoriza a independência de seus subordinados, pois somente com um grupo capaz de tocar a equipe sem sua presença, ele poderá ter a leveza necessária para seus objetivos. Para materializar este arquétipo, pensemos nos grandes velejadores que conhecem os ventos, sabem que nada pode mudá-los e ajustam seus equipamentos para tirar o melhor deles.

Sensação introvertido

Prefere o mundo interior ao exterior, tendendo inclusive a considerar o mundo a sua volta banal e desinteressante. Busca expressar-se através das artes, pois estas encontram em si o caminho da mensagem dispensando completamente explicações e argumentos. Não procura convencer ninguém de suas ideias e tampouco se preocupa com as opiniões alheias. Parece passivo e controlado quando na verdade é uma pessoa pouco interessante por apresentar limitações de pensamento e sentimento. Não costuma ser bom superior e quando atinge este patamar geralmente o faz em organizações onde as pessoas podem efetuar seu trabalho, mostrar resultados e seguir processos por si próprios, sem a necessidade de interação. Para materializar o arquétipo, temos os contadores dos anos 60 e 70 cuja atuação estava focada em fazer o que estava escrito e só.

Intuitivo extrovertido

Comum na geração Y, é uma pessoa que pula de uma oportunidade para outra a fim de descobrir possibilidades de ganho. Está sempre em busca de novos mundos antes mesmo de ter consolidado os atuais. Possui perfil empreendedor, mas é mau administrador, pois não sustenta uma situação ou projeto por muito tempo, considerando-os desinteressantes. Assim como muda de atitude e interesse, pode mudar de prioridade em relacionamentos e amizades, geralmente não valoriza o passado em relação ao futuro, sendo desaconselhável construir relacionamentos sustentados somente pela amizade. Tende a magoar pessoas devido às suas constantes mudanças de interesses. Valoriza pessoas com capacidade de organizar ideias e executar projetos, pois depende destas para apresentar resultados. Diz-se dele que "vai na frente derrubando a mata e alguém há de vir atrás construindo as casas".

Intuitivo introvertido

Artistas são representantes deste tipo que inclui também sonhadores, profetas e visionários. Para os amigos é um enigma, para ele mesmo é incompreendido. Possui uma comunicação efetiva, mas completamente desconectada da realidade o que o faz ficar centrado em seu mundo e pulando de uma ideia para outra sem concretizar fatos e históricos. Tem boas ideias, mas é incapaz de colocá-las em prática e, por vezes, se frustra ficando para trás na corrida empresarial. Assim como o extrovertido, valoriza pessoas capazes de colocar suas ideias em prática, mas pela incapacidade de relacionar-se e motivar outras pessoas, depende que este alguém entre em seu mundo e traga as ideias para fora. Como gestor requer cautela, pois tende a considerar seus bons colaboradores insubstituíveis, minando oportunidades de promoção ou deslocamento dos mesmos.

Repare que assim como no caso dos gestores, existem nos subordinados comportamentos que podem ser agrupados em arquétipos e de forma geral eles são reconhecidos pelos gestores e valorizados como um grande grupo. Os arquétipos profissionais costumam criar rótulos que dificilmente são removidos ou desassociados.

O EU Profissional é uma embalagem onde você oferece o EU Verdadeiro e não o contrário. Como profissional você poderá ajustar seu arquétipo para ser mais atrativo ao cliente que compra seu produto, mas nunca deverá mentir sobre o conteúdo do pacote.

O modelo Professional and Self Coaching *e nossos bichos*

Outra forma muito comum na sociedade ao longo dos tempos é a representação de arquétipos através da observação do comportamento dos animais. Culturas como a dos indígenas, esquimós e asiáticos associam fortemente as características de indivíduos aos animais que conhecem, de maneira a criar rótulos que facilitem o entendimento do grupo ao qual se refere.

Expressões do tipo, "Fulano é uma águia", "Olha aquele grupo, só tem raposa", "Maria é bem coruja", etc. emprestam a um indivíduo as características do animal. Do ponto de vista do *Coaching* de Carreira, trabalhar com arquétipos constitui uma poderosa ferramenta de alinhamento para o *coach*, mas sobretudo para o *coachee*, pois como bem sabemos, a parte mais importante do planejamento de carreira está na construção do EU Profissional logo, fundamentalmente o *coachee* precisará obter clareza sobre seus pontos fortes e fracos de maneira a construir um produto que seja adequado às necessidades do mercado de trabalho onde o seu serviço será ofertado.

Vale um lembrete importante: tão fundamental como saber o melhor lugar para apresentar o seu produto é saber onde não ofertá-lo. Pessoas extrovertidas, motivadas pela comunicação e pouco ligadas à formalidade, seriam péssimos financistas ou contadores. Enquanto as pessoas detalhistas, ácidas e meticulosas, não se sairiam tão bem coordenando áreas de pesquisa e desenvolvimento de novos produtos, pois não conseguiriam pensar fora da caixa e tomar os riscos necessários. Em nossa metodologia, associamos os principais perfis comportamentais a quatro animais emblemáticos que facilitam a compreensão do *coachee* assim como materializam as percepções e sentimentos do *coach* durante a sessão e posteriormente nos trabalhos de planejamento da estratégia de carreira:

ÁGUIA - Idealização:

Como o arquétipo sugere, a águia tem a visão do alto, possui um claro sentido de estratégia, possui a visão ampla. Preza pela autonomia e liberdade sendo criativa e inspiradora.

GATO - Comunicação:

Um por todos e todos por um. O gato preza pela igualdade, pelo fazer em conjunto e, portanto, desenvolve um aguçado sentido de comunicação tanto para fora como para dentro. O gato percebe situações antes mesmo de elas acontecerem e necessita de reconhecimento tanto dos resultados como nos esforços destinados a estes.

LOBO - Organização:

Metódico, estruturado, previsível. Para compreender o modelo comportamental do lobo basta visualizar a cena clássica do lobo entreolhando pelas árvores e estudando o terreno antes de agir.

TUBARÃO - Ação:

A máquina mais perfeita da natureza. Age por instinto e nunca perde a presa. Os tubarões são solitários e focados em resultados, sempre.

Qualidades implícitas

Ao conhecer as qualidades implícitas do perfil, o *coachee* poderá identificar as áreas de trabalho e/ou segmentos de mercado onde naturalmente ele obterá vantagens competitivas.

ÁGUIA – Idealização (foco no futuro):

- Diferença
- Fantasia
- Macro
- Centralização no futuro
- Inovação e criação

GATO – Comunicação (Tradição, Cultura e Preservação):

- Divertimento
- Sentimento
- Participação
- Celebração
- Harmonização
- Rituais

LOBO – Organização (Passado, Presente e Futuro):

- Regras
- Normas
- Qualidades
- Sistemas
- Métodos
- Procedimentos

TUBARÃO – Ação (age e depois pensa):

- Centralização única
- Fazer o que for necessário

Pontos fortes

Os pontos fortes identificados aqui representam praticamente um manual de utilização dos arquétipos. O *coach* identifica as características que podem ser potencializadas com tarefas específicas, acelerando resultados.

ÁGUIA - Idealização:

- Provoca mudanças radicais
- Antecipa o futuro
- Criatividade

GATO - Comunicação:

- Manter comunicação harmoniosa
- Desenvolver e manter a cultura empresarial
- Comunicação aberta

LOBO - Organização:

- Consistência, conformidade e qualidade.
- Lealdade e segurança
- Regras e responsabilidades

TUBARÃO - Ação:

- Fazer com que ocorra
- Parar com a burocracia
- Motivação

Pontos de melhoria

As debilidades do *coachee* podem ser tratadas de duas

maneiras distintas, se estas estão lhe causando desconforto ou impedindo-o de atingir o estado desejado, devem ser mitigadas, contudo, se essas são características naturais, o *coachee* deve escolher o ambiente onde elas lhe tragam menor prejuízo. Peixes não voam, logo, seu lugar é na água.

ÁGUIA - Idealização:

- Falta de atenção para o aqui e agora
- Impaciência e rebeldia
- Defender o novo pelo novo

GATO - Comunicação:

- Esconder conflitos
- Felicidade acima dos resultados
- Manipulação através dos sentimentos

LOBO - Organização:

- Dificuldades de se adaptar às mudanças
- Pode impedir o progresso
- Detalhista e estruturado
- Sistematizado

TUBARÃO – Ação:

- Socialmente um desastre
- Faz do modo mais fácil
- Relacionamento complicado

Dominação comportamental

O modelo de comportamento mais evidente e que tende a ser a primeira expressão do EU Profissional, herdado dos tempos de formação de caráter na escola e nos primeiros anos de convivência social.

ÁGUIA - "FAZER DIFERENTE"

COMPORTAMENTOS

- Criativo
- Intuitivo
- Foco no futuro
- Distraído
- Curioso
- Informal/Casual
- Flexível

FATORES MOTIVACIONAIS

- Liberdade de expressão
- Ausência de controles rígidos
- Ambiente de trabalho descentralizado
- Liberdade para fazer exceções
- Oportunidade para delegar tarefas e detalhes

GATO - "FAZER JUNTO"

COMPORTAMENTOS

- Sensível
- Relacionamentos
- Time
- Tradicionalistas
- Contribuição
- Busca harmonia
- Delega autoridade

FATORES MOTIVACIONAIS

- Segurança
- Aceitação social
- Construir o consenso
- Reconhecimento da equipe
- Supervisão compreensiva
- Ambiente harmônico
- Trabalho em grupo

LOBO - "FAZER CERTO"

COMPORTAMENTOS

- Detalhista
- Organizado
- Estrategista
- Busca do conhecimento
- Pontual
- Conservador
- Previsível

FATORES MOTIVACIONAIS

- Certeza, compreensão exata de quais são as regras
- Conhecimento específico do trabalho
- Ausência de riscos e erros
- Ver o produto acabado - começo, meio e fim

TUBARÃO - "FAZER RÁPIDO"

COMPORTAMENTOS

- Senso de urgência
- Ação, iniciativa
- Impulsivo, prático
- Vencer desafios
- Aqui e agora
- Autossuficiente
- Não gosta de delegar poder

FATORES MOTIVACIONAIS

- Liberdade para agir individualmente
- Controle das próprias atividades
- Resolver os problemas do seu jeito
- Competição individual
- Variedade de atividades
- Não ter que repetir tarefas

Nota importante:
As características dos arquétipos nunca aparecem de maneira isolada, o que quer dizer que ninguém é 100% gato ou 100% tubarão.

Existem tendências e dominâncias que devem ser observadas e discutidas entre *coach* e *coachee*.

Identificando o perfil

A ferramenta a seguir foi desenvolvida visando auxiliar aos *coaches* e *coachees* a descobrirem seus arquétipos dominantes e assim definir a melhor maneira de estabelecer as tarefas que os levarão ao estado desejado. Quanto mais verdadeiras as respostas, mais preciso será o resultado, se alguma questão estiver em descompasso com as observações do *coach*, este deve solicitar mais exemplos e evidências do *coachee* buscando clarificar e validar as respostas.

Escolha em cada uma das 25 questões abaixo a alternativa que mais se identifica com você:

1. Eu sou...

I - Idealista, criativo e visionário
C - Divertido, espiritual e benéfico
O - Confiável, meticuloso e previsível
A - Focado, determinado e persistente

2. Eu gosto de...

A - Ser piloto
C - Conversar com os passageiros
O - Planejar a viagem
I - Explorar novas rotas

3. Se você quiser se dar bem comigo...

I - Dê-me liberdade
O - Deixe-me saber sua expectativa
A - Lidere, siga ou saia do caminho
C – Seja amigável e compreensivo

4. Para conseguir obter bons resultados é preciso...

I - Ter incertezas
O - Controlar o essencial
C - Diversão e celebração
A - Planejar e obter recursos

5. Eu me divirto quando...

A - Estou me exercitando
I - Tenho novidades
C - Estou com os outros
O - Determino as regras

6. Eu penso que...

C - Unidos venceremos divididos perderemos
A - O ataque é melhor do que a defesa
I - É bom ser manso, mas ter um porrete
O - Um homem prevenido vale por dois

7. Minha preocupação é...

I - Gerar a ideia global
C - Fazer com que as pessoas gostem
O - Fazer com que funcione
A - Fazer com que aconteça

8. Eu prefiro...

I - Perguntas a respostas
O - Ter todos os detalhes
A - Vantagens a meu favor
C - Que todos tenham a chance de serem ouvidos

9. Eu gosto de...

A - Fazer progresso
C - Construir memórias
O - Fazer sentido
I - Tornar as pessoas confortáveis

10. Eu gosto de chegar...

A - Na frente
C - Junto
O - Na hora
I - Em outro lugar

11. Um ótimo dia para mim é quando...

A - Consigo fazer muitas coisas
C - Divirto-me com meus amigos

O - Tudo segue conforme planejado
I - Desfruto de coisas novas e estimulantes

12. Eu vejo a morte como...

I - Uma grande aventura misteriosa
C - Oportunidade para rever os falecidos
O - Um modo de receber recompensas
A - Algo que sempre chega muito cedo

13. Minha filosofia de vida é...

A - Há ganhadores e perdedores, e eu acredito ser um ganhador
C - Para eu ganhar, ninguém precisa perder
O - Para ganhar é preciso seguir as regras
I - Para ganhar é necessário inventar novas regras

14. Eu sempre gostei de...

I - Explorar
O - Evitar surpresas
A - Focalizar a meta
C - Realizar uma abordagem natural

15. Eu gosto de mudanças se...

A - Elas me derem uma vantagem competitiva
C - Forem divertidas e puderem ser compartilhadas
I - Elas me derem mais liberdade e variedade
O - Melhorarem ou me derem mais controle

16. Não existe nada de errado em...

A - Se colocar na frente
C - Colocar os outros na frente
I - Mudar de ideia
O - Ser consistente

17. Eu gosto de buscar conselhos de...

A - Pessoas bem-sucedidas
C - Anciões e conselheiros
O - Autoridades no assunto
I - Lugares, os mais estranhos

18. Meu lema é...

I - Fazer o que precisa ser feito
O - Fazer bem feito
C - Fazer junto com o grupo
A - Simplesmente fazer

19. Eu gosto de...

I - Complexidade, mesmo se confuso
O - Ordem e sistematização
C - Calor humano e animação
A - Coisas claras e simples

20. Tempo para mim é...

A - Algo que detesto desperdiçar
C - Um grande ciclo
O - Uma flecha que leva ao inevitável
I - Irrelevante

21. Se eu fosse bilionário...

C - Faria doações para muitas entidades
O - Criaria uma poupança avantajada
I - Faria o que desse na cabeça
A - Exibiria bastante com algumas pessoas

Preencha a tabela somando as respostas (I,C,A,O) e identifique seu arquétipo animal.

I:		X4		%	ÁGUIA
C:		X4		%	GATO
A:		X4		%	TUBARÃO
O:		X4		%	LOBO

Identificação de perfil comportamental através do mapeamento da dominância cerebral, adaptado do trabalho de Ned Hermman, autor dos livros *"The Whole Brain Business Book"* e *"The Creative Brain"*, editora Mc Graw Hill.

ÁGUIA

FAZER DIFERENTE

Você é idealista, livre, criativo, vive no futuro, gosta de fazer diferente e provoca mudanças radicais.

GATO

FAZER JUNTO

Você é comunicativo, tem facilidade de igualdade, é divertido, participativo e é sentimental.

LOBO

FAZER CERTO

Você tem metas, gosta de fazer certo, sistemático, pensa na lealdade e segurança. É focado em regras e responsabilidades.

TUBARÃO

FAZER RÁPIDO

Você gosta de fazer rápido e sem burocracia. É motivado pelos resultados, vive o aqui e o agora.

Se você tem mais interesse sobre as teorias dos arquétipos, existe vasta literatura, diversos modelos de avaliação que passam pelo modelo Adizes (PAEI), formulado pelo consultor internacional Dr. Ichak Adizes, onde há quatro perfis gerenciais: produtor, administrador, empreendedor e integrador.

Existe também o modelo DISC, e o modelo de avaliação comportamental do *Coaching Assessment* (*www.avaliacaocomportamental.com.br*) que complementam de maneira bastante adequada o quadro de arquétipos.

Submeter o *coachee* a um processo de autoavaliação como este, ou como o modelo de âncoras de carreira, descrito mais adiante neste livro, fará com que o seu modelo de crenças de nível três (evidências comprovadas) seja acionado, minando resistências e colocando-o de frente consigo mesmo, o que trará grandes resultados.

Mas, não vamos falar somente dos *coachees*. Nós, os *coaches*, também temos nossos arquétipos e os utilizamos de maneira muito especial. O capítulo a seguir traz um modelo de arquétipo muito característico e que uma vez incorporado pelo *coach*, operará verdadeiras transformações de fora para dentro e vice-versa. Denominamos este modelo de o Arquétipo do Arcanjo.

O Arcanjo

*"O indivíduo vive para os alvos,
assim como pelas causas."*

Carl Gustav Jung

A teoria Jungiana não encerra em si mesma o tema dos arquétipos, mas nos abre a visão para a compreensão desses papéis. Dos vários arquétipos de um profissional, este apresenta o menor custo de alinhamento e gestão dentre todos. Poucos profissionais conseguiram desempenhar esta personagem de maneira adequada, mas quando conseguiram obtiveram resultados altamente satisfatórios.

Na maioria das vezes, a pessoa encarregada de executar determinada tarefa possui características especiais, como num conjunto delicadamente combinado de educação, postura, formação e conhecimento, se sai muito bem nas tarefas. É esse conjunto de características que os profissionais de psicologia definem como arquétipo e passamos a adotar como uma maneira simples de definir algo que é complexo. Mas por que Arcanjo?

Como a maioria dos brasileiros, quando o assunto é religiosidade, pode-se considerar uma grande colagem de crenças, credos, rituais e batismos convivendo em perfeita simbiose e harmonia. Sendo assim, nossa atenção aos Arcanjos veio de um pequeno texto traduzido do hebraico para o grego que citava:

"Se Deus quer mandar uma mensagem, Ele envia um anjo. Para uma tarefa, Ele envia um Arcanjo".

Esta frase chamou a atenção e desde então, a imagem do Arcanjo é associada como aquele que faz o que precisa ser feito, sem questionamentos, em perfeito alinhamento e harmonia, de maneira eficiente e certamente gerando um menor custo de alinhamento e gestão.

Arcanjos na literatura

Antes de entrarmos em definições, modelos e formas de identificação, acreditamos que seja bastante interessante exemplificar um pouco mais a figura do Arcanjo, no sentido que aplicamos nessa teoria.

Ao olharmos para obras literárias sejam elas clássicas ou modernas, e nesta categoria podemos incluir o cinema e o teatro, pois é a forma como as novas gerações assimilam os novos conteúdos que lhe são apresentados, temos uma vasta gama de personagens os quais poderíamos facilmente enquadrar no arquétipo de Arcanjo devido a seus valores, sua forma de agir e de pensar. Note que em muitos casos o personagem que carrega o Arquétipo não é o protagonista e, em outros tantos casos, ele chega a ser o antagonista, rivalizando com o herói. Nosso imaginário desde as histórias para crianças apresenta os heróis como pessoas ponderadas, justas, algumas vezes sofridas e que demoram todo o decorrer da história para fazer aquilo que deveria ter sido feito de imediato. Caso contrário, não haveria a história!

Todos querem ser como os heróis das nossas histórias e é nesta hora que nos esquecemos de fazer as coisas quando devem ser feitas e buscamos, ainda que inconscientemente, ser o grande herói do final de história. Todavia, hoje em dia, as histórias são bem mais curtas e os finais felizes precisam acontecer todo o dia.

"Todo Arthur precisa de um Merlin!" Esta frase reflete de maneira direta, utilizando a literatura como ponte, a necessidade de ter uma pessoa capaz de fazer o que precisa ser feito e que, ao mesmo tempo, seja um apoio fiel ao líder. Note que no caso de Arthur e Merlin, um componente importantíssimo baliza a relação dos dois personagens: Merlin não quer ser rei. O objetivo principal do velho mago é que Arthur tenha sua posição de fato e de direito, que faça um reinado justo e torne a Bretanha uma terra de oportunidade, felicidade e justiça. Desconstruindo o personagem de Merlin, podemos identificar uma série de características que o enquadram como um Arcanjo; a primeira delas é a fidelidade.

Merlin nutre por Arthur uma fidelidade e uma dedicação

quase caninas, sem contudo, tornar-se uma idolatria desenfreada. São várias as passagens onde Merlin repreende Arthur lembrando-o de sua missão e de seu destino. Nessas passagens ele faz o que deve ser feito sem julgamento nem questionamentos promovendo um perfeito alinhamento entre a meta a ser atingida e as iniciativas do caminho. A segunda característica marcante está na estratégia.

Estratégia deriva do grego *estrátegos* que era um posto de marinheiro cuja função estava em subir nos mastros dos barcos de guerra e com sua visão do alto, oferecer informações aos comandantes sobre o campo de batalha incluindo a posição da esquadra inimiga, perigos de navegação como rochas e penedos definindo assim qual a melhor maneira de entrar e sair de uma batalha. Merlin no seu papel de mentor do jovem Arthur exercia a característica de estrategista, pois com sua visão ampliada e conhecimento superior não permitia que o jovem rei se envolvesse em encrencas, vez por outra, saía em pequenas incursões ou missões para duelar com feiticeiros, negociar acordos e fazer aquilo que precisava ser feito, mas não pelas mãos de Arthur. O estudo de Arthur e Merlin daria um livro exclusivo, mas por ora queremos realmente ampliar a sua experiência como leitor e oferecer mais alguns exemplos.

Continuando no campo da literatura, temos a obra prima de Alexandre Dumas, "*O Conde de Monte Cristo*". Caso você não conheça a história, trata-se de um clássico do tipo mocinho-pobre-injustiçado-fica-rico-volta-e-se-vinga, porém, existe um personagem que vale a nossa atenção e quem sabe até uma releitura dessa obra fantástica. O personagem chama-se Jackopo, (pronuncia-se Iacopô), e é o pirata com o qual Edmond Dantès, o protagonista injustiçado, duela logo após ter fugido do castelo-prisão onde esteve preso e torturado por treze anos. Durante o tal duelo, que é disputado com facas no melhor estilo pirata, em uma praia deserta, simplesmente porque o capitão do navio queria um pouco de diversão, Edmond vence Jackopo, porém, decide não matá-lo, contrariando a ordem do capitão de fazer um embate até a morte.

Os motivos de Edmond são claros e convencem o capitão: primeiro, se matasse, seria um marinheiro experiente a menos. Segundo, o próprio Edmond não teria lugar na tripulação, pois afinal de contas era um estranho que matou um membro da tripulação e terceiro, o capitão poderia contar com dois bons lutadores de faca caso ambos vivessem e Edmond ganhasse o direito de integrar-se à tripulação.

Neste momento, Jackopo, agradecido pela vida, jura ser fiel ao estranho e acompanhar-lhe até sua morte. No tempo que se segue, Edmond vira o conde de Monte Cristo após encontrar o tesouro de Espada e Jackopo assume a identidade de seu escudeiro-cocheiro-e-mordomo. A relação de ambos começa a se fortalecer e podemos identificar uma série de características que enquadram Jackopo como um bom Arcanjo: a fidelidade conquistada no duelo. A capacidade de organizar eventos e situações de acordo com os objetivos traçados pelo conde e até uma certa repetição de comportamentos de outros personagens de obras anteriores. Não podemos nos esqueçer que estamos falando de obras literárias e que certamente as mais recentes são influenciadas pelas anteriores.

O fato relevante na história de Jackopo está numa passagem do texto onde após reencontrar sua amada, agora casada e mãe, Dantès na figura do conde de Monte Cristo, mesmo sendo reconhecido por ela, insiste em negar sua identidade, pois uma vez revelada, poria em risco seu plano de vingança. Jackopo, fazendo o que deve ser feito, forja uma situação para que Dantès e a bela dama se encontrem na carruagem e por conta disto, é fortemente repreendido por Dantès dizendo que passara dos limites, que não poderia se intrometer nos assuntos pessoais, com direito a faca no pescoço e tudo o mais. Em resposta, nosso Arcanjo define bem sua postura dizendo "Jurei proteger você de todos os perigos, ainda que isso signifique protegê-lo de você mesmo. Pegue a mulher, o dinheiro e seu filho e vá ser feliz".

Por trás dessa frase poética existe uma das principais características de um profissional com arquétipo de Arcanjo, a capacidade de analisar criticamente a situação e, se necessário, de mudar o rumo da estratégia usando como instrumento sua credibilidade junto ao líder. Muitas vezes quem está no comando toma decisões baseadas em valores próprios, no ego, em pressões ou até mesmo na ignorância do poder. Vez por outra, essas decisões podem ser equivocadas e um puxão de orelhas no chefe vai muito bem.

Trazendo para a literatura mais moderna, vamos analisar um personagem cuja mente tem sido alvo de estudo e teses de comportamento, o velho morcego, Mr. Bruce Wayne. Quando falamos de Batman, aqueles que são mais velhos podem ter lembranças das pantomimas da série de TV dos anos 60. Os mais novos certamente associarão as lembranças à série de filmes exaustivamente reprisados na TV com diferentes releituras, mas convidamos você leitor a refletir sobre o Batman verdadeiro, o dos quadrinhos que é amargo, soturno, vingativo e cujo senso de justiça muitas vezes é ofuscado pelo desejo de vingança daqueles que mataram sua família. Veja a nova franquia de 2006 a 2008.

Bruce Wayne e seu alter-ego Batman têm uma característica especial e diferente de todos os outros heróis e super-heróis, ele é humano – realmente humano – sem super poderes, sem nenhuma transformação, não voa, não fica invisível, ou seja, ele é única e exclusivamente movido por sua missão e razão de vida: vingança!

Batman ou Bruce tem o apoio incondicional de um personagem com as características de um Arcanjo, seu fiel mordomo e mentor Alfred. Alfred tem uma dívida de lealdade e gratidão com o Dr. Thomas Wayne, pai de Bruce, que é refletida na forma de agir e conduzir sua missão junto ao grande morcego. Assim como Jackopo, Alfred por vezes precisa fazer o que deve ser feito no sentido de auxiliar o herói na sua missão.

A lista de personagens e seus escudeiros é imensa, mas corremos o risco de definir Arcanjos como os ajudantes ou personagens secundários, o que seria um erro gravíssimo. Arcanjos têm além das características ilustradas acima e tão bem representadas na literatura, um carisma fortíssimo e uma necessidade de foco acima das outras pessoas. Por definição, é de pouca discussão e foco absoluto na missão que deve ser desempenhada. Naturalmente associamos os Arcanjos a mensageiros e segundos em comando, exatamente por esta capacidade de manter o foco em executar missões.

Num mundo onde priorizamos e elogiamos profissionais com grande capacidade de iniciativa, os Arcanjos têm uma capacidade excepcional de acabativa. A acabativa é por vezes mais importante do que a iniciativa quando em um universo corporativo nos deparamos com verdadeiros cemitérios de ideias, umas boas, outras nem tanto, mas que nunca tiveram a oportunidade de ser avaliadas simplesmente porque ninguém teve a obstinação necessária para levá-las até o final implementando, testando, desfazendo e refazendo se necessário.

Um personagem real que ilustra esta característica de acabativa foi Charles Tucker, cuja vida foi representada de forma bastante realista no filme *"Tucker – um homem e seu sonho"* era antes de tudo um sonhador, um homem que queria fazer automóveis na Detroit dos anos 50 que era dominada pelas três maiores montadoras americanas da época. Tucker idealizou um automóvel inovador, com motor traseiro, freios a disco, direção hidráulica e faróis que acompanhavam o movimento das rodas, iluminando a curva de maneira excelente. Ele não era engenheiro, era um homem de ideias e quando suas ideias foram retratadas em papel pelos especialistas da época, muitas delas foram descartadas, pois segundo os especialistas elas não seriam possíveis nem funcionais. Numa atitude esperada de um legítimo Arcanjo ele fincou pé dizendo "Ou sai o meu carro ou não sai carro nenhum". Ele trouxe todos de volta ao projeto original e fez com que fossem produzidos vinte carros exatamente do jeito que ele projetara e definira.

A literatura ainda propicia um sem número de Arcanjos, mas ilustrados do lado negro ou do lado mal da história. Observe como as frases abaixo podem facilmente ser associadas aos vilões que você conhece:

- Nada o impede de conseguir o quer;
- É frio e calculista;
- Não pensa duas vezes;
- Faz o que lhe mandam sem glória ou remorso;
- Age sempre sozinho;
- Nada fica sem terminar;
- É fiel ao seu líder.

Em nosso imaginário, sempre o herói é uma pessoa que ouve a todos, sofre para tomar decisões difíceis, sacrifica-se pela harmonia, etc, etc... Os vilões sempre buscam o resultado, têm foco no que querem, agem de maneira coordenada, têm estratégia, aglutinam recursos e pessoas, ou seja, a figura do indivíduo que busca o resultado de forma efetiva e obstinada acabou sendo associada ao lado dos bandidos e não dos mocinhos. De alguma forma acabamos por identificar essas ações diretas e focadas em resultado como fruto de um desvio de personalidade e, o pior de tudo, como algo que seja errado. De maneira geral essa informação subliminar foi inserida em nossa formação desde crianças, de forma que temos grande dificuldade em associar decisões duras com coisas boas.

Mais uma vez vamos nos valer do cinema para ilustrar essa dualidade entre fazer o que deve ser feito e aquilo que nossa moral, costumes e formação consideram como correto. Em 2005 foi filmada uma história sem muitas expectativas de bilheteria, denominada "*O Vôo da Fênix*", que narra a história de um grupo de profissionais responsáveis pela perfuração de poços de petróleo, removido de um campo de perfuração que não apresenta os resultados esperados pela companhia dona do poço. O herói do filme é o piloto do avião cargueiro incumbido do resgate, pois após a decolagem com todos os operários e um convidado que aparece de última hora, o avião é apanhando em cheio por uma tempestade de areia e cai no meio do deserto.

O tal convidado revela-se um projetista de aviões e apresenta a todos o plano de construir uma outra aeronave a partir dos destroços do cargueiro. Conversa daqui e briga dali, o projeto é aprovado e todos passam a trabalhar com um cronograma absolutamente apertado, não pelo tempo, pois é tudo que eles tèm de sobra, mas pela falta de água cuja ração não durará muito tempo. O convidado-projetista, que é nosso Arcanjo em análise, tem um foco absoluto na gestão da obra e faz tudo de acordo para que se cumpra o objetivo, até que o grupo se envolve numa batalha com um bando de Tuaregs, que são nômades e, no caso dessa história, também os bandidos.

Durante a batalha típica de *Hollywood*, um Tuareg é ferido e deixado para trás por seus companheiros. Quando o grupo percebe que ele ainda está vivo, recolhe-o para o acampamento e se inicia uma grande discussão sobre o que fazer com o novo inimigo-paciente-prisioneiro-ferido, com direito a discussões humanitárias sobre certo e errado etc., quando em segundo plano, vê-se o projetista chegando por de trás do grupo e com um disparo certeiro dá fim a vida já moribunda do Tuareg.

Segundos de perplexidade e revolta seguem até que o projetista dispara três frases que traz todos de volta ao foco:

- Ficando, alguém teria de cuidar e não podemos desperdiçar mão de obra
- Não temos água suficiente para mais uma pessoa
- A presença dele consumiu preciosas horas nos desviando do foco.

Por mais difícil que seja a retirada repentina da vida de um ser humano, nessa sequência, o personagem define claramente a ação esperada de um Arcanjo. Tomou a decisão difícil, necessária que certamente havia sido pensada, mas ninguém teve a coragem e disposição de fazer o que precisava ser feito, sem paixões e sem remorso.

Extrapolemos a situação: e se ao invés de um Tuareg tivermos na mão um paradigma, uma burocracia, uma crença que se mantida viva, nos afastará do nosso foco, como agiríamos? Lembre-se de que fazer o que precisa ser feito não significa fazer somente aquilo que mandam.

Uma frase antiga diz que: *"O mundo será melhor quando os homens de bem tiverem a mesma criatividade e obstinação dos canalhas."*

Atuando como Arcanjo

No nosso dia a dia podemos observar diversos Arcanjos em ação. Eles costumam apresentar sinais bastante peculiares que saltam aos olhos e às vezes conflitam com as características que se espera dos profissionais de destaque ou como se costuma chamar os profissionais de talento.

Partindo do macro para o micro, os Arcanjos apresentam comportamento bastante singular e característico fundamentalmente no que se refere ao relacionamento com equipes, pares e superiores. Vamos explorar as relações com os superiores hierárquicos, mais especificamente com o superior imediato.

Relação hierárquica

Os Arcanjos desenvolvem com o tempo uma relação de respeito e fidelidade com seus superiores. Essa é uma premissa fundamental do desenvolvimento deste tipo de profissional – para eles é simplesmente impossível trabalhar com alguém que não se pode confiar e, mais do que isso, que não se consiga admirar. Essa admiração pode variar de um indivíduo para outro, mas de forma geral é criada a partir das características reconhecidas no superior como positivas e educativas.

Não estamos falando de uma relação de criador e criatura, mas sim de respeito e admiração entre pessoas e profissionais diferentes. Se você lidera uma equipe e identifica a existência de um Arcanjo no grupo ou mesmo a necessidade de desenvolver um, é importante que suas ações como líder sejam coesas, alinhadas e façam sentido. Profissionais com arquétipo de Arcanjo tendem a atuar de forma muito eficaz o que pressupõe clareza quanto à estratégia, metas e o que se espera de cada um. Sem este requisito o conceito de missão não se aplica e, portanto, os objetivos de curto prazo não serão atendidos da mesma forma.

Certa vez, em um projeto absolutamente lindo e inovador com um grupo de executivos do segmento de cartões de crédito, o vice-presidente pediu a palavra e mandou de maneira taxativa "Devo lembrar a todos que nosso longo prazo é feito de sucessivos curtos prazos". Quando ele colocou de maneira tão direta e precisa o que esperava de todos, ficou simples tocar em frente o grande projeto de mudança estrutural proposto que certamente reinventaria a forma de fazer negócios com cartão de crédito no país.

Na relação do chefe com seu Arcanjo é imperativo que exista uma agenda clara entre ambos, que o profissional seja reconhecido e estimulado a trabalhar como tal. Nessa hora, caberá ao Arcanjo desenvolver esta relação com o superior direto, vendendo seu produto e obtendo como pagamento uma diferenciação de relacionamento.

Empresas de tecnologia e conhecimento já adotam em grande escala o modelo baseado em confiança e liberdade onde os profissionais possuem horários e locais flexíveis e um sem número de facilidades que dependem única e exclusivamente de sua capacidade de executar aquilo que foi combinado, no prazo que foi combinado. Não vamos confundir esse modelo de trabalho flexível com a relação de confiança que orienta o Arcanjo, pois mesmo nesse modelo existe a figura do controle, do relatório de acompanhamento e uma série de outros protocolos de administração que no fundo traduzem a falta de confiança de que determinada missão será cumprida.

A construção dessa confiança leva tempo mas, uma vez estabelecida, será de grande valia para o gestor da equipe, pois ele poderá contar com um elemento capaz de fazer o que deve ser feito, mesmo nas situações mais complicadas e delicadas e, obviamente, para o profissional que adotou esse arquétipo como apresentação do produto, existirá um diferencial fortíssimo frente a concorrência dos seus pares.

Construindo o EU Profissional

"Nascemos como uma tela vazia e a cada pessoa que encontramos, recebemos um pouco de sua cor, até que tenhamos tantas cores que podemos colorir outros. O tempo nos torna aquilo que realmente somos" ***Eu.***

Assumindo que você irá auxiliar seu *coachee* a tomar o controle de sua carreira, e isso se inicia pela mudança do entendimento sobre a relação capital e trabalho com a empresa onde ele está no momento, daqui por diante sugira que ele comece a se ver como uma empresa que oferece um produto ao comprador, que neste caso será a empresa e seus *stakeholders*.

Vamos agora trabalhar as analogias necessárias para que o EU Profissional seja oferecido na forma de um produto, para que seu cliente-empresa possa adquiri-lo e mais do que isso, que tenha preferência por adquiri-lo em um mercado formado por inúmeros concorrentes, seus colegas. Assim como qualquer produto do mercado você precisará de itens básicos como saber em qual das gerações o seu *coachee* se encaixa, conteúdo, custo, embalagem, marca e benefícios (valor).

As diferentes gerações

Entender a qual geração seu *coachee* pertence pode ser muito positivo para desenvolver junto a ele estratégias adequadas ao seu perfil, dando o apoio necessário no decorrer do processo. São elas: "*baby boomers*", "x", "y", "z", "canguru" e "*google*".

Geração "*baby boomers*"

São os nascidos após a Segunda Guerra Mundial, entre 1946 e 1964. Também chamados de "geração eu", os contemporâneos deste período costumam utilizar a famosa frase: "Não confie em ninguém com mais de 30 anos", por serem bastante céticos, devido aos fatos que ocorreram nesta fase, como, por exemplo, o caso *Watergate*.

Trata-se de uma geração que pretende permanecer ativa.

Geração "x"

Nasceram a partir de 1965, são filhos de mãe que trabalha fora ou de pais divorciados e são fãs de histórias em quadrinho. Geralmente mostram-se céticos em relação a quase tudo e preferem acordos informais, sendo menos leais à empresa do que seus antecessores.

São indivíduos que não acreditam em hierarquia nas organizações, adoram o trabalho em equipe, gostam muito de dinheiro e não veem mistério nos computadores. A maioria nasceu depois da chegada do homem à lua (1969), e foram testemunhas do surgimento do videocassete e do computador pessoal.

Geração "y"

É uma geração formada por pessoas nascidas a partir de 1978, que estão começando a entrar no mercado de trabalho. Ela compartilha o mercado com os "*baby-boomers*" e a "geração x", trazendo respostas rápidas, utilizando recursos de informática com excelência e sendo capaz de criar novas soluções.

Geração "z"

O termo "Z" vem de zapear, que quer dizer, saltar rapidamente de um canal de televisão para outro. Nascidos entre os anos de 1984 e 2000 têm como lema a seguinte frase: "Consumo, logo existo!". São pessoas que gostam da velocidade, querem informação a todo o momento e têm a sensação de que tudo o que fazem não está completo, ou seja, não ficam satisfeitos facilmente.

Geração "Cangurus"

São indivíduos com idade entre 25 e 30 anos de idade e vivem na casa dos pais, compondo um nicho de consumidores com alto poder aquisitivo. Decepcionam-se rapidamente na faculdade, que exige mais foco em poucos assuntos, não têm paciência.

São pessoas que não "cresceram" porque não se sentem preparadas para encarar a vida. Um traço marcante no filho-canguru é a indecisão referente ao curso que faz. Quando o tema é trabalho, o filho-canguru não consegue se fixar em emprego algum porque não tolera ser contrariado.

Geração "*Google*"

Adolescentes nascidos a partir de 1993, depois da popularização do computador. Têm sua capacidade supervalorizada, dão preferência por textos resumidos e a busca por palavras-chave é uma norma geral. Costumam utilizar com frequência o Crtl "C" e Ctrl "V".

Tivemos a oportunidade de conhecer melhor as características das gerações que povoam as empresas atualmente. Dentro das organizações, é possível observar que há profissionais de praticamente todas essas gerações interagindo e trabalhando juntas, sejam eles superiores ou subordinados. O que, se for bem estruturando e aproveitado, pode agregar bastante valor a qualquer empresa. Porém, caso não haja essa interação, e as diferenças predominem, isso pode gerar problemas de relacionamento, que acabam por impedir o funcionamento adequado de equipes e corporações. Neste caso, será diante deste cenário que o *Coaching* de Carreira poderá atuar, aplicando ferramentas como *Coaching Group*, ou trabalhando diretamente com os profissionais de forma individual.

Qual o conteúdo que será oferecido?

O conteúdo é formado pelas suas competências, habilidades e conhecimentos, que você acumulou ao longo de sua carreira e equivalem aos ingredientes de seu produto. Observe como as empresas de produtos de consumo não escancaram os seus ingredientes para os consumidores, exceto se esses ingredientes forem as bases do diferencial de seus produtos. Isso significa que construir um produto a partir de seu currículo pode ser um caminho simples, todavia sem qualquer diferencial entre os outros eventuais concorrentes que frequentaram escolas tão boas quanto você, que têm tempo de empresa semelhante, enfim, que sejam tão bons quanto.

O conteúdo antes de tudo deve ser verdadeiro pois, mais cedo ou mais tarde ele será testado e colocado à prova e, quando essa ocasião chegar, seu produto não poderá ser como aqueles relógios que se dizem à prova d'água e viram aquários quando se entra na piscina. O melhor caminho para definir os itens de conteúdo que você poderá ou não utilizar são os testes de avaliação psicológica que os próprios *headhunters* executam ao procurar candidatos, assim você poderá identificar pontos fortes e fracos de sua personalidade. Por exemplo, se sua principal característica for o cuidado com detalhes, o planejamento e a pesquisa, não ofereça seu produto internamente na empresa para posições que demandam visão holística e abrangente, pois certamente você terá problemas para se sustentar na posição. Isso não significa que você não possa mudar suas atitudes, significa somente que você terá mais ou menos trabalho para construir seu produto.

Âncoras de carreira

Uma forma bastante eficaz de identificar os componentes básicos do seu produto profissional tem como base o estudo de Edgar H. Schein que foi adaptado para o que é reproduzido a seguir na íntegra:

Objetivo

O objetivo deste exercício é familiarizar o participante com instrumentos que permitem a percepção, análise e tomada de decisões acerca de sua carreira profissional.

A âncora de carreira é "uma combinação de áreas percebidas de competências, motivos e valores das quais não abrimos mão, representam o nosso próprio Eu". A seguir é sugerido um questionário e um roteiro de entrevista para auxiliá-lo na identificação de sua âncora de carreira. É apresentada neste material uma descrição geral da natureza das âncoras de carreira. Inicialmente preencha o questionário e efetue a tabulação dos dados para ter uma ideia de sua âncora, após isso procure efetuar a entrevista com um outro profissional.

Inventário das orientações de carreira

A finalidade deste questionário é estimular seus pensamentos sobre suas próprias áreas de competência, seus motivos e seus valores. Isoladamente, esse questionário não revelará sua âncora de carreira, porque é muito fácil ser tendencioso nas respostas. Entretanto, estimulará seu pensamento e o preparará para a discussão com seu parceiro.

Procure responder às perguntas tão honestamente quanto possível e trabalhar rapidamente. Respostas extremadas, a não ser em situações em que você claramente tem sentimentos fortes em uma ou outra direção.

Como classificar os itens

Para cada um dos próximos 40 itens, classifique o quanto cada item é verdadeiro para você em geral, atribuindo-lhe um número de 1 a 6. Quanto maior o número, mais esse item é verdadeiro para você. Por exemplo, se o item diz "Sonho em ser o presidente de uma empresa", você o classificaria assim:

"1" se a afirmação nunca é verdadeira para você.
"2" ou "3" se a afirmação é verdadeira para você ocasionalmente.
"4" ou "5" se a afirmação é verdadeira para você com frequência.
"6" se a afirmação é sempre verdadeira para você.

Passe para a próxima página e comece sua autoavaliação, escrevendo a classificação que se aplica ao seu caso no espaço em branco, à esquerda de cada item.

Use a escala seguinte para classificar quanto cada item é verdadeiro para você:

1. Sonho em ser tão bom no que faço, de tal forma que meus conhecimentos especializados sejam constantemente procurados.___

2. Sinto-me mais realizado em meu trabalho quando sou capaz de integrar e gerenciar o esforço dos outros.___

3. Sonho em ter uma carreira que me dê a liberdade de fazer o trabalho à minha maneira, no tempo por mim programado.___

4. Segurança e estabilidade são mais importantes para mim do que liberdade e autonomia.___

5. Estou sempre procurando ideias que me permitam iniciar meu próprio negócio.___

6. Sinto-me bem em minha carreira apenas quando tenho a sensação de ter feito uma contribuição real para o bem da sociedade.___

7. Sonho com uma carreira na qual eu possa solucionar problemas ou vencer em situações extremamente desafiadoras.___

8. Preferiria deixar meu emprego do que ser colocado em um trabalho que comprometa minha capacidade de me dedicar aos assuntos pessoais e familiares.___

9. Sinto-me bem-sucedido em minha carreira apenas quando posso desenvolver minhas habilidades técnicas ou funcionais a um nível de competência muito alto.___

10. Sonho em dirigir uma organização complexa e tomar decisões que afetem muitas pessoas.___

11. Sinto-me mais realizado em meu trabalho quando tenho total liberdade de definir minhas próprias tarefas, horários e procedimentos___

12. Preferiria deixar meu emprego do que aceitar uma tarefa que possa colocar em risco minha segurança na organização.___

13. Montar meu próprio negócio é mais importante para mim do que atingir uma alta posição gerencial como empregado.___

14. Sinto-me mais realizado em minha carreira quando posso utilizar meus talentos a serviço dos outros.___

15. Sinto-me realizado em minha carreira apenas quando enfrento e supero desafios extremamente difíceis.___

16. Sonho com uma carreira que me permita integrar minhas necessidades pessoais, familiares e de trabalho.___

17. Tornar-me um gerente técnico em minha área de especialização é mais atraente para mim do que tornar-me um gerente geral.___

18. Sentir-me-ei bem-sucedido em minha carreira apenas quando me tornar um gerente geral em alguma organização.___

19. Sentir-me-ei bem-sucedido em minha carreira apenas quando alcançar total autonomia e liberdade.___

20. Procuro trabalhos em organizações que me deem senso de segurança e estabilidade.___

21. Sinto-me realizado em minha carreira quando tenho a oportunidade de construir alguma coisa que seja resultado unicamente de minhas próprias ideias e esforços.___

22. Utilizar minhas habilidades para tornar o mundo um lugar melhor para se viver e trabalhar, é mais importante para mim do que alcançar uma posição gerencial de alto nível.___

23. Sinto-me mais realizado em minha carreira quando solucionei problemas insolúveis ou venci o que aparentemente era impossível de ser vencido.___

24. Sinto-me bem-sucedido na vida apenas quando sou capaz de equilibrar minhas necessidades pessoais, familiares e de carreira.___

25. Preferiria deixar meu emprego do que aceitar uma tarefa de rodízio que me afaste da minha área de experiência.___

26. Tornar-me um gerente geral é mais atraente para mim do que tornar-me um gerente técnico em minha área de especialização.___

27. Para mim, poder fazer um trabalho à minha própria maneira, sem regras e restrições, é mais importante do que segurança.___

28. Sinto-me mais realizado em meu trabalho quando percebo que tenho total segurança financeira e estabilidade no trabalho___

29. Sinto-me bem-sucedido em meu trabalho apenas quando posso criar ou construir alguma coisa que seja inteiramente de minha autoria.___

30. Sonho em ter uma carreira que faça uma real contribuição à humanidade e à sociedade.___

31. Procuro oportunidades de trabalho que desafiem fortemente minhas habilidades para solucionar problemas.___

32. Equilibrar as exigências da minha vida pessoal e profissional é mais importante do que alcançar alta posição gerencial.___

33. Sinto-me plenamente realizado em meu trabalho quando sou capaz de empregar minhas habilidades e talentos especiais.___

34. Preferiria deixar minha organização a aceitar um emprego que me afastasse da trajetória de gerência geral.___

35. Preferiria deixar minha organização a aceitar um emprego que reduza minha autonomia e liberdade.___

36. Sonho em ter uma carreira que me dê senso de segurança e estabilidade.___

37. Sonho em iniciar e montar meu próprio negócio.___

38. Preferiria deixar minha organização do que aceitar uma tarefa que prejudique minha capacidade de servir aos outros.___

39. Trabalhar em problemas praticamente insolúveis para mim é mais importante do que alcançar uma posição gerencial de alto nível.___

40. Sempre procurei oportunidades de trabalho que minimizassem interferências nos assuntos pessoais e familiares.___

Neste ponto, reveja suas respostas e localize todos os itens aos quais deu pontos mais altos. Selecione os TRÊS que lhe pareçam os mais verdadeiros e acrescente a cada um desses itens mais QUATRO pontos.

Instruções para classificação

Na próxima seção você encontrará espaços em branco para cada um dos quarenta itens, arranjados de forma que você possa transferir facilmente os números das suas folhas de classificação para a folha de pontos. Após transferir todos os números, some as colunas e divida-as por cinco (quantidade de itens) para obter sua média de pontos de cada uma das oito dimensões de âncoras de carreira. Não se esqueça de acrescentar os quatro pontos extras para cada um dos três itens principais, antes de totalizar e tirar a média dos pontos.

Folha de Pontos

Os espaços em branco a seguir representam os itens que você acabou de classificar. Transfira suas respostas das páginas anteriores para os espaços em branco. Não se esqueça de acrescentar os quatro pontos para os três itens mais verdadeiros para você. Some os números de cada coluna e divida o total pelo número de itens na coluna (cinco). A média resultante é sua autoavaliação de quão verdadeiros os itens nesta escala são para você. As explicações das colunas serão fornecidas mais adiante.

TF		GG		AI		SE		CE		SD		DP		EV	
1.	___	2.	___	3.	___	4.	___	5.	___	6.	___	7.	___	8.	___
9.	___	10.	___	11.	___	12.	___	13.	___	14.	___	15.	___	16.	___
17.	___	18.	___	19.	___	20.	___	21.	___	22.	___	23.	___	24.	___
25.	___	26.	___	27.	___	28.	___	29.	___	30.	___	31.	___	32.	___
33.	___	34.	___	35.	___	36.	___	37.	___	38.	___	39.	___	40.	___
Total															
	___		___		___		___		___		___		___		___
	÷5		÷5		÷5		÷5		÷5		÷5		÷5		÷5
Média															

Identificando sua âncora de carreira

Competência técnica / funcional

Se sua âncora de carreira é a competência em alguma área técnica ou funcional, você não abriria mão da oportunidade de aplicar suas habilidades nessa área e de continuar desenvolvendo essas habilidades a um nível cada vez mais alto. Você obtém seu senso de identidade com o exercício dessas habilidades e sente-se totalmente realizado quando seu trabalho permite ser desafiado nessas áreas. Você pode estar disposto a gerenciar outras pessoas em sua área técnica ou funcional, mas não se interessa pelo gerenciamento em si e evitaria a gerência geral, porque precisaria desistir de sua própria área de especialidade. Seus pontos do inventário nessa área estão na primeira coluna da folha de pontos, sob TF.

Competência para gerência geral

Se sua âncora de carreira é a competência para a gerência geral, você não abriria mão da oportunidade de subir a um nível alto o suficiente que permita integrar os esforços de outras pessoas em suas funções e ser responsável pelo resultado de determinada unidade da organização. Você quer total responsabilidade pelos resultados e identifica seu próprio trabalho com o sucesso da organização para a qual trabalha. Se você está em uma área técnica ou funcional atualmente, aceita a situação como uma experiência de aprendizado necessária; entretanto, ambiciona alcançar um cargo com funções generalistas o quanto antes. Ter um alto cargo gerencial técnico não interessa. Seus pontos do inventário nessa área estão na segunda coluna da folha de pontos sob GG.

Autonomia / independência

Se sua âncora de carreira é a autonomia/independência, você não renunciaria à oportunidade de definir seu próprio trabalho, à sua própria maneira. Se você está numa organização, quer permanecer em funções que permitam flexibilidade com relação a quando e como trabalhar. Se você não tolera regras e restrições organizacionais de qualquer espécie, busca ocupações nas quais tenha a liberdade que procura, tais como ensino ou consultoria. Para manter sua autonomia, você recusa oportunidades de promoção ou avanço. Talvez você até procure ter seu próprio negócio para alcançar a sensação de autonomia; entretanto este motivo não é o mesmo do que a criatividade empreendedora descrita mais adiante. Seus pontos no inventário desta dimensão estão na terceira coluna da folha de pontos, sob as letras AI.

Segurança / estabilidade

Se sua âncora de carreira é a segurança/estabilidade, você não abriria mão da sua segurança ou estabilidade no trabalho ou organização. Sua principal preocupação é alcançar a sensação de ser bem-sucedido para ficar tranquilo. A âncora está demonstrada na preocupação pela segurança financeira (tais como aposentadoria e planos de pensão) ou segurança no emprego. Essa estabilidade pode significar trocar sua lealdade e disposição de fazer qualquer coisa que seu empregador peça por uma promessa de garantia de emprego.

Você se preocupa menos com o conteúdo do seu trabalho e o posto que pode alcançar, embora possa chegar a um alto nível, se seus talentos assim o permitirem. No que se refere à autonomia, todo mundo tem certas necessidades de segurança e estabilidade, especialmente em épocas que os encargos financeiros são grandes ou quando se está para enfrentar a aposentadoria. Entretanto, as pessoas ancoradas desta maneira estão sempre preocupadas com essas questões e constroem toda sua autoimagem em torno do gerenciamento da segurança e estabilidade. Seus pontos no inventário desta dimensão estão na quarta coluna da folha de pontos sob as letras SE.

Criatividade empreendedora

Se sua âncora de carreira é a criatividade empreendedora, você não renunciaria à oportunidade de criar sua própria organização ou empreendimento, desenvolvidos com sua própria capacidade e disposição de assumir riscos e superar obstáculos. Você quer provar ao mundo que pode criar um empreendimento que seja o resultado do seu próprio esforço. Talvez você trabalhe para outros em alguma organização, enquanto aprende e avalia oportunidades futuras, mas seguirá seu próprio caminho assim que sentir que tem condições para isso. Você quer que seu empreendimento seja financeiramente bem-sucedido, como prova de sua capacidade. Seus pontos no inventário estão na quinta coluna da folha de pontos, sob as letras CE.

Serviço / dedicação a uma causa

Se sua âncora de carreira é serviço/dedicação a uma causa, você não renunciaria à oportunidade de procurar um trabalho onde pudesse realizar alguma coisa útil, como por exemplo, tornar o mundo um lugar melhor para se viver, solucionar problemas ambientais, melhorar a harmonia entre as pessoas, ajudar aos outros, melhorar a segurança das pessoas, curar doenças através de novos produtos, etc. Você busca essas oportunidades, mesmo que isso signifique mudar de organização e não aceita transferências ou promoções que o desviem do trabalho que preencha estes valores. Seus pontos no inventário desta dimensão estão na sexta coluna da folha de pontos sob as letras SD.

Desafio puro

Se sua âncora de carreira é desafio puro, você não abriria mão da oportunidade de trabalhar na solução de problemas aparentemente insolúveis para vencer oponentes duros ou superar obstáculos difíceis. Para você, a única razão significativa para buscar um trabalho ou carreira é que este permita vencer o impossível.

Algumas pessoas encontram este desafio puro em alguns trabalhos intelectuais, como por exemplo o engenheiro interessado apenas em desenhos extremamente difíceis; outras encontram seu desafio em situações complexas, tais como um consultor estrategista, interessado apenas em clientes à beira da falência e que já esgotaram todos os recursos; algumas o encontram na competição interpessoal, como o atleta profissional ou o vendedor que define cada venda como uma vitória ou derrota. A novidade, variedade e dificuldade tornam-se um fim em si e se alguma coisa é fácil, imediatamente torna-se monótona. Seus pontos no inventário nessa dimensão estão na sétima coluna da folha de pontos sob as letras DP.

Estilo de vida

Se sua âncora de carreira é o estilo de vida, você não abriria mão de uma situação que permita equilibrar e integrar suas necessidades pessoais, familiares e as exigências de sua carreira. Você quer fazer todos os principais segmentos de sua vida trabalharem em conjunto para um todo integrado e, portanto, precisa de uma situação de carreira que dê suficiente flexibilidade para alcançar tal integração. Talvez você precise sacrificar alguns aspectos da sua carreira (por exemplo, uma mudança geográfica que fosse uma promoção, mas que desestruturaria toda sua situação de vida), e você define o sucesso em termos mais amplos do que simplesmente sucesso na carreira.

Você sente que sua identidade está mais vinculada ao modo de viver sua vida como um todo, onde você se estabelece, como lida com sua situação familiar e como você se desenvolve, do que com qualquer trabalho ou organização. Seus pontos no inventário desta dimensão estão na oitava coluna da folha de pontos sob as letras EV.

Quanto custa o seu produto?

Já discutimos anteriormente o custo que seu gestor está disposto a pagar pelo produto que você entrega e esse custo não está associado unicamente a quanto você ganha por mês, mas também a quanto custa em termos de esforço a gestão do seu trabalho. O valor do serviço que você presta será medido de acordo com os resultados que apresenta e, para isso, existem diversas formas de medição e avaliações de *performance*, todavia, o custo de gestão ou custo de alinhamento é medido pela percepção das pessoas em relação ao seu comportamento.

Comportamentos são a base do arquétipo que você executa no dia a dia, daí a necessidade de ajustar seu arquétipo de forma a gerar um custo de alinhamento ou gestão adequado ao interesse de quem irá bancar esse custo. Segundo Ian Brooks, você pode combinar de quatro maneiras diferentes o quanto você custa com o quanto você vale, de forma a ajustar sua estratégia de atuação perante os clientes e frente aos seus concorrentes:

- **Mesmo valor por menos custo** - Essa estratégia somente é válida se o custo em questão for exclusivamente o custo de gestão ou de alinhamento. Ela cria um efeito diferencial ao gerar a percepção de que o profissional dá tanto resultado quanto os outros, mas é mais fácil trabalhar com ele. O sentimento de empatia do gestor para com o profissional facilita as coisas, contudo, a longo prazo tende a gerar o efeito "Marido da Amélia". Em uma antiga canção do compositor, ator e gênio Mário Lago o refrão dizia *"Amélia não tinha a menor vaidade, Amélia é que era mulher de verdade"*. Evidentemente que o Mário da tal Amélia se sentia bastante confortável com uma mulher de baixo custo de gestão. Portanto, o profissional que adotar essa estratégia deve manter a noção de valor fresca na memória do gestor, evitando ser somente um produto de baixo custo.

- **Mais valor pelo mesmo custo** - Tende a ser uma estratégia poderosa quanto ao resultado, pois oferece ao comprador mais benefícios e valor por um custo semelhante aos dos demais. Normalmente exigirá mais foco na realização, pois o conceito de valor muda de acordo com o interlocutor e com o momento, assim, para executar essa estratégia de forma vencedora, um item fundamental é criar um canal de comunicação individualizado com seu superior, fomentar as ações de *feedback* e, principalmente, participar das decisões de médio e longo prazo da empresa de forma a ter tempo de elaborar ajustes na estratégia de acordo com as futuras necessidades e, portanto, estar pronto a oferecer valor antes da demanda chegar. Lembre-se de que antecipar necessidades é muito mais eficiente do que atendê-las.

- **Menos valor por menos custo** - Estratégia terrível e só deve ser adotada caso o conhecimento e a experiência naquela determinada função seja fundamental para outro passo de sua carreira. Neste caso, o gestor se comporta como um consumidor do nicho de produtos populares onde a qualidade do produto pode até ser menor, visto que o custo é atraente. Tipicamente encontraremos essa situação em momentos de carreira do tipo trilho e passageiro, onde o profissional tem mais a lucrar com a empresa do que ela com ele. Fuja dessa situação assim que possível.

- **Mais valor por um custo maior** - Neste caso o gestor também se comporta como um consumidor de nicho, porém, na outra ponta da cadeia onde concorda a pagar mais por um valor que ele considera único. Normalmente o profissional que adota essa posição está em condição de ser um especialista em sua função e requer notável reconhecimento. A frase típica neste momento é: "Fulano é difícil de lidar, mas vale a pena trabalhar com ele". Para se manter nessa estratégia de valor o profissional não pode apenas atender ou antecipar demandas, ele precisa encantar seu gestor e sabemos que o encantamento tem data de validade. No médio prazo essa estratégia não se sustenta, todavia, é uma excelente ferramenta de ascensão profissional, encantando novos gestores a cada passo da carreira e fazendo a escalada com vários pequenos passos. A cada gestor encantado se consolida um passo na jornada de valor. Tenha somente o cuidado de consolidar o encantamento com resultados consistentes para não ficar com a imagem de alguém que pula de galho em galho.

- **Mais valor por menos custo** - A mais poderosa de todas, uma vez que coloca você num patamar diferenciado de valor e ainda reduz os custos de alinhamento e gestão de seu superior.

Para reduzir o custo percebido, alguns "brindes" podem ser associados ao seu custo de gestão, como por exemplo, ampliar o seu alinhamento para os demais membros da equipe, salvaguardar posições importantes do gestor, viabilizar planos e ideias, compartilhar informações, tornando-se um elemento de valor na estratégia dele. Nunca é demais lembrar que é importante ser considerado valioso, mas não tão valioso que seja imprescindível ou insubstituível. Tenha sempre em mente a importância de desenvolver um sucessor, pois em muitos casos, pessoas excelentes, valiosas, de baixo custo de gestão ficarão presas abaixo de gestores inseguros. Para que essa estratégia tenha sucesso, mantenha contato com mais de um gestor, com o chefe-do-chefe e demais pessoas que possam ampliar suas chances de evolução e deslocamento. A menos é claro que você tenha adotado a ideia de trilho e condutor e procure uma carreira de especialista.

A estratégia de custo deve estar diretamente alinhada com a disposição do comprador e com o diferencial que você pode oferecer. Nem sempre os compradores olham pelo lado do diferencial, muitos buscam a calma de um produto conhecido e referenciado. Considere sempre o arquétipo do seu comprador.

Embalagem

Este é um ponto bastante delicado da montagem do EU Profissional, pois compradores diferentes requerem embalagens diferentes. A embalagem do seu produto nada mais é que o arquétipo que você irá criar, ou seja, é a forma como as pessoas irão perceber suas ações e reações ao mundo profissional. Lembre-se sempre de que o conceito de valor está no outro e, muitas vezes, o outro pode ser de diferentes grupos de pessoas. Em muitos trabalhos que fazemos em grandes empresas costumamos ouvir pessoas indignadas com a capacidade de outros colegas em conseguir manter protocolos de comunicação absolutamente diferentes de acordo com a pessoa que está na sua frente.

Em resumo, essa é uma competência importantíssima para quem busca uma estratégia de carreira. Como precisamos oferecer diferentes percepções de valor com um único conteúdo, fatalmente deveremos oferecer nosso produto com diferentes embalagens e posologias. Precisamos ser capazes de construir uma gama de embalagens tão distinta quanto um tipo de refrigerante que visa atender desde o baladeiro, o cliente de loja de conveniência e a família no almoço de domingo. Lembre-se de que valorizamos aquilo que nos é familiar.

Existem pessoas que sentem orgulho em dizer: "Sou assim e não vou mudar" ou ainda "Quem me quiser terá que me aceitar". Essa atitude é muito bonita quando em família ou em relações amorosas, mas quando se trata do mercado corporativo adaptação é fundamental. Quanto mais o profissional entender o conceito de papéis, personagens e arquétipos, mais facilmente ele poderá executar sua estratégia. Caso contrário, o profissional poderá esperar por anos a fio até que alguém o valorize como ele é e esteja ainda em posição de influenciar positivamente em sua carreira. Dessa forma, ainda que tenha decidido a estratégia de carreira em mapa, estará atuando como passageiro.

Marca

Já reparou como em alguns casos a marca antecede a percepção de valor que temos sobre os produtos produzidos? Pense um pouco sobre um produto comum que a maioria das pessoas tem ou pensa em ter: um automóvel. Quando você pensa em comprar um automóvel quais são os itens que você valoriza? Bom, isso depende muito de quem você é, da sua idade, do seu gênero sexual, estado civil, onde mora etc. Assim como no mundo corporativo o valor está no outro e você pode considerar importantes vários itens.

Uma marca pessoal carece de fatos, evidências e histórico para se consolidar e, uma vez consolidada, fará parte do produto que você irá apresentar às demais pessoas de sua empresa. A marca funciona como um sobrenome, algo que as pessoas facilmente identificam e que em poucas palavras falam sobre você muito mais do que seu currículo. Ela será expressa na forma de um *slogan*.

Vamos analisar alguns *slogans* famosos do mercado:

- Bombril tem mil e uma utilidades
- Lux o sabonete das estrelas
- Não esqueça minha Caloi
- Vende muito porque é fresquinho e é fresquinho porque vende muito
- Nescau, energia que dá gosto
- Danoninho vale por um bifinho
- Chips, impossível comer um só
- Não basta ser pai, tem que participar
- Desperta o tigre em você
- Não é assim uma Brastemp
- Quem dirige um Fusion, fez por merecer

Todos estes *slogans* fizeram história para seus produtos e trazem embutidas mensagens subliminares sobre o valor do produto para o consumidor. Lux, Caloi e Fusion resgatam o sentimento de merecimento. Nescau, Danoninho e Sucrilhos dizem para as mães: "Isto é saudável". Tudo isso sem serem explícitos, mas sim, criando no inconsciente o diferencial de compra. Existia ainda uma propaganda excelente dos veículos Honda Civic que dizia que os carros da Honda são baixos porque não precisa de espaço para mecânicos, instigando a imagem de que nunca quebravam.

Voltando a criar a sua marca pessoal, é importante que o produto que você irá oferecer esteja embrulhado em um arquétipo feito de comportamentos e atitudes, e este arquétipo deve possuir um *slogan* forte que faça as pessoas rapidamente associarem seus pontos fortes. Alguns exemplos de *slogan* poderosos:

- Ele sempre dá um jeito
- Com ela não tem dificuldade
- Trabalhar com ele é aprender
- Quando ela fala fica tudo simples
- Só ele para manter a cabeça fria nessa hora

Avalie dentre suas características mais fortes, quais poderiam ser consideradas o seu *slogan* pessoal e trabalhe para que isso seja divulgado e associado a cada trabalho bem feito. Tenha extremo cuidado para que essa característica esteja amparada em seu EU

Verdadeiro, pois assim como os *slogans* bons estão em alta, o mundo está cheio de profissionais que poderiam ser associados aos produtos dos canais de vendas como as meias que não rasgam, as facas que cortam tudo, os aparelhos que somem com a barriga etc.

"VOA" – As síndromes executivas

Existem alguns males que impedem executivos de ir além em suas carreiras. São comportamentos que podem estar presente em qualquer profissional, seja ele do mais alto escalão ou não. Porém se essas características são encontradas em pessoas que ocupam cargos de comando, o relacionamento tanto com seus pares, como principalmente com seus subordinados, acaba se tornando difícil, e o seu progresso rumo ao sucesso, ao estado desejado acontece de forma bastante lenta. As síndromes executivas são:

Vaidade

Muitos executivos têm sua vaidade exacerbada, são incapazes de reconhecer seus pontos de melhoria e se sustentam por capacidade técnica ou liderança.

Orgulho

Executivos orgulhosos são comuns. Reconhecem sua necessidade de melhoria ou mudança em certos aspectos, mas não conseguem mudar.

Arrogância

Arrogância é o mal mais comum entre executivos, no geral quanto mais alta a posição hierárquica maior o grau de arrogância e incapacidade de ouvir os outros.

Peak Performers (Executivos de Alta *Performance*)

Abordamos acima os comportamentos que podem fazer um executivo enfrentar grandes obstáculos para conseguir se realizar profissionalmente. Agora veremos como uma pessoa que tem foco no sucesso age e pensa. Dr. Charles Garfield, psicólogo e desenvolvedor do conceito *Peak Performers,* que são profissionais que buscam sempre satisfação na carreira, estudou 1.500 executivos de sucesso e notou algumas semelhanças:

- Eles são guiados pela sua visão e missão
- Querem continuar aprendendo a vida inteira
- Acreditam que o destino final e o processo para se chegar lá são importantes
- Fazem visualização (ponte ao futuro)
- Têm momentos de oscilação

O *peak performer* pode ser facilmente confundido com a Síndrome de *Burnout,* que se trata de um distúrbio, onde o indivíduo se dedica somente ao trabalho, busca a realização profissional, mas comprometendo a sua saúde física e principalmente mental. Porém há diferença entre alto desempenho (alta *performance*) e *burnout* é a habilidade de arranjar tempo para se recuperar. *Workaholics* têm tendência a *burnout*, pois estão viciados em se sentir ocupados. *Peak performers* são comprometidos com desempenho, *performance* e resultados melhores; o que interessa, é trabalhar de maneira mais inteligente.

Teste de Alta *Performance*

Todas as pessoas que vivem em estado de Alta *Performance* possuem características comportamentais que não só as distinguem de outras pessoas, como também garantem seu sucesso.

Este teste foi elaborado considerando 15 caracerísticas que podem levar as pessoas a altos patamares de realização. Respondendo com sinceridade e honestidade, você poderá identificar quais dos comportamentos que vem praticando estão contribuindo e quais estão prejudicando seu sucesso.

Para cada característica há quatro alternativas, apenas uma deve ser assinalada, circule a alternativa que mais se aproxima de seu padrão cotidiano de comportamento em relação a essa característica. Boa sorte.

1 - Toda pessoa de Alta *Performance* sabe quais contribuições produtivas pretende proporcionar para a organização em que trabalha e para a sociedade em que vive.

A - Tenho escrita a contribuição que desejo realizar.
B - Tenho na cabeça a contribuição que desejo realizar.
C - Sei que contribuo com algo, mas nunca pensei em saber com o que.
D - Não me preocupo com isso.

2 - Um indivíduo de Alta Perfomance sabe que tipo de gente quer ser, onde quer morar, quanto deseja ter de renda mensal, se prefere ser empregado ou empresário, que tipo de família quer construir, que carreira seguir, etc.

A - Tenho este cenário escrito em detalhes.
B - Tenho este cenário em mente, mas nunca pensei em escrevê-lo.
C - De vez em quando penso nessas coisas.
D - Essas ideias são apenas sonho.

3 - Com relação aos objetivos da minha vida em um ano...

A - Tenho, por escrito, os objetivos que pretendo realizar em um ano.
B - Tenho os meus objetivos definidos, porém não escritos.
C - Sei que objetivos são importantes, mas não os tenho definidos claramente.
D - Não tenho certeza se objetivos são importantes, simplesmente vou fazendo.

4 - A pessoa de Alta *Performance* age com base nas necessidades que a organização e a sociedade demonstram, relacionadas com seu trabalho.

A - Procuro mudar minhas atitudes e processos de trabalho para satisfazer melhor as necessidades da organização e da sociedade que usufrui do produto desse trabalho.
B - Sei que posso melhorar mais meu trabalho em função das necessidades das pessoas que usufruem dele, mas não me preocupo muito com isso.
C - Enquanto as pessoas não dizem nada, continuo a fazer o meu trabalho da mesma forma.
D - Não me preocupo com as necessidades dos outros.

5 - Todas as pessoas de Alta *Performance* praticam um consistente processo de comunicação com os outros.

A - Procuro sempre falar o que penso e sinto, mas também fico quieto, atento, quando os outros estão falando.
B - Falo, normalmente, mais do que os outros, muitas vezes até interrompo quando eles estão falando.
C - Não exponho minhas ideias e sentimentos. Prefiro ficar ouvindo.
D - Nunca observei direito minha atitudes de falar e ouvir em relação aos outros.

6 - Alta *Performance* exige busca contínua de novos conhecimentos.

A - Tenho períodos do dia e do ano programados para estudar e buscar novos conhecimentos.
B - Leio e busco novos conhecimentos sempre que tenho tempo.
C - Sei que preciso aprender mais, mas não tenho tempo para leitura e cursos.

D - Poucas leituras e cursos são aproveitáveis.

7 - Alta *Performance* exige aprendizagem contínua de novas habilidades.

A - Pratico novos conhecimentos e verifico o resultado dessas práticas nos outros, identificando o que dá e o que não dá certo.
B - Procuro colocar em prática novos conhecimentos, mas não me preocupo com seus resultados.
C - Só coloco em prática um novo conhecimento quando tenho certeza de que dará certo.
D - Não vejo necessidade de testar novos conhecimentos.

8 - Pessoas de Alta *Performance* assumem a liderança com coragem e determinação.

A - Sinto-me feliz sempre que consigo alinhar ideias, sentimentos e ações de outras pessoas com as minhas, na busca de realizações que trazem satisfação a todos.
B - Quando estou trabalhando com outras pessoas tenho receio de tomar a iniciativa de alinhar todas em uma única direção.
C - Só assumo a responsabilidade de alinhar pessoas em uma única direção quando indicado para isso.
D - Não gosto de alinhar pessoas, prefiro fazer o meu trabalho.

9 - Toda pessoa de Alta Perfomance busca a realização de seus objetivos, não espera que eles caiam do céu.

A - Esforço-me a cada momento para praticar todas as ações que, acredito, realizarão meus objetivos.
B - Procuro realizar sempre que possível as ações que, acredito, realizarão meus objetivos.
C - Se alguma ação for muito difícil, mudo meus objetivos.
D - Vou fazendo o meu trabalho sem me preocupar com a realização ou não de objetivos.

10 - As pessoas de Alta *Performance* usam o plano de ações como direcionador para auxiliar a realização dos objetivos.

A - Tenho um plano de ações escrito para garantir a realização de cada um dos meus objetivos.
B - Tenho na minha cabeça o que devo fazer para a realização de meus objetivos.
C - Sei que é importante ter um plano de ações, mas não parei para fazê-lo.
D - Plano de ações são inúteis.

11 - Para pessoas de Alta *Performance* é fundamental perceber o que outras pessoas pensam e sentem em relação a suas atitudes e contribuições.

A - Busco informações sobre a contribuição que proporciono por meios formais e informais.
B - Busco informações sobre a contribuição que proporciono apenas em situações informais.
C - Procuro ouvir as opiniões dos outros apenas quando eles me procuram espontaneamente.
D - O que os outros têm a dizer sobre mim não tem muita importância.

12 - É importante medir continuamente até que ponto a prática das ações está realizando os objetivos desejados.

A - Registro e quantifico, por meio de números, o resultado de minhas ações em um determinado período.
B - Quantifico o resultado de minhas ações em determinados períodos, mas não por meios numéricos.
C - Sei que é importante medir os resultados de minhas ações, mas ainda não tenho um método para isso.
D - Não tenho certeza de que medir o impacto de meu trabalho em outras pessoas seja algo importante.

13 - Pessoas de Alta *Performance* procuram avaliar até que ponto o resultado de suas contribuições são compatíveis com sua Missão e Visão.

A - Sempre que realizo um trabalho comparo até que ponto os resultados conseguidos são compatíveis com os objetivos a que me

havia proposto.
B - Comparo os resultados realizados apenas em relação aos objetivos mais amplos.
C - Acho importante comparar resultados com objetivos, mas não faço isso de forma regular.
D - Nunca comparo os resultados do meu trabalho com objetivos. Não acho isso necessário.

14 - Modificar rapidamente atitudes, procedimentos e formas de agir para buscar melhores contribuições é uma habilidade fundamental para pessoas de Alta *Performance*.

A - Frente a evidências de que minhas atitudes e procedimentos são pouco, ou nada contribuitivos, não conduzindo à realização dos objetivos desejados, busco novos procedimentos e ações.
B - Frente a evidências de que minhas atitudes e procedimentos são pouco, ou nada contribuitivos, não conduzindo à realização dos objetivos desejados, fico ansioso e nervoso, e só com muito esforço modifico algumas ações.
C - Frente a resultados ruins me sinto frustrado e nervoso, sem saber o que fazer, relutando em mudar minhas ações.
D - Frente a resultados ruins me sinto nervoso e frustrado, incapaz de modificar as minhas ações. Tento fazer melhor o que já venho fazendo.

15 - A efetiva realização dos objetivos e das contribuições desejadas é a razão da felicidade e do bem-estar das pessoas de Alta *Performance*.

A -Normalmente realizo todos os objetivos e contribuições a que me proponho para um determinado período.
B - Normalmente realizo a maioria dos objetivos e contribuições a que me proponho para um determinado período.
C - Normalmente realizo apenas alguns dos objetivos e contribuições a que me proponho para um determinado período.
D - Normalmente não realizo os objetivos e contribuições a que me proponho para um determinado período.

Gabarito

A = 1Ponto ______

B = 2 Pontos ______

C = 3 Pontos ______

D = 4 Pontos ______

Total de pontos ______

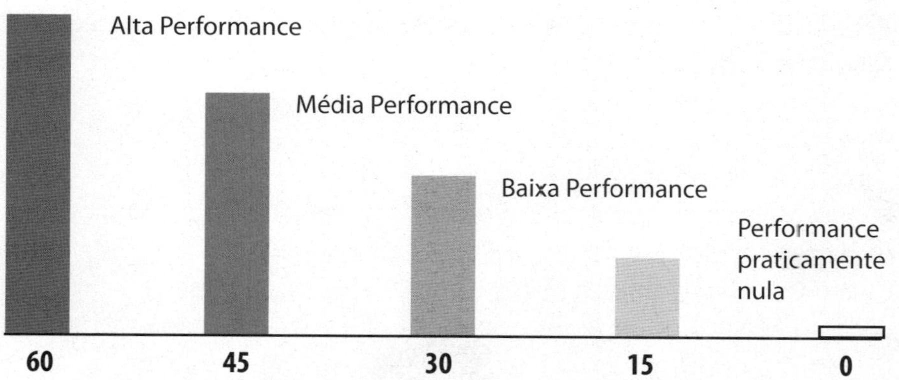

O caminho

"'Gatinho Risonho', disse Alice, 'poderia dizer-me, por favor, que caminho devo tomar agora?' 'Depende muito de onde está querendo chegar', disse o gato. 'Não me importa muito para onde estou indo', disse ela. 'Então não importa que caminho irá tomar', disse o gato."

Alice no País das Maravilhas - Lewis Carrol

Agora que conhecemos todas as ferramentas necessárias, iniciaremos a preparação para o *Coaching* de Carreira propriamente dito ou em termos técnicos, o MCC (Metodologia para *Coaching* de Carreira).

Você já sabe, mas sempre é bom se lembrar de nunca esquecer de que este modelo é único no mundo e foi desenvolvido a partir da junção de duas poderosas ferramentas de desenvolvimento pessoal e profissional, o *Professional & Self Coaching* (PSC) que foi desenvolvido por anos e anos de experiência em campo de José Roberto e o CARMA (*Career and Relationship Management*), igualmente conduzido e testado em ambientes empresariais por Edson e sua equipe de consultores. Por que juntar esses dois modelos tão parecidos e, ao mesmo tempo, tão diferentes?

A resposta vem da própria essência do *Coaching* de Carreira, onde você apoiará seu *coachee* para que juntos vocês possam construir um profissional de sucesso. A palavra-chave está em construir. A base do PSC é o processo de descobrimento do *Self* e, portanto, está ligado diretamente a quem a pessoa é, em sua verdade, luz e essência. Durante o trabalho de *Coaching*, jamais o *coach* levará o *coachee* a ser aquilo que ele não é. Isso é simplesmente impossível.

Nas palavras de José Roberto,

"Coaching *é um processo com início, meio e fim, definido em comum acordo entre o* coach *(profissional) e o* coachee *(cliente), onde o* coach *apoia o cliente na busca de realizar metas de curto, médio e longo prazo, por meio da identificação e desenvolvimento de competências, como também do reconhecimento e superação de adversidades."*

Muito tempo atrás, quando Michelangelo acabara de concluir uma de suas obras mais marcantes, a estátua do jovem Davi, perguntaram como ele conseguira transformar uma rocha de mármore em tão bela criatura. A resposta foi simples e inspira o trabalho de *Coaching* até hoje:

"A estátua sempre esteve aí, meu trabalho foi remover os excessos."

A pessoa do *coachee* sempre esteve lá, mas estava coberta de inseguranças, crenças limitantes, modelos mentais, preconceitos, medos e tudo o mais que fazia com que seu estado desejado não fosse alcançado. Com o PSC, o *coachee* descobre o foco e realiza o encontro com a pessoa mais importante para sua carreira: ele mesmo.

Quanto ao lado CARMA, vindo de caminhos diferentes, ambos os métodos compartilham da mesma intenção positiva verdadeira: a autocura e a transformação do próximo. Todas as pessoas podem e devem ser donas de seus destinos e isso inclui suas muitas carreiras profissionais. Contudo, faltava a essas pessoas um método eficaz que lhes permitisse definir uma estratégia clara saindo do ponto A, chegando ao ponto B e, principalmente, que essa estratégia permitisse um claro acompanhamento dos progressos durante a construção do EU Profissional.

Este compreende-se como fornecedor de um produto para um mercado que compra competências e é um grande salto para pessoas acostumadas a serem empregados, colaboradores ou, ainda, "recursos humanos". Se por um lado é importante conhecer e honrar sua história, igualmente é importante reconhecer que o cenário pode mudar a qualquer momento e que, portanto, o trem que o trouxe até esta estação provavelmente não o levará até a próxima.

Assim, juntando estas duas visões (PSC e CARMA) pudemos construir uma metodologia ampla o bastante para abrigar as duas faces principais de um indivíduo em sua carreira porfissional: o Eu Verdadeiro e o EU Profissional, de maneira que possam coexistir e colaborar em busca do estado desejado em termos de carreira, que invariavelmente é a definição do *coachee* sobre sucesso.

O MCC é ao mesmo tempo transformador e pragmático, pois permite que o *coachee* crie uma clara visão de seu estado atual do ponto de vista profissional (onde estou) e construa em bases sólidas um plano que o leve ao estado desejado (aonde quero ir).

Agora, separamos um pequeno texto que foi publicado por Edson quando ele escrevia sobre negócios eletrônicos para a revista Information Week Brasil. A reflexão sobre esta metáfora auxiliará muito os primeiros passos do seu *coachee* na construção do caminho de carreira.

Direção, propulsão e equilíbrio

Nestes bons anos que tenho me dedicado aos trabalhos de consultoria, perdi a conta de quantas vezes a metáfora da caminhada, da escalada, da velejada e outras "adas" foram utilizadas para exemplificar procedimentos e técnicas de gestão.

Quando se fala em planejar um negócio, a rota ou critical paths *é importante; os pontos de verificação ou* milestones *e os indicadores de desempenho empresarial ou* dashboards. *Ao observarmos o dia a dia das empresas, principalmente nas que se dedicam aos chamados negócios eletrônicos, vemos que é cada vez mais difícil engajar as pessoas no espírito da empresa, fazendo com que as definições estratégicas cheguem a todos de maneira clara e, sobretudo, assimilada – o assimilar é o estágio maior do entendimento, quando uma forma de agir está tão enraizada no indivíduo que ele age instintivamente.*

Utilizando novamente do ferramental metafórico, vou buscar um exemplo de simplicidade que a grande maioria de nós enfrentou na infância, considerado um rito de passagem e talvez a primeira grande conquista que temos na memória: o andar de bicicleta.

Os componentes apresentados eram os seguintes:

- *A bicicleta já devidamente desprovida de rodinhas laterais.*
- *Um caminho, geralmente reto, na praça do bairro, no clube ou na praia.*
- *O tutor, nosso pai, mãe, irmão mais velho ou alguém que dominava os segredos daquela façanha chamada andar de bicicleta.*

Não adiantava explicar como fazer, por mais que alguém nos falasse, era preciso sentir. Não há como definir uma regra escrita de como manter o equilíbrio, assim como existe a dificuldade de explicar pontos da estratégia corporativa para todas as pessoas na empresa.

Hoje, analisando minha façanha, então no auge da sabedoria dos meus seis anos de idade, vejo que existiam três coisas que precisavam ser controladas simultaneamente, com igual urgência e importância: a direção, a propulsão e o equilíbrio.

Se não houvesse propulsão (pedaladas) não iria a lugar nenhum, contudo velocidade demais era chão na certa.

A direção em linha reta era fácil, mas para fazer a volta era mais complicado, assim como nas empresas, é sempre mais fácil seguir fazendo do jeito que está do que tentar uma curva, um desvio e até um retorno.

Por fim, o equilíbrio, este componente que precisava ser sentido, encontrado a cada pedalada e que no final era a combinação de todos os outros fatores.

Quando atingi o tal do equilíbrio, foi como se tudo estivesse sob controle absoluto, me sentia confortável, negligenciando tanto a direção quanto as pedaladas e novamente a gravidade exerceu seu papel de professor - assim como o mercado e os clientes fazem com nossas empresas. Sugiro que na próxima reunião executiva, de planejamento ou o nome que tenha, revisitemos nossas empresas sob a ótica destas três dimensões:

Direção *– sabemos para onde vamos, por quanto tempo vamos, como faremos desvios, freadas, retornos e até mesmo como levantaremos se por acaso cairmos?*

Propulsão *– o que nos impulsiona e nos dá continuidade, estamos pedalando ladeira acima, no plano ou ladeira abaixo? É possível parar de pedalar e mesmo assim continuar progredindo em distância?*

Equilíbrio *- se olharmos as voltinhas que já demos na praça, podemos dizer que foram equilibradas? Já conseguimos manobrar sem colocar o pé no chão? Quais as curvas mais difíceis de fazer?*

Essa reflexão pode nos revelar vários pontos onde o aprendizado corporativo precisa de reforço, tanto na forma de capacitação como de exposição. Enquanto tínhamos medo de cair, foi impossível aprender a andar de bicicleta ou pior ficamos apoiados em desculpas e zonas de conforto que na época eram somente inocentes rodinhas laterais.

- Publicado na Information Week Brasil em Abril de 2004 –

Conceitos gerais do caminho **Os oito passos do caminho**

MCC - Metodologia para Coaching de carreira

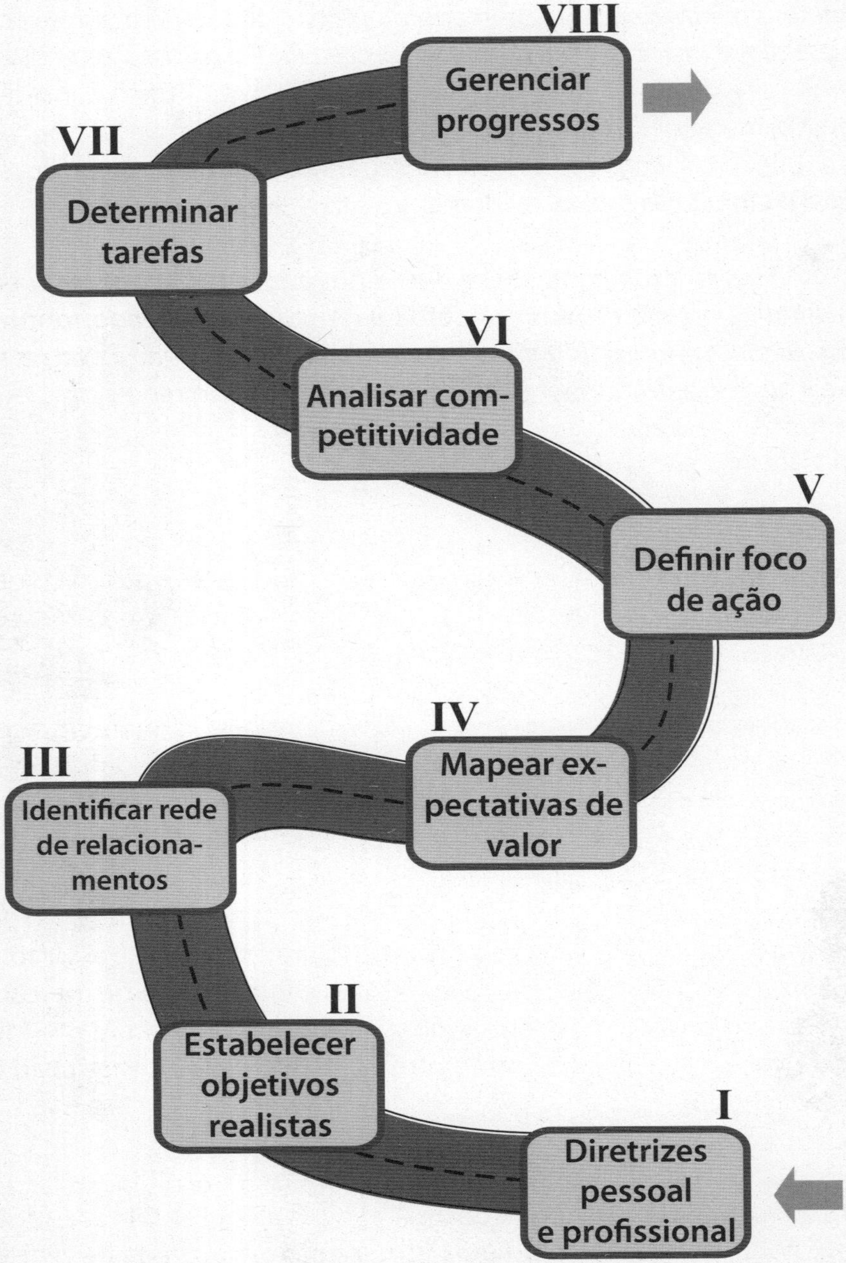

"Esteja sempre pronto para o futuro que emerge, pois quando ele emergir, já será passado." Otto Scharmer

Compreendendo que para assumir o comando de sua carreira e levá-la no caminho daquilo que você considera valor e que trará felicidade e plenitude, é preciso alterar seu paradigma em relação àquilo que costumamos chamar de trabalho. Precisamos considerar que:

O pensamento original

"Tenho um emprego em uma empresa que me remunera pelo trabalho que faço e minha ascensão na carreira depende tanto do resultado da minha performance *como da disponibilidade de vagas nos níveis superiores."*

Foi alterado para

"Tenho competência e conhecimentos que são úteis para a empresa onde trabalho e as ofereço por um preço que considero adequado e procuro desenvolver oportunidades de apresentar mais valor para a empresa e assim progredir em minha carreira".

Então os comportamentos referentes ao relacionamento com todos os demais *stakeholders* em sua organização se alteram fazendo com que você passe a trabalhar como uma empresa individual perante o mercado composto de várias pessoas interessadas em sua carreira. Às vezes de maneira positiva, às vezes nem tanto, exigindo um grande trabalho de planejamento e definição de estratégia de atuação, o que nos levou a combinar várias técnicas de planejamento estratégico de organizações com conceitos de marketing e inteligência de mercado, criando um processo estruturado de sete passos denominado MCC aonde você e seu *coachee* vão juntos trabalhar para a construção do EU Profissional.

O método de *Coaching* de Carreira consolida todos os conceitos tratados neste livro de uma maneira simples, oferecendo ao profissional que irá utilizá-lo uma ferramenta estruturada de registro de expectativas, objetivos e ações capazes de promover a tomada de comando das ações, eliminando a vitimização do *coachee* em relação a efeitos externos. A base do método está na capacidade do profissional em estabelecer objetivos de curto, médio e longo prazo, assim como na clareza de que esse mesmo profissional apresenta sobre si mesmo, ou seja, sua identidade, suas competências e sua capacidade de geração de valor para outros.

Desde que iniciamos a apresentação do método a diferentes empresas, grupos de pessoas e agentes de mídia, temos percebido que as pessoas apresentam enorme dificuldade para mudar sua forma de visualizar a relação capital-trabalho em que se encontram de maneira diferente da atual. Em primeiro lugar, é sobre essa dificuldade que o *coach* deve se concentrar ao iniciar os trabalhos de *Coaching* de Carreira. *Coachees* que não aceitam o ônus do comando de suas atitudes e as responsabilidades pelos seus atos são os que mais sofrem com o fraco desempenho de sua carreira.

Em uma das formações do *Business and Executive Coach* – BEC, no segundo dia, Cornélia Benesch, *Master Coach Trainer* apresentava os conceitos de Constelações Sistêmicas e um grupo iniciou uma discussão sobre os objetivos do indivíduo e os objetivos da organização. Em dado momento, uma participante levantou a mão e perguntou:

- Sou uma *coach* contratada pela empresa para promover mudanças no comportamento de seus profissionais. E se, o que a empresa procura não é o que o profissional procura? Como fica nosso posicionamento ético?

Convidamos a participante a pensar da seguinte maneira:

- E se, por um momento seu *coachee* deixasse de se considerar como um membro desta família chamada empresa e passasse a considerá-la como um cliente. Os objetivos se alinhariam?

Ouviram-se vários *clicks* de cérebros na plateia e a resposta veio de maneira assertiva:

- Sim, claro que mudaria.

Então, essa crença deve ser a base para a construção do *Coaching* de Carreira: seja quem você é, mas compreenda que o EU Profissional é um produto a ser construído para atender às necessidades dos clientes e não dos vendedores.

Nas páginas seguintes, trataremos os oito passos do caminho, indicando o conteúdo, a ferramenta de *Coaching* a ser utilizada e as tarefas a serem definidas para os *coachees*.

I - Definir diretrizes, pessoal e profissional

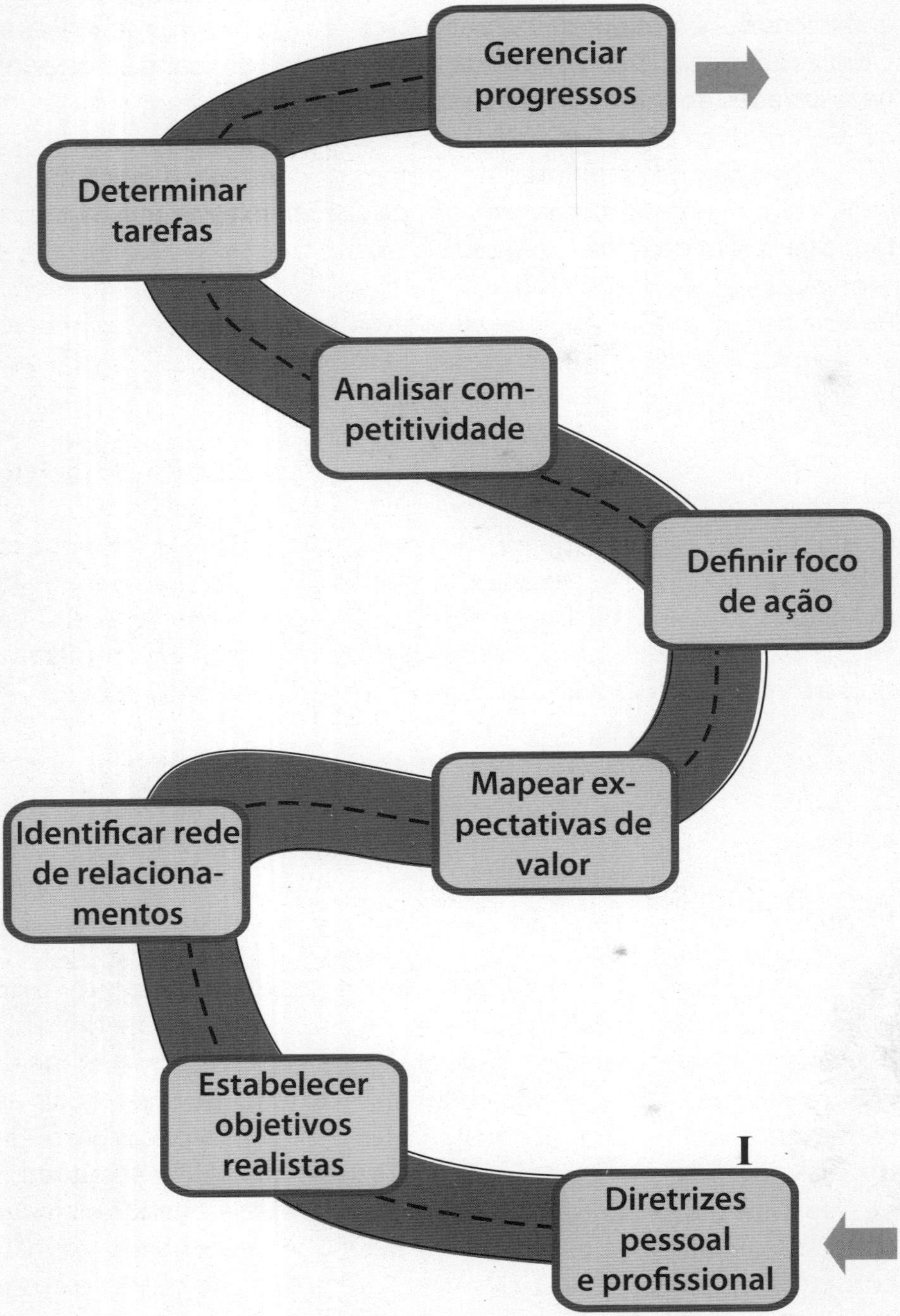

Existe uma considerável diferença entre traçar um objetivo e estabelecer uma diretriz. Um objetivo é uma meta, que significa algo a ser alcançado e uma vez que isso aconteçe, o esforço se encerra. Olhando por este lado, soa muito estranho quando algumas pessoas utilizam a expressão meta de carreira, pois a carreira por si só é um caminho e não um ponto isolado a ser atingido.

Já quando trabalhamos com diretrizes, o sentido de carreira fica mais evidente, pois uma diretriz é um conjunto de normas e regras que define como algo será feito. A diretriz delimita seu modo de ser e agir e, portanto, nunca encontrará um final. Ela funciona como sua constituição. O conjunto de normas e regras que irá orientar seu crescimento e sua existência.

As diretrizes pessoal e profissional serão a base de seu projeto de carreira, pois somente será prazerosa e bem-sucedida a pessoa que conseguir alinhar as duas de forma harmônica de tal maneira que se confundam. Já pensou em ganhar dinheiro fazendo aquilo que lhe traz felicidade? Este é o principal ingrediente da receita de sucesso. O diagrama acima ilustra como as diretrizes se completam, pois a diretriz profissional é parte integrante da diretriz pessoal.

A seguir, entenderemos melhor como identificar essas diretrizes e definir o impacto que elas terão na nossa estratégia de carreira.

Diretriz pessoal

É definida pelo conjunto de valores que ao longo de nossa vida vamos construindo e que, de certa forma, também definem a maneira como queremos passar nossos dias. De uma maneira clara, a diretriz pessoal define como você gostaria de viver, quais as sensações e sentimentos que gostaria de ter e quais as coisas em geral que valoriza. Muitas pessoas têm dificuldade em definir sua diretriz pessoal, pois carregam consigo dois freios morais que atrapalham uma análise mais clara, portanto, não fique preocupado se não consegue transformar em palavras este conjunto de sentimentos e desejos.

O primeiro freio está ligado à necessidade de todos nós termos uma atividade que gere sustento e riqueza. Se você foi criado em um mundo de cultura capitalista onde parte do chamado sucesso consiste em acumular bens e patrimônio, certamente, quando lhe perguntam o que você vai ser no futuro, você responderá com uma profissão, ou seja, perguntam o que você vai ser e você responde com o que você vai fazer. Assim, a maioria das pessoas passa por maus bocados tentando desatar este freio moral e buscando aquilo que eles querem ser, sem pensar no que fazer.

Uma das formas mais eficazes de desatar esse freio é pensar o que você faria se não precisasse se preocupar com dinheiro. Imagine que suas necessidades materiais estão garantidas, como você viveria? Esta definição está muito próxima de sua diretriz pessoal e será de grande valia ao longo do seu projeto de autogestão de carreira.

O segundo freio moral está relacionado com a intensidade com que a opinião de outras pessoas interfere em seu juízo de valor. Em muitos casos os jovens decidem que querem ser algo na vida, mas outras pessoas, sobretudo os familiares, dizem que ser isto ou aquilo não lhe dará futuro ou que você não será ninguém se fizer determinada coisa ou seguir determinada profissão.

Quando pensar em sua diretriz pessoal, considere aquilo que você e somente você acredita ser o seu caminho de realização e viva por ele. Não espere que o tempo passe, que você case, crie seus filhos, fique velho e somente após se aposentar vá viver a vida como sonhou que poderia ser. Quando você define como quer viver e trabalha para que isso aconteça, tenha certeza de que tomar o comando da sua carreira será infinitamente mais fácil.

Diretriz profissional

Como vimos no diagrama anterior, a diretriz profissional está contida na diretriz pessoal e representa boa parte do seu conteúdo. Todavia, a diretriz profissional é um subconjunto da pessoal e não o contrário. Para estabelecer sua diretriz profissional é fundamental que a pessoal esteja claramente estabelecida e livre de qualquer freio moral. A diretriz profissional é mais fácil de ser identificada, embora também não seja simples de se definir. Desde pequenos estamos acostumados a responder de pronto a pergunta: "O que você vai ser quando crescer?". Isso significa que, de alguma forma, estamos sempre preparados para visualizar uma profissão e nos dedicarmos a ela.

Carreira e profissão podem ser coisas completamente distintas, veja por exemplo os executivos da empresa brasileira de planos de saúde Amil. A maioria de seus executivos, à exceção do financeiro, no ano de 2006, eram médicos de profissão, todavia, desenvolviam suas carreiras como executivos de vendas, recursos humanos, tecnologia, superintendentes e assim por diante.

Muitas pessoas tendem a ignorar que a profissão é uma forma de segmentar o mercado de trabalho e ficam mais próximas da sua diretiva pessoal, mas após haver conquistado uma profissão, é fundamental pensar em sua carreira. Para se ter um projeto de carreira é importante que se possa conciliar a diretriz profissional com a pessoal de forma a buscar atividades que lhe garantam um meio de atender as suas necessidades materiais e de sua família, entendendo que necessidades materiais não são somente as básicas e tampouco somente os sonhos de consumo.

No mundo em que vivemos mesmo as entidades filantrópicas e sem fins lucrativos necessitam de recursos materiais para se manter e crescer. O idealismo de fazer algo sem pensar no que se ganha com isso pode ser exercitado através de atividades de voluntariado que trarão certamente recompensas não materiais.

Avalie com bastante critério suas diretrizes e defina com o máximo de clareza possível qual será seu objetivo de carreira no curto, médio e longo prazo. Obviamente, você utilizará as informações disponíveis no momento e, portanto, coisas poderão mudar no futuro, mas lembre-se de que você não irá a lugar algum se não tiver um objetivo traçado, ainda que seja somente o próximo cargo à sua disposição.

No modelo abaixo existem campos de anotação que iniciam seu trabalho de documentação das diretrizes e para os quais você deverá responder:

- Como pretendo conduzir minha vida? (diretriz pessoal)
- Respeitando minha diretriz pessoal, com o que pretendo trabalhar? (diretriz profissional)
- O que me faz diferente de outros profissionais? (Qual o meu *slogan*?)

Não são perguntas nem um pouco simples de serem respondidas, e para tanto, há duas listas para auxiliar sua composição: coisas que adoro e coisas que definitivamente não gosto. Lembre-se de que não há meio termo.

Utilize essas listas de maneira efetiva, ou seja, é necessário ser assertivo e sincero nas respostas. Por exemplo, pessoas que têm claustrofobia, jamais trabalhariam em ambientes sem janelas o que de maneira geral compreende condução de trens, elevadores, mas que também significa que ambientes administrativos como o *backoffice* dos bancos ou áreas de suporte em ambientes fabris podem ter o mesmo efeito. Outras pessoas têm uma relação mais direta com a família e o conceito de presença é fundamental, estar em casa todo o dia, jantar com a família no mesmo horário e, portanto, devem ser excluídos da lista de possível objetivos, atividades sem horário fixo e muito menos com viagens constantes.

No lado das coisas que adoro fazer, pense naquilo que você faria mesmo que ninguém pagasse um tostão para isto. Há um grande número de pessoas que têm sua profissão, mas que mantém um *hobby* e este muitas vezes não é remunerado.

Por fim, trabalhe seu *slogan*. Não adianta criar um *slogan* bonito e sonoro. É fundamental que ele seja verdadeiro e, portanto, ele deve ter como base expressões que as pessoas dizem sobre você.

Pense também no que você diz sobre os outros, como "rotulamos" de maneira positiva as pessoas:

- Com este não tem tempo ruim!
- Fulano sempre arruma tempo para ajudar!
- Se ele não sabe, ele sabe quem sabe!
- Quer aprender, cola nele!

- Fica tranquilo que o trabalho dele é garantido!
- Fulana ilumina o dia quando chega!

Estes são bons exemplos de *slogan* e certamente ajudarão na composição do seu próprio. Depois de identificado, pergunte para alguns amigos mais íntimos e até mesmo para parentes se o *slogan* realmente representa bem a imagem que você projeta.

Ferramenta de *Coaching* – Inventário de plenitude

Para desenvolver este passo seu *coachee* estará com muitas dúvidas, pois se ele tivesse clareza de propósitos e uma visão cristalina do estado atual e do desejado, muito do trabalho já estaria realizado.

Diz um velho ditado que quem bate esquece, mas quem apanha não. Este dito popular traz embutida a importância que nossa mente afere aos fatos negativos em detrimento dos positivos, pense bem, quantas pessoas você conhece que passaram por um trauma positivo? Anos e anos de coisas boas muitas vezes são superados por um único evento negativo.

O inventário de plenitude é uma derivação da linha do tempo, com pitadas de *Shazam* e busca reconectar o *coachee* aos fatos e memórias que o elevaram ao estado de plenitude, quando o peito está em festa, os pés estão leves e tudo o mais na vida parece não fazer diferença.

Não é um processo fácil, pois como já dissemos, estas emoções podem estar escondidas sob toneladas de histórias tristes acompanhadas de rancores e medos.

Passo a Passo:

- Certifique-se de que o *coachee* saiba reconhecer o estado de plenitude.
- Peça que ele liste não menos do que cinco e não mais do que dez situações de sua vida onde esse estado foi atingido.
- Concluída a lista, peça que se concentre em cada uma delas e tente colocar em verbos, o que exatamente ele estava fazendo

naquele momento.

- Se possível, liste quais pessoas estavam presentes e finalmente, qual o relacionamento que existia entre o *coachee* e essas pessoas.
- Preencha o campo "Coisas que adoro fazer" com estes verbos.

Agora, mantenha a conexão e leve seu *coachee* para o outro lado da memória.

- Peça que liste situações onde ele tenha se sentido miserável, mal aproveitado, incapaz ou profundamente desmotivado.
- Permita que ele encare seus demônios. A sensação não será prazerosa, mas será necessária, pois essas são situações que ele deverá evitar no futuro.
- Faça a lista dos verbos
- Preencha a lista de coisas que definitivamente não gosta de fazer.

Finalmente, para restabelecer o sentimento positivo, peça agora que ele se lembre dos elogios que recebeu ao longo de sua vida estudantil e profissional.

- Quando aconteceram?
- Quem elogiou?
- O que foi dito?
- Ele sentiu que eram verdadeiros?
- Não menos do que cinco, não mais do que dez!

Permita que seu *coachee* reflita sobre estes conteúdos e tente formular com base no que viveu até agora, como ele gostaria de viver sua vida de maneira a ter mais plenitude e menos angústias. Utilize perguntas poderosas, trabalhe com metáforas, se necessário, faça uma tela mental positiva até que de fato o estado desejado se materialize.

Para concluir a sessão, reúna os verbos da lista de plenitude, acrescente os *feedbacks* positivos que foram lembrados e peça que ele tente descrever em uma frase seu EU Profissional. Se, e somente se, seu EU Profissional fosse um produto à venda, qual seria o seu *slogan*?

Antes da desconexão, deixe como tarefa para a próxima sessão a criação das diretrizes pessoais e profissionais, pois depois de tanto estímulo, seu *coachee* precisará refletir.

Perguntas poderosas:

1 – O que você compreende como sentido de plenitude?
2 – Busque na memória entre cinco e dez situações onde já tenha sentido a plenitude.
3 – Descreva com verbos no infinitivo o que você estava realmente fazendo nessas situações.
4 – Quais pessoas estavam com você nestes momentos?
5 – Como vocês estavam se relacionando?
6 – Quais as coisas (verbos) que você adora fazer?
7 – Busque na memória seus piores momentos profissionais ou escolares.
8 – Descreva com verbos no infinitivo o que você estava realmente fazendo nessas situações.
9 – Pense, quais as coisas (verbos) que você odeia fazer?
10 – Pense nas pessoas que já lhe ofereceram reforço positivo ou *feedback* positivo. Descreva quem falou o que.
11 – Somando o que lhe dá prazer (coisas que adoro) com o *feedback* positivo (coisas que faço bem), elabore uma frase que descreve sua atratividade (*slogan*).
12 – Se você não dependesse de renda para nada, o que você faria da vida? (diretriz pessoal)
13 – Se isso pudesse ser uma profissão, qual seria? (diretriz profissional)

II - Estabelecer objetivos realistas

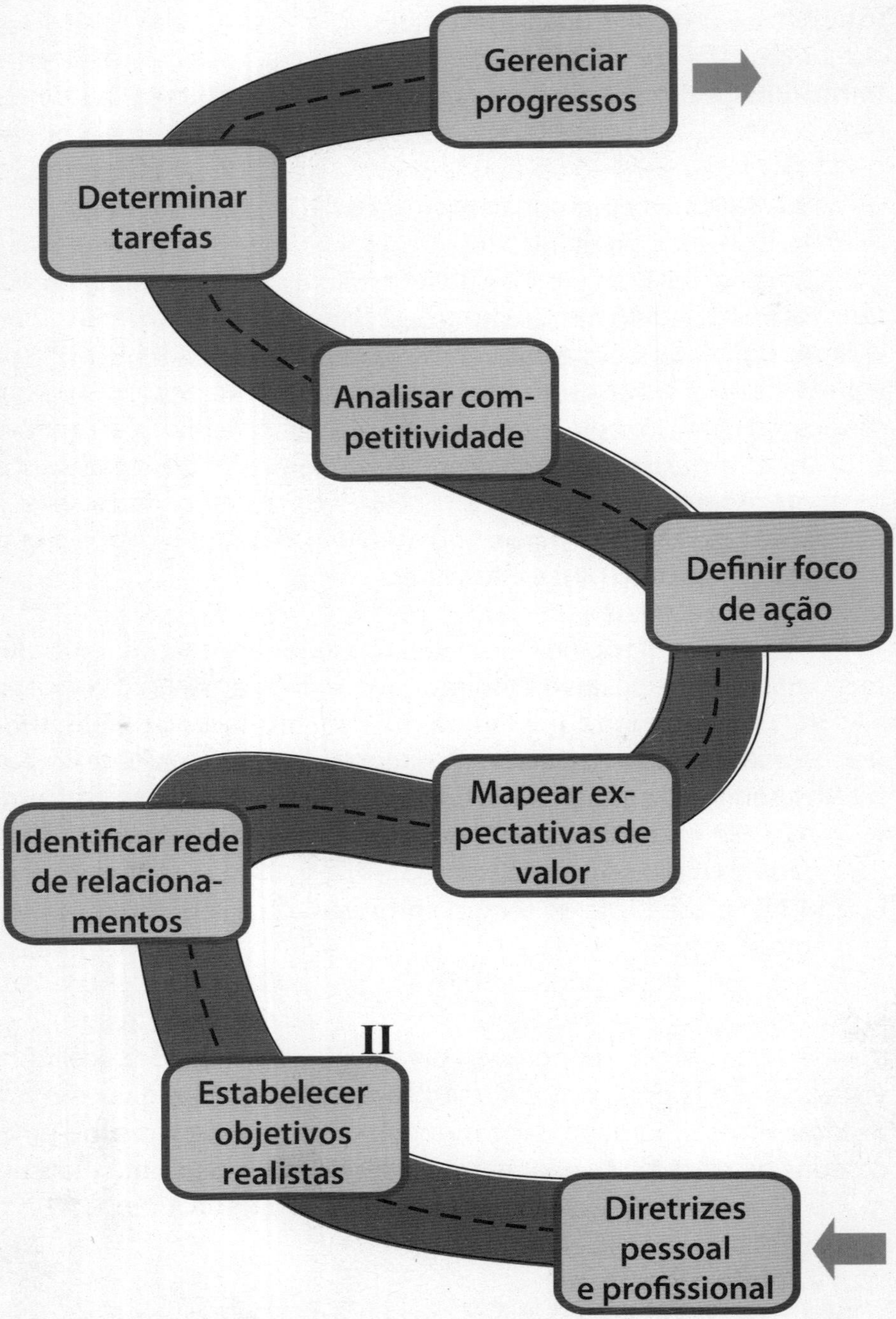

Utilizando agora os conhecimentos adquiridos e consciente de suas diretrizes, chega a parte mais difícil da elaboração da estratégia: a definição dos objetivos. Quando falamos em objetivo de carreira, normalmente temos a visão de longo prazo e para a qual não temos informações em volume, qualidade e coerência para definir uma estratégia. A boa notícia é que a falta dessas informações não causa qualquer empecilho, basta que ao elaborar nossa estratégia, utilizemos a técnica dos primeiros 800 metros.

Vamos estudar com mais detalhes essa técnica. Imaginemos que você saiba dirigir e que precisa fazer uma viagem entre duas cidades distantes 3.000 km uma da outra. Você dispõe de um mapa com as rodovias que ligam as duas cidades com detalhes como postos de gasolina, lugares para comer e conhece o veículo que utilizará. Seu ponto de partida é a cidade onde você está no momento e, portanto, é conhecida, assim como sua situação atual de carreira. A outra cidade é seu destino ou seu objetivo de longo prazo, distante em exatamente 3.000 km e cinco dias.

Conhecer onde fica a cidade destino é importante para que possa planejar sua viagem, mas não é tão importante como conhecer a forma de chegar até a próxima cidade. Assim, para que você possa realizar sua viagem é preciso ter em mente simultaneamente os dois pontos, longo e curto prazo. Então pensamos que para fazer uma viagem deste tipo é necessário uma pessoa experiente, que já esteve na cidade de destino e, portanto, conhece todo o caminho, certo? Errado!

Não é preciso poder enxergar e compreender todos os 3.000 km da viagem ao mesmo tempo. Se você possui a ferramenta certa (no caso o carro) e a competência para pilotá-lo, basta que você tenha visibilidade dos próximos 800 metros. Isso fará com que você possa avançar em sua jornada, sem buracos, desvios e outros problemas comuns de estrada. A cada metro vencido, abre-se à frente mais um metro de forma que sua janela de projeção do futuro sempre tenha 800 m.

Traduzindo essa metáfora para a estratégia de carreira, você deve ter uma visão ampla de onde quer chegar em termos de função, idealize a atividade ou posição que gostaria de ter como ápice de sua carreira. Pode ser qualquer uma, desde que respeite tanto sua diretriz pessoal como profissional. Em seguida, você deverá visualizar os cargos ou funções mais próximos de você, os quais sinalizarão as próximas cidades de sua rota e, para alcançá-las deverá medir qual o esforço necessário, velocidade necessária e tempo que irá dedicar tanto para alcançar como para permanecer. Sim, permanecer! O mercado vê com olhos críticos os chamados alpinistas de organograma que olham para as posições menores que as de seu objetivo e fazem destas somente um degrau para atingir o objetivo final ou ápice da carreira.

Lembre-se de que ao parar em uma cidade pelo caminho, você deverá criar valor para as pessoas com quem você vai interagir. Em sua carreira, diferentemente do exemplo da estrada acima, não basta simplesmente passar pelos cargos. Para que você possa se movimentar de um cargo ou função para outro é preciso que várias pessoas considerem que você tem condições de assumir a próxima função. Essas condições de avaliação serão feitas de acordo com os diferentes critérios de juízo das pessoas à sua volta. Lembre-se dos estudos que fizemos a cerca dos *stakeholders*.

O principal componente de valor observado nas pessoas está relacionado com seu comportamento, sobretudo agora que estamos compreendendo melhor a tal era do conhecimento, onde cada indivíduo vale pelo que faz, assim como pelo que conhece e muito mais ainda pela forma como se comporta.

As empresas estão adotando cada vez mais os modelos de avaliação de competências baseadas em rotinas de avaliação no estilo 360° onde cada profissional é periodicamente avaliado por seu superior, pelos seus pares e por seus subordinados, o que significa que o modelo de geração de valor é cada vez mais abrangente e os avaliadores cada vez mais plurais. Diante deste cenário, o conhecimento das percepções e expectativas de valor dos *stakeholders* será de grande valia para sua estratégia e, por conseguinte, para a composição de seu objetivo.

Carregamos em nossa visão de sucesso um vício colocado ali

por nossos mestres e professores, muitas vezes alimentado também por nossos colegas dentro e fora da escola. As regras de aprendizado envolvem necessariamente testes, trabalhos e provas que são a forma como as instituições de ensino medem seus alunos e definem de maneira clara o conceito de sucesso. Como a lei proíbe que pessoas diferentes sejam tratadas de forma diferente, ainda que no texto diga que as diferenças precisem ser respeitadas, ficamos com a definição que os testes e necessariamente as notas são os únicos indicadores de sucesso sobre o qual um aluno pode ser medido.

Sua qualidade de comunicação, a capacidade de agregar pessoas a sua volta, seu senso crítico e demais coisas que serão cobradas em nossa vida profissional, por vezes são condenadas e sufocadas provocando uma situação curiosa. Cada vez mais, as empresas valorizam o indivíduo como um todo e não somente sua capacidade de gerar resultados. Vamos esquecer o modelo de notas e provas e criar ao longo do nosso caminho uma história de sucessos que vão alavancar a nossa carreira.

Na tabela de objetivos, você deverá registrar quais os objetivos de carreiras que são conhecidos até o momento, considerando empresa, área onde eles se encontram e, segundo sua expectativa, em quanto tempo você pretende atingi-los. Considere também a situação atual da posição objetivo, de forma a construir efetivamente metas e não uma tabela de sonhos que no futuro roubarão sua energia dando em troca somente frustração e impaciência.

Existem quatro situações possíveis para uma vaga:

Ocupado – normalmente essa é a situação da maioria das posições que selecionamos para nossos objetivos. Ela tem dono e sua estratégia deve considerar de maneira efetiva as condições em que ela poderá ser disputada. Vamos considerar somente caminhos éticos para isso, pois o que plantamos hoje colheremos amanhã.

Procure descobrir as regras de rodízio de funções, aposentadoria compulsória ou o melhor de tudo, como apoiar para que o ocupante da vaga seja promovido, liberando a posição de maneira positiva.

Disponível – boa notícia! Existe uma real possibilidade de disputa para esta vaga, todavia, em 100% dos casos esta será a condição exigida: disputa!

Conheça as condições necessárias, trace seu plano de capacidades e, acima de tudo, procure identificar seus possíveis competidores, desenhando um mapa comparativo de pontos fortes e fracos para que sua condição de disputa seja clara e vantajosa.

Inexistente – uma das condições mais raras e, portanto, mais vantajosas para a construção de uma carreira promissora. Significa que você antecipou um movimento e identificou que a empresa pode obter valor através de uma posição ainda não pensada e que poderá ou aumentar os resultados ou resolver um conjunto de problemas que esteja impactando o negócio.

Há um antigo ditado que diz: *"Quem parte e reparte, mas não fica com a melhor parte, ou é bobo ou não tem arte."*

Portanto, proponha situações que sejam favoráveis a você em termos de carreira, sempre com olhos no resultado final da empresa e apoiado em um bom plano de negócios. Thomas Case uma vez disse que os melhores profissionais não pedem emprego, propõem negócios. Assim, com foco no negócio, é possível criar uma vaga futura onde não haverá concorrentes.

Seleção – bastante comum, refere-se às vagas em recrutamento (interno ou externo) onde, como candidato, você irá disputá-las em condições definidas pelos recrutadores. Diferentemente das vagas disponíveis, nessas você deverá convencer o selecionador antes dos principais *stakeholders*.

Ferramenta de *Coaching* – Análise de probabilidade

A boa prática de *Coaching* reside na capacidade de se fazer perguntas poderosas e desafiadoras, disto todos nós já sabemos. Neste ponto do caminho também faremos perguntas poderosas, mas de uma maneira estruturada que permita ao nosso *coachee* separar o sonho da realidade e focar seus esforços nos objetivos mais próximos, tanto em tempo como em competitividade.

O longo prazo é feito de uma sucessão de curtos prazos, assim, utilize a tabela abaixo para questionar seu *coachee* sobre a real situação de mercado onde ele se encontra e, assim, definir o conjunto de tarefas necessárias para atingir o estado desejado.

Essa ferramenta é denominada análise de probabilidade e é uma derivação das metodologias de CRM (*Customer Relationship Management*). Para utilizar essa ferramenta, marque ao lado de cada questão S ou N de acordo com a situação corrente. Uma dica para haver sinceridade é: se não posso dizer com toda a certeza sim, então deve ser não.

Some os pesos obtidos nas questões marcadas com S e divida o total por 31,50 e multiplique por 100. O valor obtido indica em que ponto da escala está este objetivo:

Questione	**S/N**	**Peso**
Existe uma oportunidade real aberta para esta função?		5
Conheço todos os requisitos necessários para a função?		5
Analisando meus GAPs, sou competitivo para a disputa?		4
Conheço as demais pessoas que disputam a vaga?		2
Quem irá decidir a contratação conhece meu trabalho?		4
Possuo características que me diferenciam dos demais?		3

Pergunta		Peso
Existem pessoas que possam me referenciar para a vaga?		3
Estou formalmente na disputa pela vaga?		3
Já fui notificado que tenho reais chances de conseguir a vaga?		4
Uma vez no cargo, terei condições de sustentar a posição progredindo a partir dela?		2

Total ________________

÷ 31,50

X 100

Probabilidade ______%

- 00%, não existe chance de ganhar.
- 20%, chance existe. É necessário muito querer.
- 21 a 40%, é um objetivo a ser perseguido.
- 41 a 60%, estou em condição de disputa.
- 61 a 80%, possibilidades reais de sucesso.
- 81 a 100%, candidato preferencial.

Este processo pode ser desenvolvido juntamente com o *coachee* ou como tarefa entre sessões. Avalie o melhor cenário de uso.

III - Identificar a rede de relacionamentos

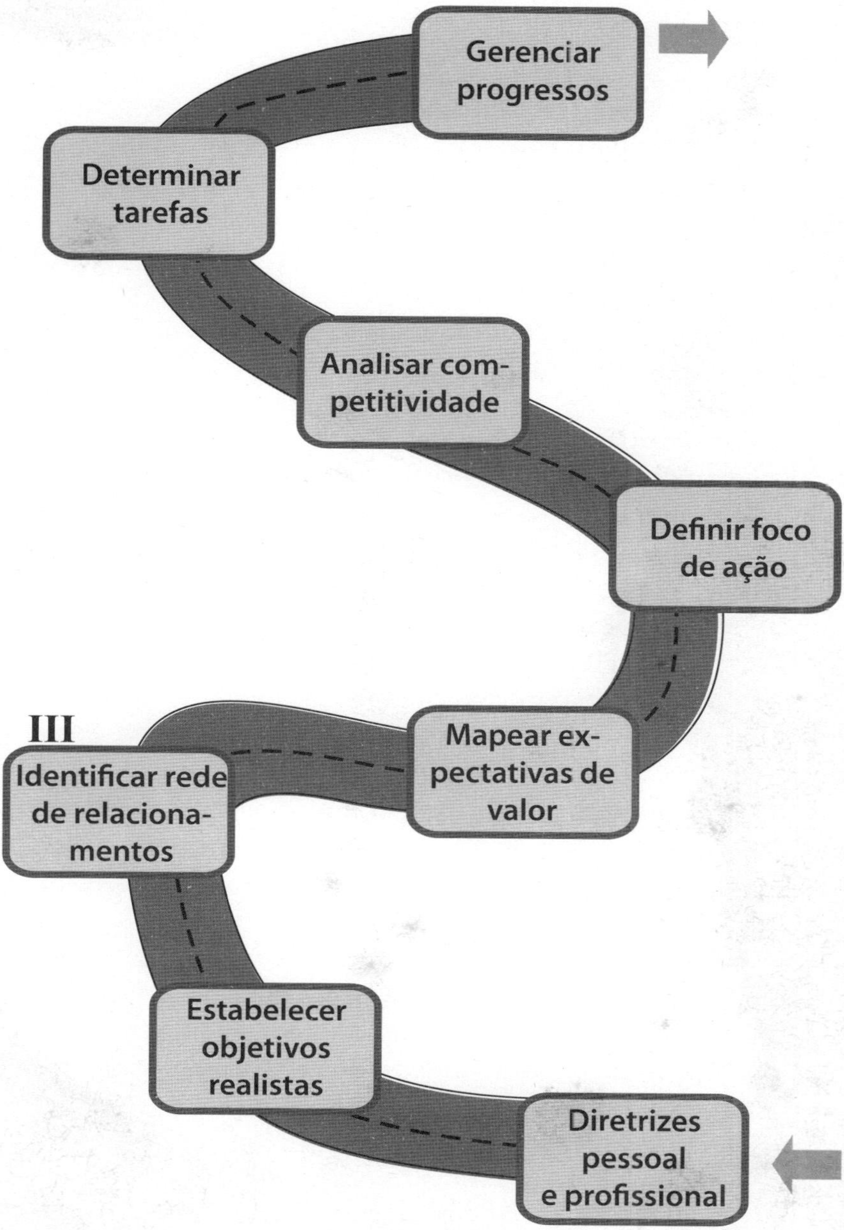

Novamente nos valeremos da literatura para ilustrar bem esta questão de geração de valor para múltiplos *stakeholders*. E novamente utilizaremos o livro *"O Conde de Monte Cristo"* para exemplificar os fatos.

Vamos relembrar um pouco a história. Logo após a espetacular fuga da prisão performada por Edmond Dantès, ele passa horas e mais horas à deriva em um mar revolto até que exausto ele dá numa praia, a qual pensa ser deserta e sai aos gritos comemorando sua liberdade, quando se depara com um grupo de piratas que está prestes a executar um dos seus membros por quebra de código. Este membro era Jakopo que depois seria o grande escudeiro do Conde.

Ao se deparar com Edmond, o chefe dos piratas propõe a ele um acordo, de forma a não matá-lo de imediato: ele deveria lutar com Jakopo até a morte e quem vivesse seria considerado membro da tripulação, e expôs seus motivos. Ele como comandante deveria ser severo com a quebra de código, pois caso parecesse fraco, os demais se considerariam no direito de contestar a sua autoridade. Por outro lado, não poderia simplesmente matar Jakopo sem demonstrar qualquer misericórdia, além de não poder perder um bom marujo.

Jakopo como condenado tinha expectativa de poder corrigir seu erro e redimir-se perante os demais membros da tripulação, de maneira simples e de preferência, saindo vivo da história. Por fim, a tripulação estava dividida, sendo que uma parte queria ver o traidor morto enquanto outra parte queria o amigo vivo. Todavia, em um ponto eles combinavam: após tanto tempo no mar, queriam algo que quebrasse o tédio da viagem e uma boa luta de facas, certamente, supria esta expectativa.

A luta tem início e ambos são exímios no uso das facas, Jakopo por estar no mar há tanto tempo e Edmond por ter sido treinado pelo velho padre que era seu companheiro de prisão. Em dado momento Jakopo é derrubado e fica em posição de derrota, porém Edmond não conclui a luta, ou seja, não mata Jakopo. Ele se vira para o chefe dos piratas e faz a seguinte proposta:

- Senhor, não vou matar este homem, pois, a tripulação já teve sua diversão desejada, os que queriam clemência tiveram, os que queriam punição também, ninguém irá questionar suas ordens. O senhor teve sua autoridade confirmada, pois minhas ordens são para matá-lo, entretanto, ao recusar a morte deste homem, o senhor contará com dois bons marinheiros e certamente dois bons lutadores de faca.

Ao ouvir a explanação de Dantès, o chefe dos piratas concordou e assim Edmond entrou para a trupe de piratas. O interessante nesta passagem é que com um único gesto Edmond pôde agradar e gerar valor para os quatro *stakeholders* envolvidos na questão, sendo considerado assim um valioso membro da equipe.

Esta passagem ilustra bem como a habilidade de lidar com vários *stakeholders* simultaneamente fará toda a diferença na execução de sua estratégia de carreira. Tudo o que você viu e aprendeu neste livro é sobre como se tornar um produto, como identificar seu público e, principalmente, como construir uma embalagem adequada para cada tipo de comprador.

Stakeholders por definição são pessoas ou grupo que de maneira direta tem interesse em sua carreira profissional. Mais do que isso, é preciso que você avalie se estas pessoas possuem alguma influência sobre seu sucesso profissional e podem, de maneira direta ou indireta, influenciar os decisores (pessoas para as quais você deverá adicionar valor) no processo decisório de sua ascensão.

Olhe bem ao seu redor, considere seus objetivos e defina quem serão essas pessoas, identifique na tabela pelo nome da pessoa ou do grupo, e qual sua posição em relação a você, que pode ser superior, colega, cliente, família etc. Não se esqueça do mais importante de todos: você!

O EU Verdadeiro que estudamos no capítulo "Conceito de Valor" é um poderoso *stakeholder*, pois ele tem influência direta no comportamento do EU Profissional e poderá tanto ajudar como sabotar qualquer plano que deseje implementar, atuando como um limitador.

Uma vez identificados todos os *stakeholders* que você pode visualizar no caminho do próximo objetivo que foi traçado, lembre-se da estratégia dos 800 m onde o foco deve estar no próximo objetivo, muito mais forte que no objetivo final, você deverá identificar e declarar qual a expectativa de cada um com relação a você.

Este é um dos mais difíceis exercícios para os profissionais que iniciam o uso do programa CARMA, pois estamos acostumados a ter expectativas em relação a tudo, mas nunca nos perguntamos o que as pessoas realmente esperam da gente. Soma-se a isso que, na maioria das vezes, não podemos contar com 100% de sinceridade quando as expectativas são expressas.

Veja por exemplo o caso de um profissional que em início de carreira ouve de seu superior a seguinte declaração:

"Certamente, você está começando e sempre que tiver dúvidas, pode me interromper e conversaremos."

Depois da décima interrupção com assuntos que o profissional deveria saber ou encontrar os próprios meios para descobrir, o valor percebido pelo superior irá cair, apesar de em sua declaração constar a palavra "SEMPRE". Em adição, as expectativas mudam com o tempo e o que era uma verdade ontem, hoje não mais será. Assim, aferir expectativas é um exercício contínuo de aprendizado e ajuste, criando declarações simples de interpretar, como por exemplo:

- Meu chefe espera que eu tome conta de meu trabalho e ajude os mais novos.
- Minha família espera que eu seja feliz em meu trabalho e mantenha uma ótima relação com todos eles.
- Meus funcionários esperam que eu seja justo, os lidere e represente seus interesses junto à diretoria.
- Meu cliente espera que eu entregue cada vez mais valor por custos menores.

Por fim, classifique seus *stakeholders* de acordo com sua estratégia, identificando se eles são favoráveis ou desfavoráveis a ela. Não se engane, por vezes, pessoas que lhe têm em excelente conta e apreço podem ser desfavoráveis para com sua estratégia, como um chefe que por admirar seu trabalho pode não ser simpático a uma promoção ou transferência, ou ainda, um familiar que não concorda com sua transferência, ainda que temporária, para outro país.

Ferramenta de *Coaching* – Mapa de *stakeholders*

Múltiplos contatos e uma rede de interesses. A melhor forma de lidar com este cenário é utilizar uma visão sistêmica e estruturada. O modelo de constelações poderia ser aplicado em sua íntegra, contudo, não seria adequado à situação. Vamos usar somente o conceito básico do modelo sistêmico que defende que tudo e todos estão interligados e, portanto, influenciam-se mutuamente.

Inicie o processo com seu *coachee* listando todas as pessoas que de alguma forma têm influência sobre a carreira e o sucesso traçado na tarefa anterior (objetivos). Lembre-se sempre de se lembrar de nunca se esquecer que a lista deve conter única e tão somente as pessoas que REALMENTE podem ter influência no sucesso da estratégia, pois caso contrário essa lista não terá fim.

Outro ponto importante, não aceite termos genéricos como, por exemplo, "família", "filhos", "colaboradores". Eses coletivos esconderão as pessoas que podem ter sentimentos e expectativas diferentes. Um *stakeholder* é um indivíduo único. No caso de *coachees* com vários colaboradores, por exemplo, peça que liste somente aqueles que são formadores de opinião e que, portanto, têm alguma influência sobre o plano de carreira.

Perguntas poderosas:

1 – Quais as pessoas que podem de maneira positiva ou negativa influenciar sua capacidade de atingir o estado desejado (primeiro objetivo da lista)?

2 – Como você classifica essas pessoas em relação à sua estratégia? Favoráveis ou desfavoráveis?

3 – De que maneira essas pessoas podem influenciar o resultado da sua estratégia em direção ao estado desejado?

Finalmente, como tarefa ao final da sessão com seu *coachee*, peça que ele qualifique os *stakeholders* de acordo com seu nível de conhecimento sobre eles, mas utilizando o modelo de arquétipos do PSC (bichos). Este exercício aumentará consideravelmente o entendimento sobre o cenário, preparando-o para o próximo passo.

IV - Mapear expectativas de valor

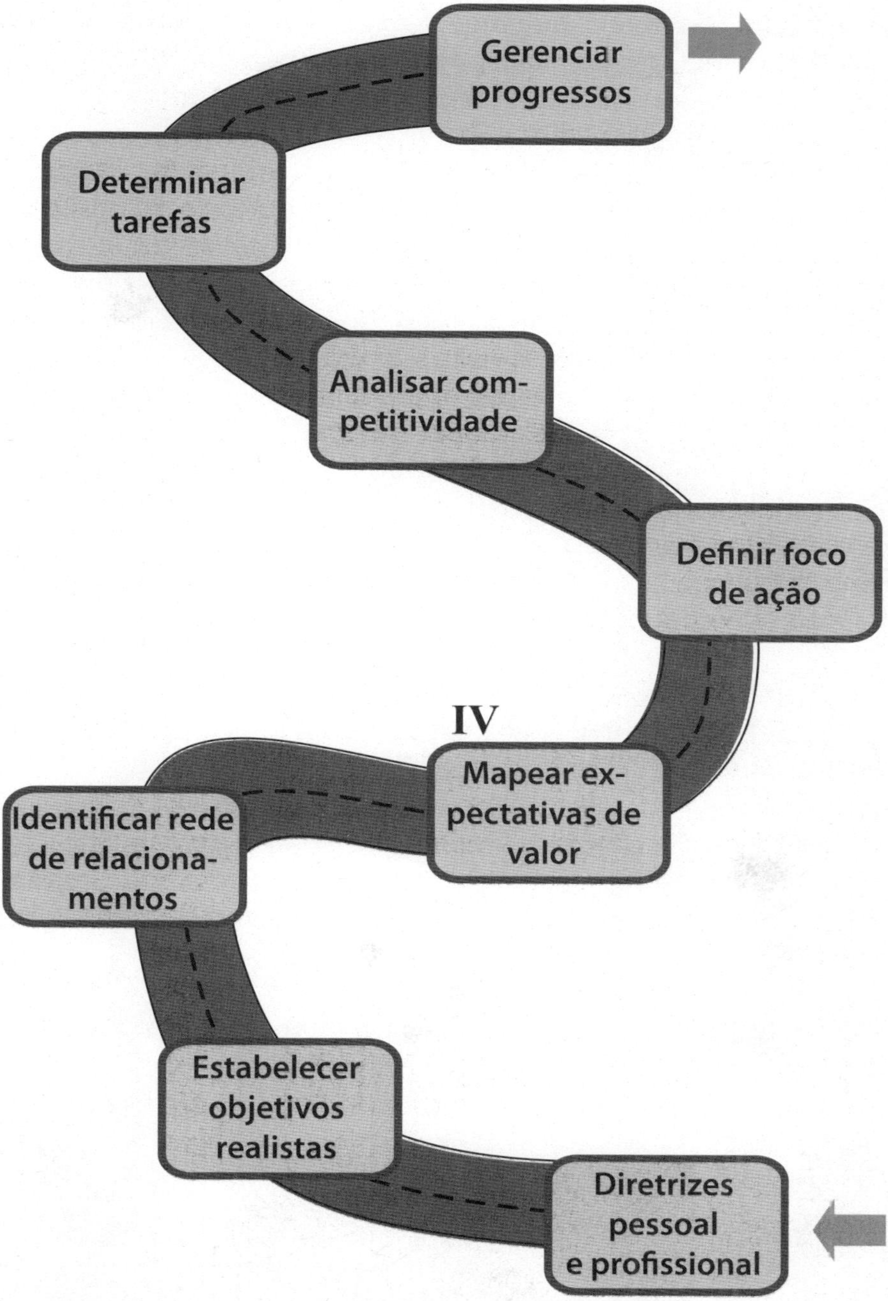

Relembrando o conceito de valor, onde aprendemos que o valor de tudo deve ser confirmado pelo observador e que os conceitos são derivados diretamente do modelo de crenças dos observadores, agora é hora de construir uma verdadeira "pesquisa de mercado" sobre o que as pessoas identificadas no passo anterior podem ter como conceito de valor.

É fundamental ressaltar que este é um exercício de projeção, baseado na percepção de seu *coachee*. Em raríssimos casos, a expectativa de valor é declarada pelo *stakeholder*. Na maioria das vezes, seu *coachee* precisará utilizar-se do modelo de crenças tipo dois (senso comum) para construir uma visão mais precisa das expectativas.

Um caminho bastante produtivo é inventariar o passado desses *stakeholders* e perceber como eles agiram em situações semelhantes (promoções, viagens, premiações) isso somado às características dos arquétipos oferecerá uma boa base de projeção das expectativas.

Havendo espaço político e de relacionamento, encoraje seu *coachee* a confirmar estas expectativas diretamente com os *stakeholders,* dando assim mais credibilidade à estratégia.

Ferramenta de *Coaching* – Inventário de expectativas

Discuta com seu *coachee* detalhadamente cada um dos *stakeholders* e concentre-se em responder:

1 - Para que esta pessoa concorde que eu atinja meu estado desejado, ela espera que eu...
2 - Como essa pessoa se comportará se eu não atender a esta expectativa?
3 - Qual o impacto deste comportamento em minha estratégia de carreira?

Ao final do processo, seu *coachee* contará com um completo mapa de pontos de valor a serem alcançados visando o objetivo do estado desejado.

V - Definir foco de ação

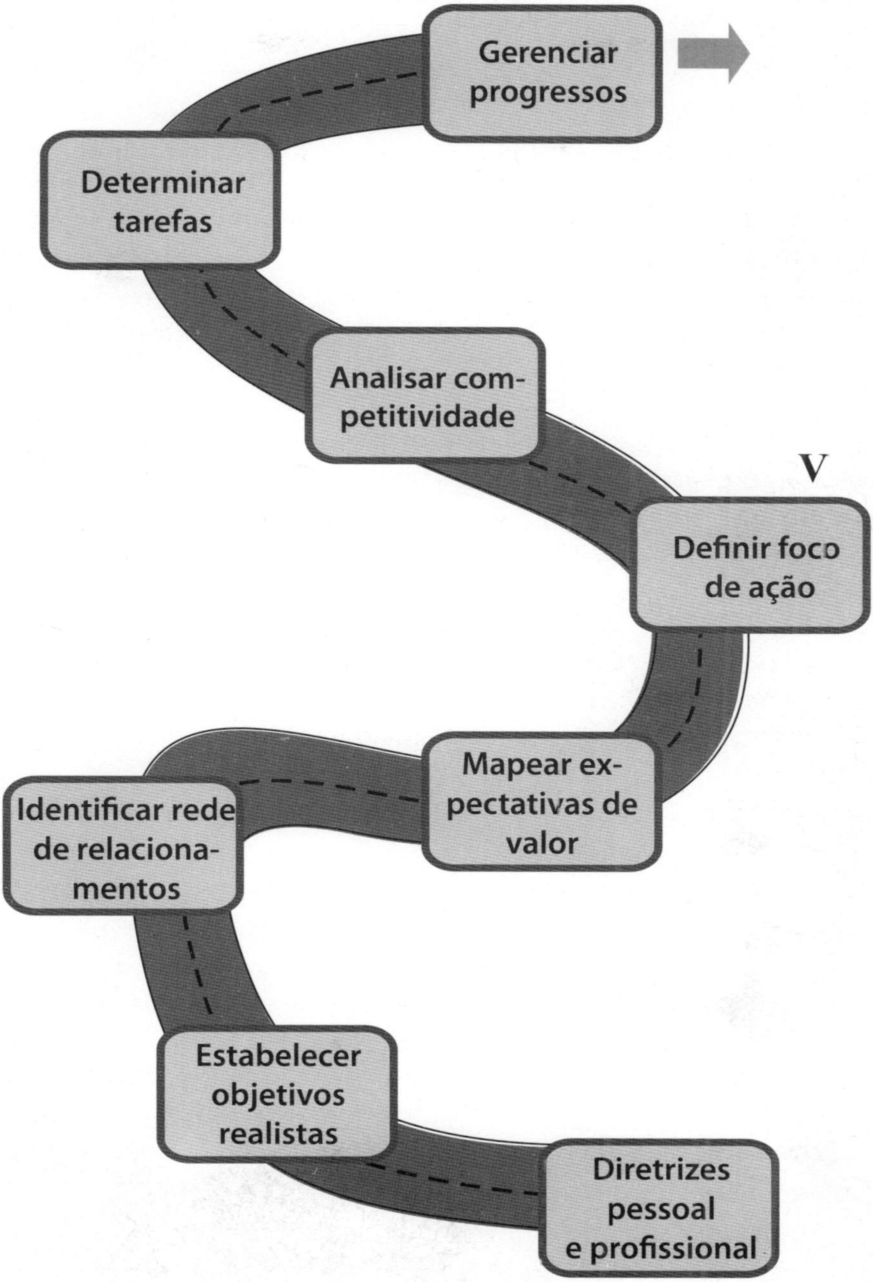

Neste ponto do caminho, seu *coachee* poderá sentir-se desmotivado, pois irá perceber o grande número de variáveis que precisam ser gerenciadas para se alcançar o sucesso. Relembre que planejamento dá trabalho e quanto mais tempo se gasta planejando, menos tempo se gasta corrigindo.

Tudo é treino, adquirir conhecimento é treino, dominar as variáveis de ambiente é treino. Mantenha o foco no resultado a ser atingido e trabalhe para reduzir o número de variáveis fora do controle. Neste passo do caminho, você e seu *coachee* vão estreitar o número de coisas a fazer, reduzindo-as ao conjunto de fatores realmente críticos para alcançar o estado desejado. Estes fatores são denominados Fatores Críticos de Sucesso.

Muito bem, você agora irá decompor as expectativas declaradas de cada *stakeholder* em fatores críticos de sucesso, assim como fazem as empresas em seus planejamentos estratégicos, de forma a completar seu entendimento do mercado e das estruturas de valor que estão em seu caminho, não como processos a serem desenvolvidos ou comportamentos a serem adotados, mas como pontos a serem superados e objetivos de curto prazo a serem conquistados.

Um bom exemplo de fator crítico aparece em empresas que possuem programas de desenvolvimento e gestão de talentos. Ao cruzarem as expectativas da empresa quanto ao seu desenvolvimento e entrega de resultados, estes jovens talentos percebem que não têm tempo suficiente para atender às demandas de negócio, gerenciar os projetos estratégicos que lhes são passados e, ao mesmo tempo, ter qualidade de vida e buscar autodesenvolvimento.

Claramente, existe para estes profissionais um ou mais pontos críticos a serem superados em ordem de serem capazes de atender as diversas expectativas. Na maioria das vezes os profissionais identificam de forma simplista que precisam de um melhor gerenciamento de seu tempo, o que após alguma análise, acaba convertido em um conjunto de fatores críticos:

- Melhorar a gestão de demandas, organizando os pedidos

recebidos e sua priorização.
- Adquirir habilidade de delegação, multiplicando seu tempo com a ajuda da equipe.
- Focar em seu desenvolvimento com leitura crítica e planejamento, reduzindo a necessidade de tempo de estudo.
- Criar critérios de qualidade que reduzam retrabalho e assim liberem mais tempo.

Como podemos ver os fatores críticos nem sempre são tão óbvios e necessitam estar diretamente relacionados ao atendimento da expectativa. Identificados os fatores críticos, você terá uma lista de coisas importantes a serem resolvidas e logicamente, elas necessitarão de um planejamento para que aconteçam de forma coordenada. O primeiro passo será qualificá-los quanto a sua importância em relação ao atendimento da expectativa.

Ferramenta de *Coaching* – Análise de criticidade

Em uma nova sessão com seu *coachee*, peça que ele analise todas as expectativas definidas até agora e se necessário, altere ou remova algumas delas. Lembre-se de que em casos de estratégia, sempre o menos é mais. Para cada expectativa listada, responda as seguintes perguntas:

1 – Satisfazer a esta expectativa está de acordo com minhas diretrizes pessoal e profissional?
2 – Se não estiver, estou disposto a pagar este preço?
3 – Se estiver, o que é fundamental que eu faça para que essa expectativa seja atingida?
4 – De fato, como saberei se ela foi atingida? (indicador)

Feita esta análise, para cada resposta à pergunta 03, utilize a escala abaixo, que é derivada do método MOSCOW e qualifique com notas entre um e cinco, de acordo com sua interpretação do impacto do fator crítico sobre o atendimento da expectativa, segundo este critério:

1 – Opcional - não está diretamente relacionado ao atendimento e sua conclusão não fará necessariamente que o *stakeholder* atribua valor.

2 – Recomendável - é um atributo de valor, acima do esperado normalmente e que poderá trazer algum tipo de vantagem ao ser superado.

3 – Requerido - aumenta o grau de importância e normalmente são os pontos chamados de *enter ticket*, ou seja, se tiver não o diferenciará, mas se não tiver, estará em desvantagem.

4 – Diferenciador - atender a este fator crítico coloca em destaque sua relação com o *stakeholder* e cria uma condição de unicidade em relação a possíveis *players*.

5 – Obrigatório - mais alto nível de prioridade e sem isso não tem a menor chance de acontecer. Geralmente associado a características ou habilidades como idioma, formação e disponibilidade de deslocamento.

O foco nos fatores críticos trará uma nova visão de suas habilidades, capacidades e condição de competição.

Importante! Por vezes para atender a determinada expectativa, os fatores críticos vão contra suas diretrizes e sua identidade, esteja atento e decida antes se está ou não disposto a superá-los.

VI - Analisar competitividade

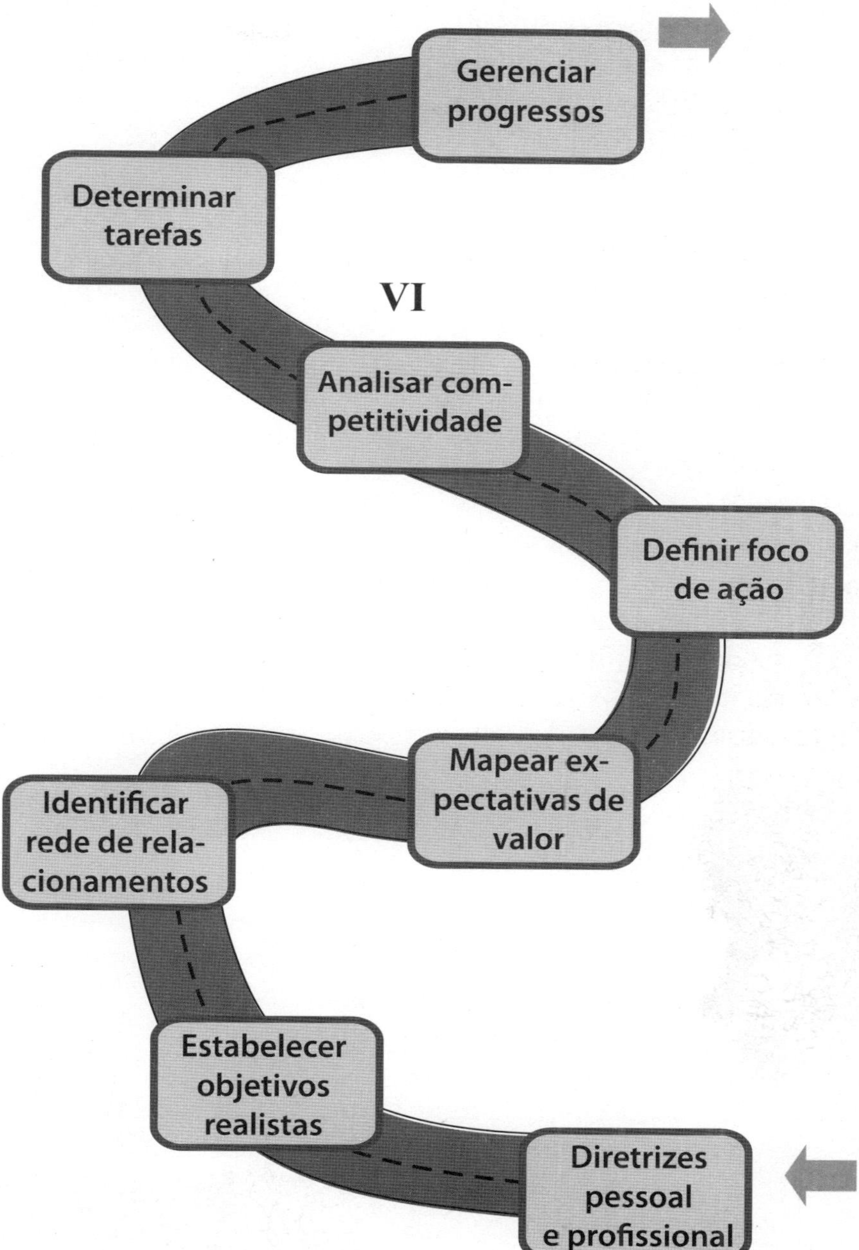

Quanto mais sabemos do mundo, mais habilidades temos. Isso é que faz a diferença. Seu *coachee* agora possui uma ampla lista de coisas que devem ser feitas para que as pessoas que possam influenciar sua carreira positivamente sejam estimuladas a fazê-lo e para que as pessoas que possam bloquear seu progresso não tenham êxito.

Nessa lista de pessoas encontra-se o próprio *coachee*, pois ele também pode alavancar sua carreira ou sabotá-la. Se o trabalho até aqui aconteceu de forma saudável e com uma intenção positiva verdadeira, você como *coach* certamente estará na lista dos *stakeholders* com suas expectativas e com os fatores críticos a serem alcançados.

Neste momento, você deve atuar fortemente no quinto nível neurológico, como patrocinador de seu *coachee*, abusando do reforço positivo, pois ele estará de frente com um abismo de mudanças e certamente estará amedrontado. Convide-o a exercitar o sexto hábito de carreira, projetando-se para fora do Eu Verdadeiro e assim poder analisar de maneira impessoal quais as atitudes que ele vem tomando no sentido de superar os pontos críticos. O destaque aqui é identificar como gerar valor e, principalmente, quais os pontos a serem planejados como metas de curto prazo para o sucesso da carreira.

Ferramenta de *Coaching* – Análise de competitividade

Para cada fator crítico identificado no passo anterior, seu *coachee* deverá prover uma classificação considerando sua capacidade de atendimento. Utilize a régua abaixo:

1 – Não atende - simplesmente sou incapaz de atender no momento às exigências deste fator crítico de sucesso.
2 – Requer melhoria - já executo atividades neste sentido, contudo percebo que para atender à expectativa devo melhorar minha atuação.
3 – Atendo parcial - em minha opinião estou atendendo às expectativas, mas sinto que faço somente minha obrigação, sem destaque.

4 – Atende plenamente - tenho *feedback* de meu *stakeholder* que sua expectativa no que se refere a este fator crítico está plenamente atendida e ele se considera satisfeito com o resultado.

5 – Supera - sou capaz de surpreender meu *stakeholder* quanto a este fator crítico, recebendo *feedback* de que o valor adicionado excede as expectativas de valor e custo benefício.

Ao final, construa com seu *coachee*, distribua os fatores críticos na grade abaixo e analise o atual nível de competitividade para o objetivo que está em foco (estado desejado).

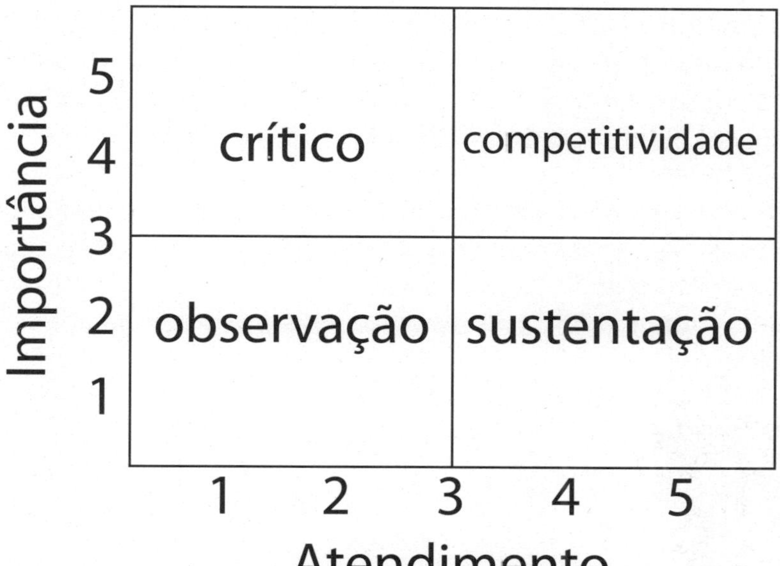

Observação - não existe grande importância por parte do *stakeholder* nem tampouco você é capaz de atender, contudo, como as expectativas podem mudar com o tempo, é importante estar monitorando. Por exemplo: falar francês pode não ser importante hoje, mas se a empresa for comprada...

Competitividade - é importante para o *stakeholder* e você é capaz de atender e até superar. Este ponto cria um diferencial perante outros possíveis candidatos a vaga e deve ser reforçado na montagem de seu produto pessoal, marca e embalagem.

Sustentação - embora não seja importante para seu atual *stakeholder*, estes aspectos trazem aquilo que você faz de melhor, juntamente com os competitivos, pois, constituem a sua identidade, seu *slogan*. Utilize-os para reforçar sua marca junto a esse *stakeholder*, fazendo-o valorizar este conjunto de fatores, o que ampliará sua área de competitividade.

Crítico - é muito importante para seu *stakeholder* e você não é capaz de executar com a aderência necessária. Existem duas situações possíveis: na primeira, entendemos que você está disposto a fazê-lo e, portanto, deverá dedicar-se ao máximo para superar o GAP. A segunda, é que por mais importante que seja para seu *stakeholder*, você não está disposto a fazê-lo e aí você deverá desistir deste objetivo ou contornar esse *stakeholder* através do plano B que está em sua tabela de objetivos.

Os pontos de competitividade devem ser trabalhados de forma a gerar o máximo de valor até o ponto de serem reconhecidos como a própria identidade do *coachee*. Quanto aos pontos críticos, devem ser priorizados, pois a melhor maneira de ganhar ainda é parar de perder.

VII - Determinar tarefas

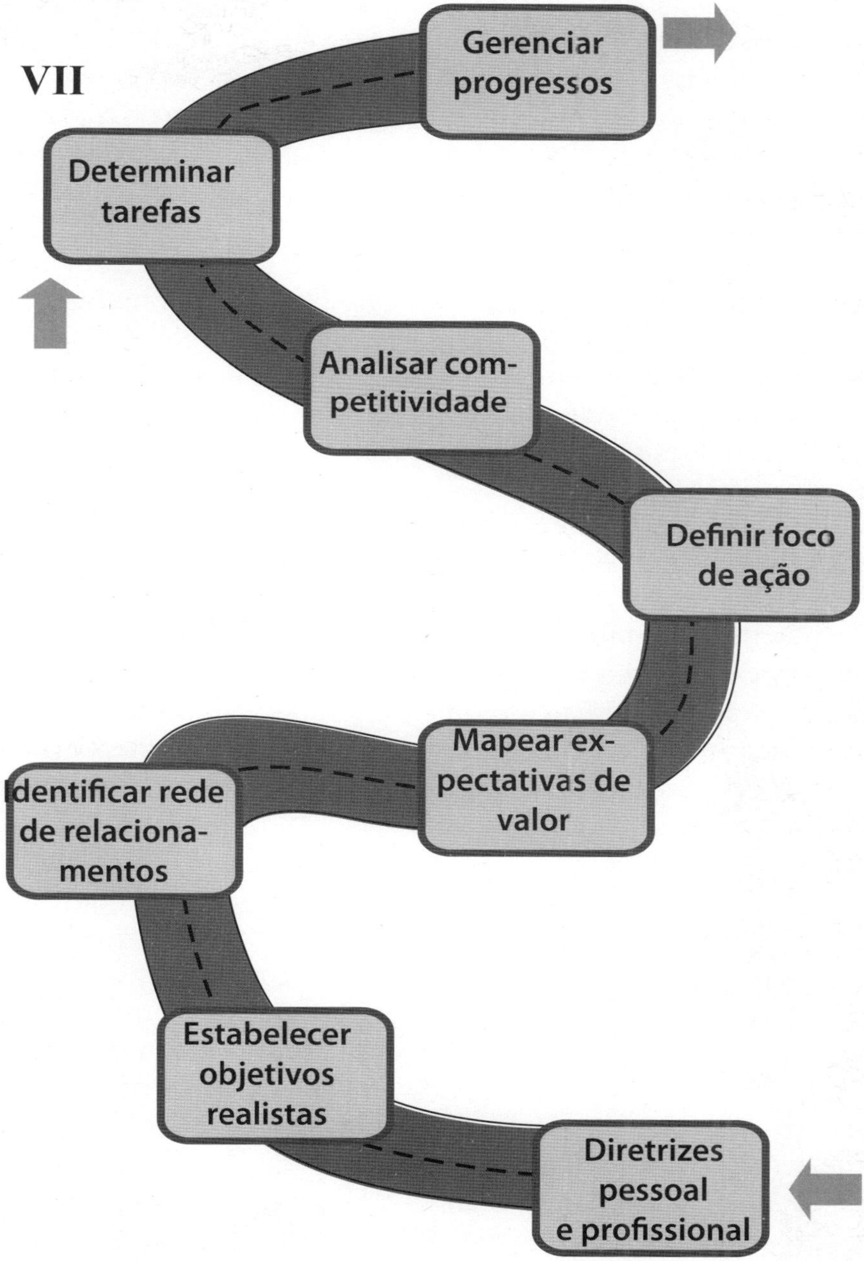

Depois de muito analisar e discutir, você e seu *coachee* estão prontos para iniciar a construção do plano de carreira detalhado. Até aqui foram várias sessões de entendimento, projeção, autoconhecimento e muita análise, agora é hora da ação. Para *coachees* com perfil tubarão, pode ser um pouco complicado tecer planos tão elaborados, neste caso, use sempre a técnica dos próximos 800 metros. Isso trará as metas para um espaço de tempo curto e ficarão mais visíveis.

Planejar é a arte de construir o futuro. O futuro não é um ponto distante para o qual não sabemos muito bem o caminho. Segundo Otto Scharmer e sua teoria "U", o futuro emerge a todo o momento e devemos estar com a mente, o coração e a vontade abertos para captá-lo. De toda a forma, gostamos de trabalhar com um conceito bem simples de planejamento que, aliás, consta no dicionário Aurélio:

"O planejamento é o trabalho de preparação para a tomada de decisão, segundo roteiros e métodos determinados."

Então, com todas as decisões que tomamos, vamos preparar nossa tomada de decisão, iniciando pelo básico que são as prioridades que obtivemos na análise de competitividade. Vamos reforçar nossa identidade através dos fatores críticos que estão em nossa área de sustentação, pois afinal de contas, ela é que mantém nosso produto ético e coerente.

De acordo com o status da posição que você está buscando e que foi declarada na tabela objetivos, defina um conjunto de iniciativas ou projetos pessoais que tenham como objetivo eliminar seus GAPs e favorecer a situação de disputa pela posição. Essas iniciativas devem também considerar aspectos da composição do índice de probabilidade da mesma tabela, pois você poderá estar em desvantagem em relação ao objetivo por não conhecer itens importantes como, por exemplo, as habilidades requeridas pelo cargo, não ter relacionamento com as pessoas que decidem sobre a vaga ou ainda não conhecer seus concorrentes.

Um bom plano de ação não necessita ser um plano extenso, ele deve ser efetivo e para tanto, além de declarar qual será sua iniciativa, registre no campo objetivo o que você está buscando com esta iniciativa. Como no exemplo abaixo:

Iniciativa: implantar método de controle sobre andamento dos projetos.

Objetivo: ampliar minha capacidade de delegação.

Como regra simples, a iniciativa diz o que será feito e o objetivo diz por que será feito.

Estabeleça datas realistas e mais do que isso, cumpra as datas, pois elas são um compromisso de você para com você mesmo, só que no futuro.

Ferramenta de *Coaching* – TBC (Tire a Bunda da Cadeira)

- Aqui, não tem conversa.
- Tudo o que devia ser analisado, foi.
- Tudo o que devia ser pensado, foi.
- Tudo o que precisava ser combinado, foi.

Só falta tomar a iniciativa de iniciar a grande transformação da vida do seu *coachee*. Tracem juntos o plano de ação para o futuro de acordo com a metodologia 5W2H

Segundo Gustavo Periard, o 5W2H, basicamente, é um *checklist* de determinadas atividades que precisam ser desenvolvidas com o máximo de clareza possível por parte de quem o fará. Ele funciona como um mapeamento dessas atividades, onde ficará estabelecido o que será feito, quem fará o que, em qual período de tempo, em qual área da empresa e todos os motivos pelos quais essas atividades devem ser feitas.

Esta ferramenta é extremamente útil para as empresas, uma vez que elimina por completo qualquer dúvida que possa surgir sobre um processo ou sua atividade. Em um meio ágil e competitivo como é o ambiente corporativo, a ausência de dúvidas agiliza e muito as atividades a serem desenvolvidas por colaboradores de setores ou áreas diferentes. Afinal, um erro na transmissão de informações pode acarretar diversos prejuízos à sua empresa, por isso é preciso ficar atento a essas questões decisivas, e o 5W2H é excelente neste quesito!

O nome desta ferramenta foi assim estabelecido por juntar as primeiras letras dos nomes (em inglês) das diretrizes utilizadas neste processo.

Abaixo você pode ver cada uma delas e o que elas representam:

- *What* – O que será feito (etapas)
- *Why* – Por que será feito (justificativa)
- *Where* – Onde será feito (local)
- *When* – Quando será feito (tempo)
- *Who* – Por quem será feito (responsabilidade)
- *How* – Como será feito (método)
- *How much* – Quanto custará fazer (custo)

Na maioria das vezes o *Who* será o seu *coachee*, mas isso nem sempre é uma verdade.

Com todas estas informações na mão, inicia-se o plano de desenvolvimento de carreira que obviamente trará desafios e, para esses desafios, o *coachee* poderá sempre contar com seu *coach* que agora tem um claro contrato de desenvolvimento, onde poderá alternar os papéis de acordo com o nível da tarefa proposta, fazendo o que sabe fazer melhor: conduzir o *coachee* ao seu estado desejado.

ORIENTAÇÃO PARA RESULTADOS - PLANO DE AÇÃO 5W 2H

Construa um planejamento baseado no roteiro abaixo:

What (o que será feito) | **W**ho (Quem fará) | **W**hen (Quando será feito) | **W**here (Onde será feito) | **W**hy (Por que será feito) | **H**ow (Como será feito) | **H**ow Much (Quanto custará)

O QUE	QUEM	QUANDO	ONDE	PORQUE	COMO	QUANTO CUSTARÁ	ELEMENTOS LIMITANTES	RECURSOS NECESSÁRIOS
Descreva todas as ações para alcançar o objetivo principal	Defina um responsável (você mesmo, ou outra pessoa que possa ajudá-lo)	Estabeleça uma data limite para cada ação estabelecida	Defina onde as ações serão/ deverão ser realizadas	Descreva quais os benefícios que cada ação trará a você	Detalhe a maneira como cada ação deve ser executada	Defina os custos de cada ação para verificar a sua viabilidade	Descreva tudo o que pode dificultar o cumprimento da tarefa	Descreva quais os recursos (materiais ou emocionais) necessários para cada ação

VIII - Gerenciar progressos

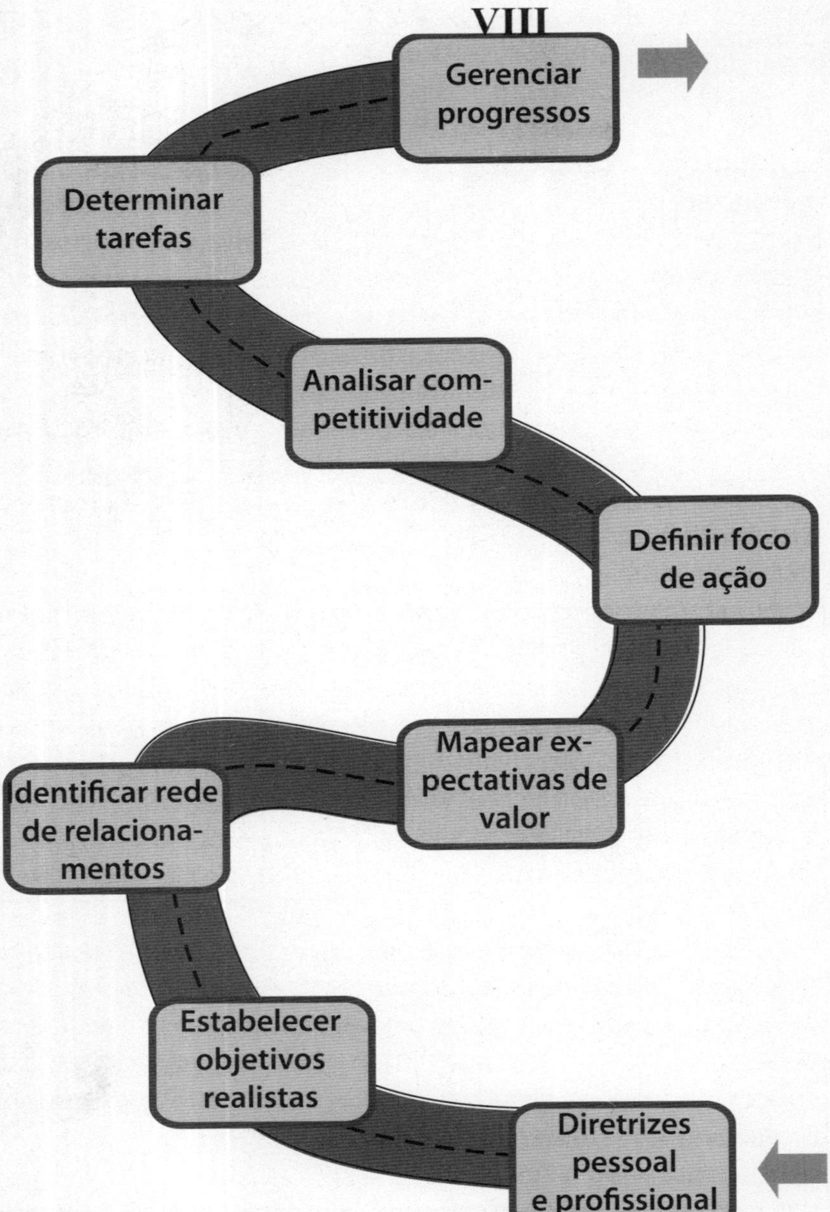

Lembre ao seu *coachee* de sempre se lembrar de nunca esquecer que seu plano de ação e, portanto, seu plano de carreira somente serão efetivos na medida em que ele mantiver o controle sobre o mesmo.

Se após elaborar seu plano, ele guardá-lo em uma gaveta, todo o trabalho de ambos terá sido em vão. Para que o plano possa ser gerenciado, é preciso pegar as suas iniciativas que na maioria das vezes representam as tais viagens de 3.000 km e transformá-los em pequenos trechos de 800 m, a velha técnica dos próximos 800 m. Para isso, você utilizará as tabelas de acompanhamento do MCC, sendo uma tabela para cada iniciativa constante do seu plano de ação.

Isso será tão complexo quanto for seu plano, mas irá propiciar um amplo controle sobre o que está acontecendo e mais do que isso, fornecerá importantes dados sobre sua capacidade de empreender mudanças e alterar seu destino.

As metodologias de gestão de projetos, como este que você iniciou há pouco, denominam estes pequenos trechos de 800 m de *milestones*. Os *milestones* ou em tradução livre pedras de milha, foram criadas no império Romano e eram blocos de mármore talhados que continham a informação de distância em milhas, a partir do centro da cidade de Roma. Sua função no método MCC (Modelo de *Coaching* de Carreira) é permitir que você controle seu progresso assim como os romanos, de milha em milha e faça desvios quando necessário.

Recomendo que você e seu *coachee* revisem seu plano mensalmente e atualizem seus *milestones*. Isso manterá o foco no controle da sua carreira, assim como trará enorme satisfação ao perceber que os eventos que influenciam sua carreira passam a acontecer de maneira sistêmica e com seu amplo conhecimento e controle.

Agora, seu *coachee* está efetivamente no comando de sua carreira e seu papel será auxiliá-lo no desenvolvimento de tudo o que for necessário para alcançar o estado desejado. A jornada até aqui foi longa, mas esteja certo de que se criou uma aliança indestrutível.

O Papel das Empresas

"O maior de todos os líderes também possuía um mentor."

Dito popular

No decorrer da elaboração deste livro ficou claro que precisávamos conciliar os preceitos da autogestão de carreira com as práticas de mercado e a realidade de muitas empresas tanto brasileiras como multinacionais. O conceito de autogestão reforça a imagem do profissional como um indivíduo capaz de exercer o comando de sua carreira, tomando decisões e planejando seu futuro.

Em todas as apresentações, *workshops* e treinamentos que realizamos sempre que indagávamos qual a combinação que melhor identificava a carreira dos participantes, recebíamos de mais de 90% dos participantes a combinação MAPA e CONDUTOR. Este é um claro indicador de como as pessoas que se interessam pelo tema têm a expectativa de poder navegar em suas carreiras, buscando a ascensão profissional e seus conceitos pessoais de sucesso.

Do outro lado desta equação estão as empresas e as áreas de gestão de pessoas (com seus mais variados nomes e descrições) que ora estão presas a um plano de carreira restrito na forma de trilhos e não podem oferecer esta flexibilidade, ora estão trabalhando em corporações que não possuem planos de carreira formais e as oportunidades de crescimento e desenvolvimento são orientadas pelo ritmo de crescimento dos negócios.

Em ambos os casos, quando as empresas decidem realizar suas pesquisas de clima organizacional, o tema que aparece entre os cinco mais críticos certamente será o tão sonhado "plano de carreira". Compreendendo que as pessoas anseiam por serem condutores de suas carreiras em um mapa de oportunidades, cabe às empresas, dentro de suas culturas, atenderem a este anseio na melhor forma de geração para o *stakeholder*, oferecendo visibilidade das opções de progressão nas carreiras de maneira que os próprios profissionais possam construir seus mapas.

Temos algumas estratégias possíveis visando a criação desta transparência da empresa para com os profissionais e seus níveis de ascensão:

Empresas com carreiras em trilho

Situação mais complexa de todas, pois se a empresa estruturou um formato de ascensão profissional baseado em um modelo rígido, a área de gestão de pessoas deverá atuar de forma criativa na composição do mapa de carreiras, constituído de vários trilhos paralelos.

O primeiro passo consiste na decomposição das paradas dos trilhos nas competências (conhecimento, habilidade e atitude) necessárias para cada posto ou função. Uma vez identificados o conjunto de competências, cabe à empresa encontrar formas diferentes de deslocamento profissional, desde que este deslocamento obedeça aos critérios de cada função. Esta técnica é conhecida como aderência funcional e identifica de maneira matemática a capacidade de um profissional atuar em determinada função ou posto.

Nas posições de cunho mais técnico, é esperado que os gestores das áreas envolvidas apresentem certo nível de rejeição a este processo, pois estes estão acostumados a atribuir muito peso ao quesito habilidade quando decidem a substituição, ampliação de quadro ou a promoção de determinado indivíduo.

Para eliminar ou minimizar este nível de resistência, recomendamos que seja mantido um programa de intercâmbio e rodízio de funções (*job rotation*) como prática corrente da empresa, ampliando os níveis de habilidade técnica, ainda que de maneira descompromissada com esta ou aquela posição, permitindo aos profissionais conhecer funções e posições que vão além de seu trilho de carreira, atendendo sua expectativa de navegar em um mapa de opções.

Empresas sem plano de carreira formal

Este cenário traz o máximo da expressão do mapa de oportunidades, pois quando a empresa reconhece que não possui um plano formal de orientação, ela sinaliza aos profissionais que tudo é possível em termos de oportunidade. Logicamente, o fato de ser possível não significa ser garantido ou que a oportunidade estará aberta o tempo todo e para todos.

Paradoxalmente o excesso de liberdade e de opções acaba por causar angústia nos profissionais, pois quando estes anseiam ser comandantes de suas carreiras navegando em um mapa de opções, eles esperam que exista exatamente isto: "UM MAPA". As empresas ao concordarem que não possuem um plano de carreira formal acabam aceitando que não existe qualquer plano de carreira, ou seja, não existe um mapa.

Um mapa de oportunidades não necessita apresentar as rotas de ascensão de carreira. Ele deve conter os postos de trabalho disponíveis e as características necessárias para que um indivíduo possa exercer cada uma das funções, podendo usar a estrutura de conhecimento, habilidades e atitudes, acrescida de limites culturais e de experiência que ajudarão as pessoas a conhecer melhor suas reais condições de disputa das funções em seu caminho de ascensão.

Os mapas de carreira apresentarão de maneira clara as posições e funções existentes na empresa ainda que a maioria destes não esteja disponível de imediato para receber novos profissionais.

Independentemente do cenário existente na empresa e do desafio da área de gestão de pessoas, os profissionais que decidirem conduzir sua carreira no formato mapa, necessariamente precisarão de apoio em sua jornada, pois o conceito de autogestão demanda maturidade e experiência, o que virá com o tempo e com a prática.

A ajuda poderá ser oferecida por profissionais internos ou externos à empresa, contudo, de maneira obrigatória essa ajuda deverá ser solicitada ou requerida, pois a relação entre o profissional e seu guia está além da razão e da cultura da empresa, essa relação baseia-se em confiança. São três os papéis a serem oferecidos pela empresa como auxílio aos profissionais:

Coach

A empresa pode buscar desenvolver a competência de *Coaching* internamente com a formação de profissionais tanto *Life Coaching*, como em *Coaching* de Carreira. De maneira geral, profissionais internos somente serão bons *coaches* se a empresa possuir uma governança que permita o total compartilhamento de objetivos com interesse legítimo no desenvolvimento do *coachee*, caso contrário os conflitos de interesse poderão prejudicar o desempenho.

Líder

Diferente do *coach*, o líder tem seu papel relacionado aos objetivos de negócio e a formação do capital profissional do indivíduo. Um líder capacitado e legitimamente envolvido com o planejamento de carreira deverá oferecer o norte das ações de acordo com os objetivos traçados pelo indivíduo dando-lhe metas, suportando suas ações e oferecendo os recursos necessários para que os objetivos se realizem.

Cabe ao líder garantir que o resultado almejado pelo indivíduo esteja relacionado com os objetivos estratégicos da empresa de maneira que a empresa, encarada como um *stakeholder* crítico, reconheça o valor do indivíduo e responda a este valor com oportunidades e desafios adequados. O bom líder deverá auxiliar o indivíduo para que ele responda "O quê?"

Mentor

Terceiro e último perfil possível no auxílio ao profissional durante seu plano de carreira, o mentor não tem necessariamente uma relação pessoal com o indivíduo. Os mentores são os que mais se aproximam da figura inicial do treinador, pois cabe a ele oferecer as ferramentas e métodos para que o trabalho efetivo do profissional seja desenvolvido da melhor forma e assim ele possa gerar valor.

O mentor, normalmente um profissional mais experiente na mesma área de atuação, acompanhará o desenvolvimento do profissional ao longo da eliminação dos GAPs do plano de desenvolvimento, capacitando em bases diárias o profissional na geração de valor. O trabalho do mentor é responder a pergunta: "Como?"

Os papéis podem por vezes estar presentes na mesma pessoa física, todavia cabe a empresa identificar as pessoas capazes de exercer estes papéis e capacitá-los para apoiar os processos de desenvolvimento dos participantes do MCC.

Coaching de Carreira X Abordagens Similares

ATIVIDADE	CAREER COACHING	ACONSELHAMENTO DE CARREIRA	CONSULTOR CARREIRA	GESTOR DE CARREIRA	ORIENTAÇÃO VOCACIONAL E PROFISSIONAL
FOCO	Presente/ Futuro	Passado/ Presente	Presente/ Futuro	Presente/ Futuro Proximo	Passado Presente/Futuro
ORIENTAÇÃO	Resultados Rápidos	Processos	Resolução de Problemas	Resultados	Reflexões e ações
MÉTODO	Perguntas	Perguntas e Respostas	Respostas	Perguntas e Respostas	Perguntas e Respostas
ASSESSMENT	Apropriado	Padronizado	Depende	Algumas Vezes	Adaptado
RESULTADOS	Curto Prazo	Médio Prazo	Longo Prazo	Curto a Longo Prazo	Longo Prazo
RESPONSÁVEL	Cliente	Conselheiro	Consultor Problemas	Gestor/ Empresa	Orientador/ Cliente

Estudos de caso

"Por mais que o mundo mude e fique sofisticado, os homens sempre aprendem ouvindo histórias."

Farid Jahad

Selecionamos uma sequência de casos de pessoas que, de diferentes maneiras, desenvolveram seus planos de carreira e encontraram a realização tanto pessoal como profissional, nas linhas do que é sugerido pelo método MCC.

Durante o desenvolvimento do método, foram vários *workshops*, palestras, treinamentos, sessões, onde um ponto comum era a confusão entre ser realizado profissionalmente e ser empreendedor, empresário, executivo e outras definições de sucesso.

A apresentação dos casos a seguir demonstra que nem sempre é necessário se tornar um grande executivo ou ser empresário empreendedor para alcançar a realização profissional, todavia, seja qual for o objetivo definido é fundamental a existência de uma diretriz e, por conseguinte, de uma estratégia.

Os casos foram escolhidos de forma a construir um mosaico de histórias, *stakeholders*, decisões, resultados e aprendizado. Eles foram selecionados entre pessoas reais, que tivemos o prazer de conhecer e que são pessoas comuns que decidiram tomar o controle de suas carreiras, muitas vezes aceitando a forma como elas são e aprendendo a conviver consigo na melhor forma como um comandante conduz seu veleiro respeitando as correntes, o vento e às vezes até mesmo as calmarias.

Ao estudar este conjunto de pessoas, ficou claro que o conceito de sucesso profissional é muito relativo, pode mudar de acordo com o momento de vida de cada um e que as carreiras podem mudar com o tempo, a maturidade e as oportunidades que se apresentam.

Demonstram de maneira clara que estar no comando da carreira profissional exige, como diria o professor Otto Scharmer criador da teoria "U", mente aberta, coração aberto e vontade aberta.

Quando apresentamos casos de estudo, estes têm o objetivo de honrar e respeitar a história de cada uma dessas pessoas, que souberam aproveitar as oportunidades em suas vidas, e também de inspirar outras tantas a realizarem feitos extraordinários, que irão modificar o modo como vivem. Vamos abrir este capítulo com uma visão transformadora de José Roberto sobre a necessidade de dar valor a cada momento, a cada experiência que temos, que foi publicado como artigo em outubro de 2011.

Honrar e respeitar a própria história

O Maior Poder de um Verdadeiro Coach é Honrar e Respeitar a Própria História.

Eu acredito verdadeiramente nestas palavras, elas fazem sentido para mim, e como "Ser de Luz" em constante evolução eu sempre me pergunto: O que seria da minha vida, da pessoa que sou hoje, se não tivesse ao longo destes mais de 40 anos de vida me permitido ousar ir além, acertar e errar, e mais ainda, me permitido aprender com meus erros, transcender a minha dor e desenvolver um poderoso processo de autocura? Como estaria a vida das mais de 2000 pessoas que passaram pelos nossos treinamentos do PSC? E como seria a vida das milhares de pessoas que passaram pelos meus treinamentos comportamentais?

Com certeza se eu tivesse ignorado os aprendizados que a vida me ofereceu através de meus acertos e erros, nenhum dos Coaches do IBC teria conhecido o José Roberto Marques, o melhor Master Coach Trainer *que posso SER, pois eu não seria o ser humano que cada um conhece, e ainda estaria por aí, talvez a cometer os mesmos erros e sem entender que o maior dos males não é errar, mas sim repetir os mesmos erros não se permitindo aprender com eles.*

E meu Deus, como eu aprendi com meus erros e acertos! Como foi poderoso o processo de RESSIGNIFICAÇÃO que desenvolvi. Como foi PODEROSO criar o próprio processo de AUTOCURA. Hoje sou um homem, Pai, Marido, Filho, Irmão, Amigo, Cristão, empresário, num nível INFINITAMENTE MELHOR. Aprendi a me ouvir e ouvir o outro na Essência.

Aprendi verdadeiramente a RESSIGNIFICAR, e é por isso que sempre digo em minhas formações, que já fui isso, que já fiz aquilo, por que desde muito cedo eu me propus a trabalhar, e realmente ousei, trabalhei, busquei meus objetivos, ganhei e perdi, perdi e ganhei, e ainda assim acreditei que mesmo tendo obstáculos em meu caminho, eu poderia fazer diferente e realizar.

Assim nasceu o PSC - Professional & Self Coaching*, um poderoso processo de transformação e potencialização de resultados e de VIDA! Essa é a essência da minha história, a base para o curso de formação internacional. Essa é minha vida, com percalços, muitas lutas, com resultados e grandes vitórias. E foi com o* Coaching *que aprendi a maior de todas as lições: Honrar e Respeitar a própria história, a minha história. Este poder compartilho semanalmente com pessoas Maravilhosas, de Norte a Sul do Brasil, e esse é o maior Poder que você pode ter.*

Se não tivesse vivido tudo que vivi, se não tivesse acertado tudo que acertei, errado onde errei, e se não honrasse a minha história, o IBC seria apenas mais uma escola de Coaching *focada somente nas técnicas e ferramentas, e nunca poderíamos oferecer a você nossos maiores bens que são: AMOR, TRANSPARÊNCIA, HUMANIDADE e VERDADE.*

Sabemos que são nossas experiências e a nossa intenção positiva que dão sentido aos nossos atos, sem querer fazer o "tal julgamento", se você acusa e agride alguém sem enxergar uma intenção positiva em seus erros, que tipo de Coach *você é? E tenho certeza de que nenhum* Coach *formado verdadeiramente pelo IBC faria tal julgamento.*

Nunca escondi ou camuflei de nenhum treinando a essência do meu conhecimento, de meu amadurecimento, da minha história. Mais do que isso, sempre fui TRANSPARENTE em dizer que eu fiz um MILAGRE em minha vida, e claramente compartilhei e compartilho muitas vezes nos treinamentos as falhas que cometi ao longo do meu crescimento: EMPRESARIAL, PESSOAL E ESPIRITUAL.

A minha vida e história não são apenas uma evidência de sucesso, são a confirmação inconteste de um dos GRANDES EXEMPLOS REAIS do processo de Coaching, *pois a minha história e a ascensão do IBC são* cases *VERDADEIROS E REAIS, um dos grandes* cases *mundiais do tempo presente. As transformações e aprendizados, as ressignificações que tive por meio do* Coaching *mudaram minha vida completamente, e é por isso que hoje, depois de tantas experiências positivas e ressignificadas, eu sou alguém INFINITAMENTE MELHOR...*

Despeço-me com as belíssimas palavras de Mário Quintana:

"Antes de julgares a 'minha vida' ou meu 'caráter'... Calça os MEUS sapatos e percorre o caminho que EU percorri, vive as 'minhas tristezas', as 'minhas dúvidas', as 'minhas alegrias'. Percorre os anos que EU percorri, tropeça onde EU tropecei e levanta-te assim como EU o fiz! Cada um tem a sua própria história! E então, só aí poderás 'Julgar-me!'"

E Lembre-se de Sempre se lembrar de nunca Esquecer: Conte sempre comigo!

Com Amor, Paz e Luz...

José Roberto Marques

Caso Nutrimax

Se decidíssemos colocar em um livro todas as pessoas que tiveram suas carreiras alteradas e significativamente alavancadas pelos processos de *Coaching* seria necessária uma enciclopédia daquelas antigas com vários e vários volumes. Mas, como nosso livro trata exclusivamente de *Coaching* de Carreira, selecionamos alguns casos onde este foi o foco principal das grandes transformações que foram conseguidas com a aplicação da mesma metodologia que estamos apresentando aqui e os resultados foram extraordinários.

Nosso primeiro caso foi construído no relacionamento com uma empresa nacional especializada em nutrição animal que para preservar a identidade dos envolvidos, chamaremos de Nutrimax.

A Nutrimax nasceu como uma empresa nacional fundada por quatro grandes especialistas do setor que já haviam desenvolvido uma carreira de sucesso em empresas do mesmo segmento e que agora seriam concorrentes. Após oito anos de empresa, os sócios resolveram vender parte das suas ações para uma concorrente multinacional e assim buscar o capital necessário para o crescimento das operações.

As negociações com o novo sócio envolviam entre outras condições, a existência de um programa claro de sucessão que garantisse a continuidade do sucesso da empresa nos próximos anos e, para isso, foram indicados cinco gerentes que seriam então avaliados e posteriormente acompanhados em seu desenvolvimento profissional num programa desenhado para trinta e seis meses.

Na reunião de abertura fomos informados dos planos como manda a boa regra, fizemos uma rápida sessão de *Coaching Education*, alinhando os sócios para os resultados que deveriam ser esperados da ação com o grupo.

Nas semanas seguintes trabalhamos fortemente com a ferramenta Inventário de Realizações que tem como objetivo identificar as evidências de comportamento dos futuros *coachees*, pois quando precisamos efetuar algum tipo de avaliação, normalmente as pessoas se preparam para isso e criam distorções sobre a visão que têm de si mesmas e a interpretação que fazem de outros. Ao inventariar um período anterior como doze ou dezoito meses, não é possível alterar o passado e, assim, a tendência de comportamento estará estampada.

Apresentamos os resultados do inventário à diretoria e concluímos que o grupo inicialmente teria potencial para o desenvolvimento desde que passasse por um processo de *Coaching* de Carreira bem direcionado, visando fortalecer o alinhamento e prepará-los para assumir a diretoria local quando os sócios fossem ou para a organização mundial ou se aposentassem. Este caso é bastante rico, pois teremos cinco personagens para avaliar. Novamente, preservando a identidade dos *coachees*, vamos chamá-los de John, Paul, George, Ringo e Yoko.

John era um jovem brilhante, excelente aluno, com formação nas melhores escolas e teve uma carreira meteórica na área de compras da organização, onde possuía o cargo de gerente corporativo de compras. Comandava as operações de aquisição de insumos para a indústria mantendo grandes margens de resultado e gerenciando os fornecedores com mão de ferro. Era interesse da corporação que John assumisse como CEO Brasil.

Paul era o gerente financeiro da empresa, amigo de faculdade de John sobre o qual nutria verdadeira admiração. Enquanto John era ousado e fazia negociações cada vez mais mirabolantes, Paul era mais recatado em suas posições, sendo um excelente homem de retaguarda, o que gerava na empresa uma confortável situação de controle, pois se algo saísse do eixo, nem que fosse por um milímetro, Paul estaria lá para demonstrar o como, quando, onde e o porquê dos fatos. A pretensão da empresa era que Paul fosse o CFO na nova diretoria.

George era o gerente de vendas da região Sudeste, maior polo de vendas da companhia. Detinha o comando de um exército de bons vendedores e já fazia muito tempo que desconhecia o gosto amargo de uma meta não cumprida. Mais velho do que os demais, cerca de cinco anos, tinha uma boa relação com a diretoria. O trabalho de

George era bastante facilitado, pois a diretoria atual era formada de expoentes do mercado e, portanto, gozavam do respeito e admiração dos clientes.

Bastava uma palestra sobre os benefícios de determinado complexo proteico ministrada por um dos fundadores para que os pedidos começassem a pipocar. O objetivo lógico da empresa era que George assumisse a diretoria comercial, cargo que ainda não existia na empresa, visto que os sócios cuidavam cada um de um grupo de clientes e, portanto, não necessitavam centralizar.

Ringo é um caso especial. Nascido na linha de operação, cursou engenharia de produção e detinha uma combinação interessante de pensamento cartesiano com a experiência de construção e operação de fábrica. Ao mesmo tempo, segundo ele, tinha uma das mais alinhadas equipes de trabalho com profissionais comprometidos e muitos resultados positivos. Assim, Ringo estava cotado para assumir a diretoria industrial, ficando responsável pelas três plantas existentes e pelo gerenciamento dos projetos de construção de outras duas plantas que seriam o resultado da expansão.

Fechando a equipe, temos Yoko. No nosso exemplo ficará com este nome apesar de se tratar de um rapaz. Yoko é um jovem profissional da área técnica que dedicava boa parte do seu tempo ao atendimento a clientes, elaboração de novas fórmulas e logicamente a gestão de uma equipe de nutricionistas e veterinários. Um ponto curioso da *performance* de Yoko é que ele foi aluno de um dos sócios fundadores e tem verdadeira devoção a este profissional. Sempre que se refere ao seu superior, ainda por hábito, usa o prefixo professor. O objetivo final de Yoko será substituir a contento o seu professor.

Utilizando a metodologia de *Coaching* de Carreira baseada no modelo MCC iniciamos os trabalhos com cada elemento do grupo, baseado no primeiro passo, ou seja, as diretrizes pessoais e profissionais.

John tinha uma visão muito clara do profissional e isso se misturava com o pessoal de uma maneira preocupante. Como era um rapaz novo com pouco mais de trinta anos e já estava cotado para assumir a posição de CEO, dificilmente vislumbraria o impacto disso para sua vida pessoal.

Quando foi questionado com as perguntas poderosas do PSC, ficou evidente que a vida pessoal não fazia parte do seu radar. O importante era ser CEO (presidente). Sua única meta seu único objetivo. Obviamente, havia algo de errado, pois a posição de CEO demanda uma pessoa equilibrada nos vários aspectos da vida, pois mais do que um superior, este deverá liderar pessoas e permitir que estas se desenvolvam.

Algo, para o que ficou claro, John não estava preparado. Seu inventário de realizações era fantástico, metas batidas, resultados elevados, grandes negociações, etc. etc., mas, e sempre existe um mas, todo este resultado foi conquistado na posição de comprador, ainda que nas mais diferentes funções.

John era quem negociava as condições, era quem determinava se aceitaria ou não o preço oferecido pelos vendedores, se estaria de acordo ou não. Em outras palavras, ele sempre estava na posição de ser convencido, podendo ou não aceitar.

Ao passar para a posição de executivo chefe, ele necessitava negociar diversas situações, servindo como intermediário e às vezes, tendo de convencer tanto o pessoal interno como os sócios internacionais de suas ideias, assim, o comprador precisava agora se tornar um vendedor. Para nós *coaches*, isso significa uma inversão de estado atual para o estado desejado para John, significava ser aquilo que ele não fora em todos estes anos.

A preparação de Paul era significativamente mais simples. Ele já atuava como executivo de finanças e passaria a fazer o mesmo só que em uma escala maior. Nosso trabalho era prepará-lo para ser um cidadão do mundo, pois até então, suas pretensões não tinham ido muito mais longe que ser o diretor financeiro de uma empresa local. Isso envolvia entre outras coisas, adquirir habilidade em mais dois idiomas, estruturar seus relacionamentos familiares (mulher e filha pequena) para a vida de viagens e até mesmo de eventuais transferências. No caso de Paul, as mudanças ocorreriam de maneira interna e o maior desafio estava na alteração do sistema de crenças.

George, assim como Paul, não teria grandes alterações no modelo, exceto o fato de que passaria a ser chefe de seus colegas. Não que esta mudança fosse algum incômodo, pois George era perito na arte de convencer e "vender" sua imagem e, portanto, montar uma nova estrutura de alinhamento e estratégia com sua equipe que antes era formada por pares, seria algo simples. O grande processo estava em manter a motivação da equipe aumentando os níveis de *performance*, buscando atingir os resultados esperados pelos acionistas, logo, George deveria tornar-se um líder *coach*.

O jovem Ringo teria pela frente um dos maiores desafios que um *coachee* pode encarar: reconhecer que sua história, embora honrada e respeitada, não mais o levaria pelo caminho do sucesso. Sua maneira de administrar e lidar com a equipe, que segundo ele era de perfeito alinhamento, na verdade escondia uma equipe acuada e sem espaço para dar opiniões, limitando-se a concordar com o chefe. Nas reuniões de equipe era lugar comum a abertura por parte do Ringo com as seguintes frases:

- Este é o problema que temos!
- Minha ideia para solucionar é esta!
- Alguém tem ideia diferente?

Quando algum desavisado expunha uma ideia diferente, seguia-se um debate infindável onde Ringo acreditava estar estimulando a negociação, mas na verdade, bem no fundo da sua alma, ele desejava vencer e poder fazer as coisas do seu jeito.

Bastou uma rápida sessão inicial com um *Shazam* bem estruturado para perceber que por trás da rigidez de Ringo escondia-se a fragilidade do menino com instrução básica, faculdade média e que defendia com unhas e dentes sua posição entre os MBAs e PhDs tendo como única arma sua experiência prática e história pessoal. Ringo precisava de um *upgrade*, mas antes disso, precisava convencer-se de que o compartilhar cria uma equipe forte e que essa equipe é a única coisa capaz de sustentar um líder forte.

Finalmente Yoko. Neste caso, a empresa cometeu um dos erros mais comuns ao tratar jovens profissionais em fase de promoção: não perguntaram se ele queria! Tudo na vida do já não tão jovem Yoko era continuar sendo o assistente de seu professor. Valer-se do conhecimento técnico, não se envolvendo na gestão de pessoas, nem em temas mais profundos da gestão. Nada de equipes multifuncionais, profissionais em diversos países, definição de estratégia e demais assuntos de "gente grande".

Às vezes, o trabalho de *coach* consiste em provocar o *coachee* para que ele descubra por si mesmo suas crenças limitantes. No caso de Yoko, conversamos largamente sobre o arquétipo de Arcanjo e, como tarefa, solicitamos que ele assistisse e apresentasse uma leitura do dilema interno do filme "*Wind - A Força dos Ventos*".

Neste filme em uma determinada cena, o jovem comandante deve decidir se quer realmente ser campeão da competição America's Cup de iatismo ou se quer continuar sendo o melhor imediato que o antigo comandante pode ter.

Quando Yoko apresentou sua leitura foi diretamente indagado: "Para que você assuma a cadeira que estamos te dando é necessário que você se aposse dela e retire de lá o professor! Você quer isso?".

Para surpresa de todos, menos dos *coaches*, claro, a resposta foi um contundente não. Desta forma, Yoko definia sua diretriz profissional ficando onde seu coração mandava. Na equipe e não na liderança.

Nossos *coachees* receberam seus objetivos de maneira muito clara o que obviamente facilitava em muito a geração das estratégias, assim, o foco foi direcionado para três deles onde o estado desejado diferenciava radicalmente do estado atual: John, Yoko e Ringo.

Após cinco sessões de entendimento dos cenários, conceitos de valor dos *stakeholders* envolvidos e principalmente, identificação das crenças limitantes, foi possível construir planos de desenvolvimento e estratégia de carreiras adequadas ao ritmo que a empresa desejava e que os *coachees* conseguiriam acompanhar.

John recebeu como tarefa reduzir seu ritmo de trabalho em duas horas diárias, voltando à situação normal de oito horas de trabalho com uma de intervalo, como a de qualquer ser humano normal. Este procedimento fez com que John repensasse sua lista de tarefas, passando a delegar atividades sem, contudo, ter qualquer refresco em suas metas. Desta forma, iniciou-se um processo automático de negociação tanto interno como externo, levando John a experimentar a sensação de negociar em posição de igualdade e até mesmo em desvantagem.

Como preparação para a função de CEO, John foi temporariamente promovido a diretor de operações, onde por oito meses ficou responsável por uma carteira de projetos de áreas sobre as quais não possuía autoridade. Segundo ele a experiência em princípio traumatizante, lhe valeu mais do que um MBA completo.

Ringo estava prestes a ser descartado do programa, pois era inviável ter um diretor industrial autoritário, centralizador e para completar com lacunas educacionais de alto nível. O trabalho do *coach* neste cenário estava crítico, pois apesar de apresentar deficiências do ponto de vista dos acionistas (o valor é definido pelo observador) Ringo tinha enorme orgulho de como era e como agia, questionando o tempo todo a necessidade de mudar.

Tipicamente, Ringo sofria da "síndrome de Gabriela" (*"Eu nasci assim, eu cresci assim, eu sou mesmo assim"*). Relembrando os diversos papéis que um *coach* pode exercer, utilizamos o *coach* de segundo nível (treinador) sentenciando em alto e bom som. "Sua forma de agir é inadequada na opinião dos acionistas. Se você não está disposto a mudar, não será diretor nesta empresa".

O choque foi intenso, um *rapport* de almas do mais alto nível e, certamente, não havia mais atenção focada do que entre estes dois elementos. O tempo passou e Ringo mudou de comportamento.

Yoko, como era de se esperar, não buscou alterações em sua forma de agir e pensar, sendo desconsiderado para a posição de diretoria. Seguiu sua carreira técnica como assistente do "professor" onde segue feliz até hoje, viajando o mundo ensinando pessoas e aprendendo.

Pela última notícia, ele já possui pós-doutorado e é considerado um grande especialista. Feliz por passar pelo processo de *Coaching* de Carreira encontrando sua diretriz pessoal e construído sobre ela seu sucesso.

John foi promovido a CEO e dezoito meses depois assumiu a operação América Latina e Ibéria, quando aproveitou e promoveu George a CEO na operação local. Paul morou alguns meses em Paris onde era o CFO corporativo, mas ao final resolveu buscar sua vocação natural e voltou para o Brasil onde é o segundo homem na operação Latino Americana e Ibéria, junto com John, sendo aquilo que mais traz felicidade a ele: a posição de segundo em comando.

Este caso demonstra como o papel de *coach* pode variar muito durante um processo de *Coaching* de Carreira e mais do que isso, o *coach* não pode transformar pessoas naquilo que elas não são, mas pode sim, resgatar a verdade interior colocando toda a energia e fazendo com que as pessoas trabalhem seu EU Profissional transformando-se no melhor profissional que pode ser.

Caso Laurita, ou melhor, Dra. Laura

O ofício de *Coaching* por si só já traz uma série de desafios, pois como sabemos muito bem, é preciso sentir o *coachee*, entrar em sua realidade conhecendo, honrando e respeitando a sua história.

A especialização em *Coaching* de Carreira traz um desafio a mais, pois além do *coachee* também a empresa é cliente do *coach*. Quando um profissional obtém sucesso na carreira significa que ele foi capaz de gerar resultados de valor para a empresa e, portanto, foi capaz de melhorar os resultados esperados em vários níveis.

Este caso, em particular, soma um novo complicador ao processo, foi realizado em uma empresa Venezuelana durante o período de influência do governo Chavista, fato que tem forte influência tanto nos conceitos de valor das empresas como nos objetivos profissionais de seus funcionários.

Sem qualquer julgamento, como cabe a um bom *coach*, os

fatos reportados pelos empresários venezuelanos na época em que este trabalho ocorreu eram pontuados de dúvidas e receios, pois os conceitos de estatização de empresas pelo governo nunca foram claros e dependendo do interesse dos governantes, uma empresa bem-sucedida poderia ser decretada como de "interesse do povo" e simplesmente anexada ao conjunto de operações governamentais, ora sem qualquer indenização aos proprietários, ora com indenizações simbólicas.

Mesmo com este pano de fundo, nosso cliente que também protegeremos o nome, trabalhava bem e se desenvolvia fortemente no ramo de integração de produção de frangos. Usando uma expressão local, vamos chamá-la de Pollos Chevere que em dialeto crioulo significa frango feliz. Pois bem, a Chevere é resultado da visão e obstinação de seu fundador que há trinta anos vislumbrou a oportunidade de se estabelecer nesse segmento, visto que a Venezuela tem forte necessidade de importação de viveres, sobretudo de carne vermelha e, portanto, mais cedo ou mais tarde eles seriam um enorme mercado consumidor de frangos.

Dentro dessa estrutura existem as áreas de produção, qualidade, técnico-científica e, logicamente, a área de nutrição onde trabalham tanto profissionais da área (nutricionistas) como médicos veterinários.

O negócio da Chevere cresce de maneira exponencial, gerando em media 250 mil pintinhos por dia, que são encaminhados para as granjas de engorda para posterior abate. Assim, é fundamental que as pessoas que controlam esta operação em suas diferentes áreas sejam capazes, responsáveis e, sobretudo, que encontrem motivação para trabalhar neste segmento, independentemente dos caminhos da economia e do governo.

Assim, em 2010 iniciamos o processo de alinhamento com as lideranças da empresa, baseados em um programa de dois anos onde faríamos sessões de group *Coaching* com a diretoria, lideranças e alguns cargos-chave e para casos que fossem especiais, montaríamos um processo de *Coaching* personalizado.

Foi durante os processos de group *Coaching* que conhecemos

a Dra. Laura, ou Laurita como a chamavam por ser uma das mais novas de todo o grupo. A história profissional de Laurita era bastante comum em termos de *Coaching*: recém-formada em veterinária com especialização em nutrição de aves, havia sido contratada pra atuar como a número dois da área de nutrição, onde seria chefiada e orientada por seu professor de faculdade que era o gerente responsável pela área.

Desta forma, poderia desenvolver-se corporativamente em um ambiente controlado e ganhar músculos para no futuro assumir a gerência quando seu professor se aposentasse, o que ocorreria em cerca de quatro anos. Existe um velho ditado que diz que se você quiser fazer com que Deus dê uma gargalhada, diga a ele que você tem um plano. No segundo ano de trabalho, Laurita foi surpreendida com a transferência de seu gerente para a área de qualidade deixando que ela controlasse a área de fórmulas e nutrição, ainda que de maneira supervisionada.

Assim nossa *coachee* se viu com pouca experiência, muita responsabilidade e nenhum respeito dos mais velhos, pois sendo uma menina-prodígio havia se formado aos vinte anos e concluído sua pós-graduação aos vinte e dois.

Na primeira sessão de group *Coaching* ficou claro que algo não ia bem. Utilizando o manto da ignorância, solicitamos que cada um dos líderes apresentasse sua área, desafios e conquistas, numa derivação da técnica *Shazam*, aplicada a grandes grupos. Por horas, tivemos um desfile de apresentações, umas mais técnicas, outras mais emocionais, mas de maneira geral, todas bastante motivantes positivas até que... Laura.

Ela iniciou sua apresentação agradecendo nossa presença:

- Quem bom que vocês estão aqui!
- A empresa precisa mesmo de uma mudança!
- As pessoas devem compreender mais as outras e respeitar o trabalho alheio!
- Tento convencê-los, mas eles não me ouvem!
- Com vocês aqui, poderei finalmente mudar a cabeça desta turma!

No melhor estilo "A culpa é minha e eu ponho em quem eu quiser", ela apontou tudo o que os outros faziam partindo da premissa de que ela mesma deveria ser o paradigma do que significa ser correto. Vinte e três anos de idade, um ano e oito meses de experiência profissional e dona da verdade. Decididamente este era um caso crítico.

Antes de iniciarmos o MCC, decidirmos reposicionar o foco da Laura com a sequência clássica do PSC: *Shazam*, estado desejado, estado atual, *Coaching Education*, tudo aplicado de maneira simples, pois ela ignorava que necessitava mudar.

Em sua forma de ver o mundo estava fazendo exatamente o que aprendera na faculdade, o peso dos frangos demonstrava que sua prática era correta e que, portanto, a opinião dos outros simplesmente não importava. Os outros incluíam fornecedores, clientes, controle de qualidade, diretoria de produção, enfim tudo aquilo que não existia fora dos limites de sua sala. Sempre que apresentávamos uma ferramenta de *Coaching* ela dizia: *"Que coisa fantástica, porque vocês não aplicam em fulano?"*

Precisávamos passar ao próximo nível: crenças! Um belo dia, depois de horas de conversa, pedimos a Laura que saísse de sua sala e viesse até o corredor. Olhamos para a sala e perguntamos:

- O que você vê?

- Como assim? Vejo minha sala!

- Descreva-a para mim.

- Bem, existem minhas coisas, meus bichos de pelúcia, meu computador...

- Onde estão as fórmulas? As tábuas de engorda? Os gráficos de conversão?

- Ora essa, estão todos na minha cabeça, basta pedir!
- Agora me diga: qual sua maior crítica quanto as áreas de qualidade?

- Simples, eles não têm critérios claros, cada um pensa de um jeito!

- Portanto, podemos entender que tudo está na cabeça deles e que, portanto, é só pedir? Laura precisamos conversar sobre como o EU Pessoal e o EU Profissional se confundem e como podemos fazer para construir algo melhor.

- Nunca, jamais! Não serei uma pessoa falsa e canalha como essas outras que têm uma cara e um discurso para cada pessoa com quem conversam. Sou como sou e não vou mudar. Se não me querem aqui que me digam.

Laura tinha algo de muito bom. Por detrás da casca grossa e das respostas curtas, ela realmente refletia sobre as situações e quando chegava em casa, refletia sobre o dia passado e assimilava novas experiências. Seu coração era bom, no fundo havia uma menina assustada, reagindo de maneira agressiva para se proteger de um mundo onde fora colocada muito antes de estar pronta.

O próximo passo era desenvolver em Laura o conceito de valor e a percepção de que "Você será tão bem-sucedido em sua carreira, quanto melhor as pessoas o perceberem". A confirmação do valor vem do outro. No MCC assim como em outros métodos que utilizamos, as metáforas têm uma importância crucial na alteração do estado mental. Ao tratarmos determinados estados mentais através da percepção metafórica, as transformações acontecem no cérebro do *coachee* sem a necessidade de estímulos externos.

No caso de pessoas como Laura, que estava com o ouvir totalmente fechado para o exterior, esta pode ser a única forma de provocar a mudança. Segundo Aristóteles, não existe nada em nosso cérebro que não tenha passado por nossos sentidos, logo, perceber o mundo de maneira diferenciada exige que estímulos sensoriais sejam criados.

Assim, decidimos aplicar em Laura a primeira sessão de *Coaching* gastronômico que fizemos na Venezuela. No dia e hora marcados encontramo-nos no sushi bar chamado Sinarô. Cientes de sua pouca apreciação pela comida oriental, o objetivo era estimular

Laura a conhecer coisas diferentes que podem ser intragáveis se servidos com uma leve transformação. Pedimos que trouxessem sashimi de salmão e o mesmo salmão já temperado com limão, shoyu, wassabi e outros atrativos.

Quando ela experimentou o sashimi, o mesmo peixe devidamente temperado, segundo ela, era bastante agradável e parecido com carpaccio que ela adorava. Comemos e conversamos sem falar de *Coaching* até que enquanto esperávamos a conta, perguntamos:

- *Como foi a experiência?*

- *O peixe in natura é difícil de encarar, mas temperado vai bem melhor!*

- *Temperado, o peixe deixou de ser peixe?*

- *Não, claro que não!*

- Agora vamos pensar juntos: se o EU Profissional da Laura for exatamente como o EU Pessoal, seria como o peixe sem qualquer tempero? E se colocássemos um pouco de tempero no EU Pessoal para criar um EU Profissional, o EU Pessoal mudaria?

O som do *Click* pôde ser ouvido.

- *Finalmente Laura, queremos que conheça um grande amigo, José Joaquim Ferreira, cearense de nascimento e sushiman do Sinarô.*

- *Oi, como vai?*

- *Mas sushiman não precisa ser japonês?*

- *Não doutora, nem sempre.*

- *Ferreira, como você criou este molho que tempera o salmão?*

- *Faz cinco anos que trabalho neste molho ouvindo os clientes. Brasileiros gostam com mais limão, venezuelanos pedem um pouco de pimenta, os japoneses simplesmente não aceitam e tem até alemão que pede para colocar um toque de mostarda.*

- Ferreira, você acredita que todos gostam do salmão temperado?

- Acho que sim, o que você acha doutora?
- Acho melhor irmos para casa!

Na semana seguinte tínhamos nossa sessão de *Coaching* remoto, pois nós estávamos no Brasil e ouvi o que queria ouvir depois de dois meses de trabalho:

- Você tem razão. Posso construir o profissional que eu quiser, sem deixar de ser quem eu sou. Quando vou a um baile, preciso me vestir de baile, caso contrário sempre estarei inadequada. Agora tenho um estado desejado claro: preciso construir uma imagem profissional harmônica com meus colegas sem perder a essência e a seriedade de quem eu sou.

Os meses que se seguiram foram de enormes progressos, a cada visita bimestral que fazíamos à Venezuela percebíamos que as restrições ao trabalho de Laura diminuíam, sua participação em grupos era maior e o mais importante, sua opinião passou a ser respeitada até que em uma das sessões de *Coaching Group* ouvimos pela primeira vez um de seus colegas referindo-se a ela como Dra. Laura de maneira espontânea. Sem dúvida uma grande vitória.

Assim, querido leitor, depois de 18 meses, a Dra. Laura é reconhecida como um dos talentos da Chevere e a Venezuela ganhou uma voluntária que leva alegria ao ônibus que transporta crianças carentes para seções de quimioterapia na cidade de Caracas.

Este caso mostra como o MCC pode ser aplicado na orientação pessoal e, principalmente, na criação de valor para empresa e para a comunidade. Tenha sensibilidade, perceba verdadeiramente seu *coachee* e vá além, muito além dos manuais.

Daniel Kupermann

Daniel é um destes jovens talentos que encontramos pela nossa vida e continuaram sendo assim por muito tempo, tanto jovens como talentosos. Selecionamos o caso deste rapaz, agora um pai de família, pela capacidade de visualizar seu futuro e caminhar na direção dele, mesmo com as adversidades do caminho.

Daniel é um jovem de sucesso, bem nascido e que soube como poucos aproveitar as boas oportunidades da vida, assumindo cedo o controle de sua carreira, construindo oportunidades sobre seus pontos fortes e, a partir deles, superando suas deficiências.

Diretrizes

Daniel trabalhava na empresa de consultoria KPMG Consulting. Ele vinha de uma trajetória bem-sucedida na área de tecnologia, onde iniciou como estagiário na área de treinamento. Aqui fica um ponto interessante de análise sobre os modelos de consultoria da chamada velha escola, pois, apesar de vender a peso de ouro o conhecimento de seus consultores, as práticas de treinamento internas e externas eram bastante sofríveis e para conseguir que um membro de sua equipe participasse de determinado treinamento era uma batalha. Os profissionais eram vistos como recursos que deviam ser vendidos por hora, havendo inclusive indicadores de utilização a alocação de profissionais. Hoje graças ao bom mercado, isso está mudando e as consultorias de boa linha já compreendem que seus profissionais vendem conhecimento e não tempo.

Voltando ao caso do Daniel, ele já havia passado pelas áreas de treinamento e suporte técnico de redes, aproveitando seu background de tecnologia obtido na Universidade Paulista (UNIP) em São Paulo.

Um dos pontos fortes do comportamento do Daniel está relacionado com sua amabilidade e a capacidade quase infinita de ouvir, compreender e ajudar as pessoas ao seu redor. Em todos os projetos via-se o destaque destas características, o que está relacionado fortemente com a diretriz pessoal de interagir com pessoas. Mesmo com uma veia tecnológica forte, Daniel focalizava seus conhecimentos na comunidade e no senso de apoio mútuo.

Com o passar do tempo, ele evoluiu em seu trabalho e descobriu, dentro da sua forma de agir, a capacidade de atuar com pessoas, gerar valor através do conhecimento e manter-se sempre atualizado. Deste ponto em diante, sua carreira de consultor cresceu rapidamente, chegando formalmente a consultor sênior em três anos, embora já atuasse como tal a partir do segundo ano.

Objetivo

Neste momento ocorre a grande mudança na estratégia de carreira e na condução de vida de Daniel. Até então ele estava na posição de primeiro comando que é a combinação de condutor e trilho, ou seja, ele como consultor sênior já comandava pequenas equipes em projetos, todavia, estava restrito ao trilho imposto pela estrutura de carreira e pelas metodologias de trabalho da empresa. Este é um momento fundamental na carreira das pessoas, pois é reconfortante ser reconhecido pela empresa através da promoção, faz bem para o sentimento de crescimento receber sua primeira equipe e os desafios do comando eliminam qualquer vestígio de desmotivação ou tédio, já que cada novo dia e novo cliente é um novo desafio. Na carreira de consultor isso é potencializado, pois, as equipes também mudam de projeto para projeto.

Durante este período, em um certo momento, Daniel decidiu que precisava melhorar a sua formação. Seu desejo era fazer um MBA no exterior.

Estratégia

Uma vez aceito e iniciando seus estudos, Daniel precisou desenvolver uma estratégia de manutenção e continuidade, visto que seu curso era em tempo integral e agora fazia poucos meses havia casado com Tatiana que seria sua principal *stakeholder* e obviamente seu apoio durante a estadia fora do país.

Esta escolha foi pela mudança para o exterior, o ponto de maior destaque da carreira de Daniel, pois muitos dos leitores deste livro sonham em dar o mesmo passo e adiam, adiam, adiam até que a motivação ou as janelas da oportunidade acabam se fechando e o sonho termina em frustração. Para que a carreira de Daniel fosse algo mais, na sua concepção o MBA fora do país era ponto crítico e deveria acontecer enquanto ele estava na posição de primeiro comando, ou seja, quando isto ainda seria um diferencial.

Opções são sempre difíceis neste momento e a cada escolha que fazemos, deixamos outras tantas pelo caminho. Houve reduções de padrão, mudanças de hábitos, autolimitações de convívio, e muitas outras dificuldades, mas elas não devem ser encaradas de maneira negativa, mas sim, como investimentos para a construção de uma carreira sustentável.

Stakeholders

Que grande peso tiveram os *stakeholders* no caso de Daniel. Se pensarmos desde o início de sua carreira em áreas de suporte interno na consultoria, passando para a área de negócios e, finalmente, tendo a total aprovação para sair, mesmo sendo considerado um profissional de talento.

Após a tomada de decisão de sair do país, vemos a família dele, a de sua esposa e a decisão do casamento. Chegando a Boston, todos seus novos colegas, professores, coordenadores de estágio e outros para o qual Daniel teve que desenvolver uma visão ampla de valor e construir sua passagem. Analisemos passo a passo cada um de seus *stakeholders* durante o processo de migração:

Superior direto - Daniel era considerado um talento como poucos. Ao comunicar que pretendia reforçar seus conhecimentos com um MBA fora do país, ele demonstrou capacidade empreendedora o que certamente foi valorizado. Correu um sério risco com esta estratégia, pois, caso seu superior não concordasse com a saída, ou melhor, resolvesse "retê-lo" pelo bem da empresa, suas opções de saída teriam sido dificultadas e até mesmo a recomendação poderia ser prejudicada.

O chefe do chefe - era e ainda hoje é um profissional diferenciado. Sempre teve uma visão ampla de mercado, de oportunidades e de pessoas. Na sua juventude passou meses mochilando pela Europa pelo simples prazer de acumular conhecimentos e aperfeiçoar a língua. Ciente disso, Daniel tinha uma vantagem junto a esse *stakeholder* através de um processo de empatia e similaridade. Mas havia outro chefe-do-chefe. Em consultorias é bastante comum as equipes trabalharem para vários dos sócios, dependendo do projeto.

Esse outro chefe-do-chefe era um executivo de carreira na empresa que via em Daniel todo o potencial para desenvolver carreira ali, com grandes chances de se tornar gerente no próximo ano fiscal. Obviamente ele foi contra a ideia. Compreensível.

Família - viajar com Tatiana era uma das condições básicas do plano, e obviamente as famílias consideraram importante, devido a sua forma de cultura, que ambos fossem casados para a nova vida. Este se tornou um fator crítico de sucesso até certo ponto simples de ser superado, visto que a relação do casal era excelente e não havia motivo para não superar esta condição. No método MCC esta situação estaria na área verde, ou seja, muito importante para o *stakeholder* e simples de atender por parte do Daniel.

Faculdade - importantíssimo, pois caso ele não fosse aceito para o MBA, todo o processo estaria morto no nascedouro. Para gerar valor para este *stakeholder* foram necessários além de um currículo muito bem estruturado, as tais cartas de recomendação que possibilitaram seu ingresso. Antes disso e talvez por conta disso, Daniel já possuía um domínio impecável do idioma o que certamente gerou maior interesse pela universidade em recebê-lo, destacando-o dos demais.

Nova empresa - durante o verão americano de 2001, surge um novo *stakeholder* no modelo de carreira de Daniel e que certamente consolidou de vez sua carreira internacional. Neste período, aproveitando as férias escolares, Daniel candidatou-se e foi aceito como estagiário na Quadrant Software visando a implementação de um projeto de CRM. O ponto de destaque na análise deste caso é que no Brasil, Daniel detinha a posição de Senior Consultant, obviamente alguns passos de carreira acima da posição de estagiário de verão, porém, para construir uma nova carreira em outro mercado, aceitou a oferta e desde 2005 é o diretor de marketing desta empresa.

Esposa - na verdade, Tatiana teve duas influências importantes antes e depois de casar. Antes, segundo o próprio Daniel ela influenciou fortemente a decisão de sair do Brasil, pois pessoalmente alimentava este sonho a tempos. Ao receber a carta da Bentley aceitando sua matrícula e com 50% de bolsa, Daniel convidou Tatiana para um jantar e discutir a situação. A expectativa de ambos era certamente o sucesso mútuo, mas obviamente continuar juntos. Iniciativa estratégica: casamento. Feliz decisão. Depois de casados, por conta de tipos de vistos e autorizações de trabalho, Tatiana não pôde desenvolver carreira, aplicando seu tempo em cursos de aperfeiçoamento do inglês, mas na maior parte do tempo, ficou em casa, apoiando o esforço do Daniel. Meses depois foi a vez de ela fazer mestrado e ele apoiar. Coisas de casal.

Comentários

Quando convidamos Daniel para participar do livro com seu caso, ele relutou por um instante, pois considerou que sua história de carreira não era tão interessante a ponto de integrar os casos de estudo. Todavia, a base deste caso está hoje na cabeça de muitos leitores, quem sabe na sua neste momento, pois os profissionais brasileiros estão cada vez mais bem cotados no exterior por uma série de razões que graças ao bom Deus, já superaram a tríade, cachaça-samba-futebol.

Os profissionais brasileiros apresentam características muito disputadas no mercado de trabalho, entre elas, a capacidade de se envolver de verdade com novos projetos. A humildade para aprender e evoluir, o domínio de três línguas como recurso mínimo (português, espanhol e inglês). O nosso jeitinho foi transformado em capacidade empreendedora e flexibilidade, coisa rara entre os grandes executivos.

Saber navegar bem em seu mapa tendo diversos *stakeholders* pela frente fez toda a diferença no início de carreira de Daniel, pois ele iniciou na área de suporte e informática. Quando precisou de um consultor para um projeto (ainda que sem experiência) sua superiora direta o indicou sem titubear. Ele já havia gerado nela a percepção de valor.

O projeto necessitava de pleno domínio de inglês, característica que ele possuía ficando assim no quadrante verde do MCC: importante para o *stakeholder*, um alemão de nome Rott, figura ímpar com seu cachimbo e sua moto BMW antiga e completa aderência por parte do Daniel. Finalmente, o cliente que seria um *stakeholder* distante, mas que tinha como expectativa um trabalho de qualidade, que recebeu, gerando mais um componente de valor. Esta passagem ilustra bem a necessidade de criar histórias de valor e estar pronto para quando a oportunidade aparecer.

Outro ponto de análise do caso Daniel fica evidente na vantagem de "queimar as caravelas", ou seja, chegar a um novo país para construir uma carreira e não somente para ganhar dinheiro e voltar. Hoje Daniel é um profissional respeitado, que oferece um padrão de vida confortável para sua esposa Tati e para o pequeno Lucas, nascido em 2008.

Agora, para 2010, seguindo o sonho americano, Daniel se prepara para ter sua própria empresa de *software*, mas isso já é assunto para outro livro.

Com este caso, vemos a importância de tomar as decisões no momento oportuno, assumir certo grau de risco e não se incomodar de dar um passo atrás para dar dois à frente.

Adriano Martins

Adriano trabalhava na Porto Seguro Seguros em São Paulo como gerente de projetos de infraestrutura e tecnologia, onde tinha responsabilidades ligadas a um projeto importante de governança e procedimentos de tecnologia da informação (TI). Como era de se esperar, as competências técnicas eram bem desenvolvidas, como sempre foram desde seu primeiro emprego e no curso na área de TI.

Sempre teve muita disciplina e facilidade para a área técnica em que se envolveu. Buscou desde o início de sua carreira, certificações importantes no mercado, aperfeiçoamento em ferramentas e sistemas de ponta e diferencial. Ele já pretendia, com isso, se destacar da maioria e conseguir colocações profissionais bem remuneradas.

Porém, apesar da indiscutível competência técnica, Adriano tinha competências comportamentais que deixavam a desejar no quesito intercomunicação pessoal, persuasão e formação de vínculos.

Seu perfil, arrojado, agressivo, técnico, detalhista, extremamente exigente, raciocínio rápido e expectativas altas, traziam problemas no contato, no relacionamento com equipes internas e externas, uma vez que ele exigia dos outros o mesmo raciocínio e qualidades que ele apresentava e no ritmo que ele funcionava.

Esta característica tão comum aos profissionais de tecnologia da informação é a base de grandes problemas na formação das equipes. Por carregarem uma visão sistêmica aguçada, desde o início de sua formação, aprendem muito a falar e escrever, mas certamente não sabem ouvir. Todo projeto de group *Coaching* voltado para equipes de engenharia, tecnologia, construção e demais áreas técnicas, necessariamente começa pela "sessão cala boca". Aquietar a mente e ouvir atentamente. Uma ferramenta que para os *coaches* é fundamental e que para estes *coachees* representa um grande desafio. Um processo de audição focado está calcado na capacidade do indivíduo calar-se e ouvir atentamente o outro. Construir o padrão de atenção focada e estabelecer o *Flow*.

Voltando ao caso, não demorou muito para que este desnível entre a competência técnica e a humana trouxessem consequências negativas para o resultado final e, em decorrência disso, começassem as indagações junto à diretoria e ao próprio Adriano, sobre qual o principal valor a ser levado em conta.

Novamente, fica claro que a percepção sobre o valor cabe sempre ao observador que deve confirmar o valor do indivíduo. Adriano oferecia resultados técnicos acima da média, cumprindo prazos, regulando normas, mas, deixava um rastro de relações mortas pelo caminho, pois seus *stakeholders*, embora imbuídos do mesmo resultado, possuíam como todos as necessidades básicas de serem ouvidos atentamente e de se sentirem parte de algo maior. Assim, Adriano certamente comandava, mas não era capaz de liderar.

Nas semanas que se seguiram a este duro diagnóstico, muitas foram as sessões de *Coaching* formal e informal com Adriano, utilizando os conceitos da roda da vida e da linha do tempo, alternávamos as conversas entre o passado que era a referência das coisas boas, o futuro que se pretendia construir, mas acima de tudo, trabalhávamos com a capacidade de Adriano construir seu estado futuro desejado, onde existiriam pessoas e estas poderiam concordar ou não com ele. As regras técnicas não bastariam para criar um profissional de valor no estado futuro desejado.

Semanas depois, Adriano pôde perceber que tão importante quanto ser excelente tecnicamente, é ser excelente no relacionamento interpessoal. Passou então a se exigir mais neste aspecto, reconhecer seu perfil agressivo, que ele preferia qualificar apenas de arrojado; exercitar técnicas oferecidas pelo *Coaching* e perceber, vivenciar o resultado transformando em um novo comportamento adquirido.

Na prática, o trabalho de *Coaching* evoluiu do autoconhecimento, passando pela construção do EU Profissional mais adequado a ponto de domesticar o tubarão que existia no coração de Adriano. Como se pode imaginar, não existem tubarões domesticados, logo, o processo não foi tão tranquilo quanto aparentou ser.

Os resultados surgiram até que rápido no ambiente de trabalho, mas as mudanças internas de Adriano apenas começaram a entrar em ebulição. Ele era um típico tubarão que estava sendo moldado para se adaptar a um novo meio.

Utilizando a técnica do reforço positivo, foi possível capitalizar a energia do perfil arrojado, agressivo, altamente disciplinado e comprometido, obstinado e sério cumpridor de metas. Ele estava sempre se superando em habilidades técnicas com estudos, provas e certificações internacionais para buscar o almejado diferencial e destaque.

Assim, segundo o próprio Adriano, o trabalho de *Coaching* acrescentou nessa dinâmica uma busca e aperfeiçoamento nas competências comportamentais, habilidades de comunicação, relacionamento interpessoal, entendimento da diferenças de perfis comportamentais e como lidar com elas. Ele acabou por buscar um curso de MBA na área de negócio e não técnica, para compor seu perfil e adquirir conhecimento em como fazer ou buscar fontes para agregar outras competências.

A disponibilidade interna, foco, meta e reunião de ferramentas corretas, o fizeram crescer com sustentação e determinação. Para coroar o processo de transformação, tão logo, Adriano pôde unir os objetivos de vida pessoal aos objetivos profissionais:

Mudou de Estado para conciliar a melhoria de qualidade de vida e saúde de sua família a novas perspectivas de trabalho, pois sua filha, então recém-nascida começou a apresentar intolerância respiratória ao sacrificado ar da cidade de São Paulo.

Aliando o amor de pai com a clareza de propósitos do tubarão, Adriano e família se mudaram para um Estado onde, além de ter ganhado qualidade de vida em saúde para si e para a família, pôde ter destaque e qualificação diferenciada entre os profissionais ali presentes.

Adriano elegeu, após pesquisa, o Ceará, cidade de Fortaleza, local onde na área de tecnologia havia uma carência e "importação" de profissionais certificados, qualificados e com experiências do Sudeste. Aproveitando isso, se recolocou com facilidade, ainda que rebaixando sua renda mensal, respeitando e se enquadrando na dinâmica de salários da cidade nova.

A situação era arriscada financeiramente, mas bem calculada com as perspectivas profissionais e ganhos pessoais que teria. E por isso, não houve hesitação. Logo que mapeou o mercado de trabalho, sendo funcionário de empresas e representando consultorias do sudeste, Adriano montou sua própria empresa.

Um período da história foi aqui resumido, mas é importante

ressaltar as "intercorrências" que aconteceram no meio do caminho. Quando em São Paulo ainda, trabalhou muito o equilíbrio entre as habilidades que foram citadas, após o *Coaching* realizado.

Porém, ao chegar ao Nordeste, além de manter este trabalho de equilíbrio, que já havia avançado, graças ao *Coaching*, também encontrou outras variantes como o preconceito e a cultura local. Sua mão de obra qualificada foi muito bem recebida no Nordeste, porém quando decidiu se tornar empresário passou a disputar um terreno regional, que ainda funciona com indicações, amizades influentes e sobrenome tradicional.

Em São Paulo isso também existe, mas os profissionais são sempre incentivados e treinados a se qualificarem ao máximo para buscar um "lugar ao Sol". A busca pela excelência depende muito mais do esforço individual do que coletivo.

Este cenário não iria mudar e Adriano, com sua meta de se tornar empresário, teve mais uma vez que se adaptar, e em sua autocrítica, buscar melhoria em seu comportamento, desenvolver habilidades interpessoais, rever conceitos e valores de relacionamento, e "amadurecer", buscando alternativas para aquilo que não conseguiria mudar e ferramentas para o que poderia.

Porém, pôde olhar para trás e verificar o que já havia evoluído, encontrado de dificuldades e quais as melhorias adquiridas. Nestes momentos, resgatar na memória o trabalho de *Coaching* foi muito positivo. Não apenas pelos resultados concretos obtidos em São Paulo, mas pelas reflexões e despertares que se instalaram em sua dinâmica de personalidade. Aquela busca que fora iniciada lá atrás, num grupo de trabalho técnico específico, orientados por um *Coaching*, se tornou um hábito.

Atualmente, Adriano está à frente de vários negócios entre eles a PMG education que oferece cursos presenciais e *online* onde estabeleceu parceria com todo o Brasil para não ficar refém de regiões que ainda não valorizam tais certificações e cursos. A PMG utiliza diversos parceiros e distribuidores pelo Brasil, assim, o profissional que não conseguia se relacionar bem faz do relacionamento pessoal a peça chave de sua estratégia.

Hoje, com a empresa já instituída e funcionando presencial e virtualmente no mercado, Adriano encontra dificuldades para poder se dedicar mais ao *core* da empresa que é a sua maior habilidade. Para ascender à espiral novamente, está trabalhando estratégias de contratação, delegação e difusão de responsabilidades com parceiros e fornecedores. Outro aprendizado e exercício importante para um novo momento.

Mesmo em um período complicado, após um acidente de motocicleta que o colocou meses de cama, Adriano encontrou motivação para criar, cocriar e elevar o espírito buscando sempre domesticar seu tubarão e fazê-lo trabalhar de acordo com a sua vontade.

Para Adriano é muito claro um dos maiores ganhos, o maior ganho no trabalho de *Coaching* que recebeu foi o de instalar em sua personalidade o componente movimento espiral ascendente, reflexão, ampliação de conceitos e de autocrítica, conhecendo-se, honrando sua história, mas criando a cada dia um profissional melhor do que aquele que foi ontem.

Uma ressalva importante

Os casos de estudo sempre trazem situações motivadoras e desafiadoras que possuem um final feliz e inspirador, contudo, às vezes o obstáculo é confundido com desafio e o *coach* passa a dedicar tempo e energia a casos onde provavelmente não terá êxito.

Veja algumas situações onde provavelmente o trabalho de *coach* deva ser descontinuado:

- O *coachee* constantemente não completa seus planos
- Constantemente recusam-se a se responsabilizar pelos seus comportamentos; terceirizam a responsabilidade
- Fazem-se de vítimas
- Não aceitam ser confrontados, desafiados, interrompidos ou questionados

- Pessoas que foram forçadas ao *Coaching* pelo RH, diretor, ou empregador, pela empresa sem receber informação sobre o processo
- Quando o *coachee* continuamente muda sua meta, isto é, não cumpre as tarefas de uma sessão para outra e apresenta novas áreas ou problemas não relacionados em cada sessão
- Quando o *coach* sente que está super envolvido ou investindo demais no bem-estar do *coachee* e nos resultados das sessões de *Coaching*
- Quando o *coach* sente que está fazendo a maior parte do trabalho nas sessões
- Quando o *coach* ou *coachee* regularmente cancelam as sessões• Quando o *coachee* é incapaz ou não quer ouvir *feedback*, independentemente de quão diplomático o *coach* possa ser
- Quando o *coachee* demonstra estados emocionais intensos como: raiva ou angústia, nas sessões e o *coach* se sente incapaz de mover para ação superando estas emoções
- Quando o *coachee* continua solicitando ajuda e estratégias de mudança, mas não age em nenhuma das soluções discutidas nas sessões
- Quando o *coachee* tem um problema substancial de abuso que está afetando sua *performance* e habilidade de aprender ou mudar no processo de *Coaching*
- Quando o *coachee* apresenta um alto nível de ansiedade que faz com que não consiga se concentrar ou aprender durante as sessões
- Quando o *coachee* apresenta sinais de ou sintomas de depressão que estão claramente afetando sua vida pessoal ou profissional
- Quando o *coachee* aparenta dependência excessiva em relação ao *coach*. Esta dependência pode se manifestar como uma falta de desejo de agir sem a aprovação do *coach*, buscando sempre a aprovação do *coach* ou insinuando que a relação é "especial".

Existindo evidências como essas, elegantemente recuse o trabalho utilizando a abordagem mais adequada, como por exemplo: "*Coaching* não é o melhor processo para atendê-lo, agora".

Ferramentas e Técnicas

"Caminante no hay camino.
Se hace camino al caminar."
("Viajante, não há caminho.
Se faz o caminho ao andar.")

Antonio Machado

Ao longo de cada capítulo deste livro, tivemos a oportunidade de ver inúmeras ferramentas que são utilizadas não só no *Coaching* de Carreira, como em outras áreas do *Coaching*.

Estamos falando de um processo que envolve bastante conteúdo teórico, mas como já sabemos, a teoria não é nada sem a prática, e em se tratando de *Coaching*, o que se faz mais importante é a ação, as atitudes que farão com que o seu *coachee* modifique de forma poderosa toda a sua vida. A seguir apresentamos mais algumas técnicas que ajudarão você e seu *coachee* a alcançarem resultados magníficos e em um tempo jamais imaginado.

Aproveite!

Técnica da Cadeira Vazia
(Adaptado da Gestalt-Terapia)

A técnica da cadeira vazia é uma técnica projetiva, onde o cliente assume a perspectiva de outra pessoa. Você pode colocar o *coachee* em uma cadeira vazia à frente e pedir para que ele assuma o papel de outra pessoa ou imaginar a pessoa à frente sentada na cadeira. É uma técnica projetiva muito poderosa para lidar com profissionais resistentes e com a visão distorcida da realidade.

Técnica dos "5 POR QUÊS"

É uma técnica japonesa originária da Qualidade e se fundamenta em atingir o cerne do assunto abordado. É extremamente simples e mesmo tendo o nome "5 Por Quês", concentra-se no bom senso do entrevistador, ou seja, pode não haver limitação quanto ao número de "Por Quês". Apenas exige-se usar de forma recorrente o "Por Que", até identificar o problema. Por exemplo:

P. Qual é a principal reclamação sobre o seu caminhão?
R. A suspensão. A suspensão de trás é fraca!

P. Por quê?
R. A carroceria anda inclinada sempre.

P. Por quê?
R. Eu uso esse caminhão para puxar cana, não dá para distribuir de maneira uniforme e a carroceria inclina para o lado.

P. Por que a carroceria inclina?
R. Porque as borrachas que protegem a fixação da suspensão desgastam de forma desigual.

P. Por que as borrachas desgastam?
R. A carroceria esfrega as borrachas no trajeto inteiro.

P. Por que a carroceria esfrega as borrachas?

R. Nós andamos cheios, nós andamos com muito peso!

ATENÇÃO: é preciso ter bastante cuidado e utilizar de forma correta o Por quê em *Coaching*. Muitas vezes ele é inadequado a alguns casos, pois estimula a desculpa e não promove ação.

Perguntas Poderosas para *Coaching* de Carreira

Facilitando o processo de *Coaching* de Carreira

Questões para início do processo:

- Você sabe o que é *Coaching*?
- O que você espera obter do processo de *Coaching*?
- Você sente que está decidido a investir em você de forma consistente?
- O que você espera de mim como seu *coach*?
- Qual objetivo você deseja trabalhar?
- Você já teve alguma experiência com *Coaching*?

Questões para criar comprometimento:

- Você está pronto para investir tempo em você?
- Suas ações dentro do processo de *Coaching* farão parte da sua agenda?
- Você está comprometido em fazer o trabalho necessário para o seu desenvolvimento pessoal e profissional?
- Você acredita que é possível alcançarmos juntos resultados extraordinários?
- Você reconhece que pode evoluir com o processo de *Coaching*?
- Reconhece que você é totalmente responsável por sua vida e por suas decisões?

Questões para gerar ação:

- Qual primeiro passo você pode dar, na prática, para ir rumo ao seu objetivo?
- Um pequeno passo é o começo para a mudança. Qual o primeiro passo?
- Qual ação levou você ao sucesso em sua história profissional e você pode fazer novamente?
- Em que momento da sua carreira você sentiu que tem todos os recursos necessários para ir em frente?
- Quais dos seus pontos fortes você pode utilizar neste momento?

Questões pessoais:

- Quais interesses/hobbies você tem?
- Que conhecimento especial tem? (Qual seu grande diferencial?)

- No que você acredita fortemente?
- Qual é sua reação diante de situações estressantes?
- Quais atividades têm significado especial para você?
- Fale um pouco sobre sua família, sobre sua vida pessoal...

Questões para mapeamento de competências:

- Quais são seus pontos fortes?
- Quais pontos fortes seu chefe diria que você tem?
- Quais pontos fortes seus subordinados diriam que você tem?
- Em quais situações você se sai melhor?
- Quais competências você utiliza nessas situações?

Questões para mapeamento de pontos de melhoria:

- Quais você acredita serem seus pontos de melhoria?
- Quais pontos de melhoria seu chefe diria que você tem?
- Quais pontos de melhoria seus subordinados diriam que tem?
- Em quais situações você acredita que poderia sair-se melhor?
- O que você precisa desenvolver para isso?

Questões para mensurar o Roe (Retorno sobre a expectativa)

- De 0 a 10 o quanto você acredita que foi positivo nosso processo?
- Suas expectativas foram atendidas?
- Quais foram suas conquistas durante o processo?
- Você, hoje, se considera um profissional melhor?
- Quais as evidências de que o *Coaching* deu certo?

A Janela de Johari

Ferramenta para Autoconhecimento, Comunicação e *Feedback*

(Adaptado de Joseph Luft e Harrington Ingham)

- **Aplicações**
- **Autoconhecimento**
- ***Team Coaching***
- **Comunicação, Relacionamento Interpessoal e *Feedback***

No conceito da Janela de Johari, permite-se revelar o grau de lucidez nas relações interpessoais e também a desvendar o EU através da sua divisão em quatro domínios:

- Área livre ou Eu Aberto;
- Área cega ou Eu Cego;
- Área secreta ou Eu Secreto;
- Área inconsciente ou Eu Desconhecido.

O conceito tem um modelo de representação que permite revelar o grau de lucidez nas relações interpessoais, relativamente a um dado EU, classificando os elementos que as dominam num gráfico de duas entradas (janela): busca de *feedback* versus autoexposição, subdividido em quatro áreas: através da compreensão dos âmbitos do EU, pode se ter uma comunicação e um autoentendimento da realidade infinitamente superior.

A figura abaixo ilustra a Janela de Johari

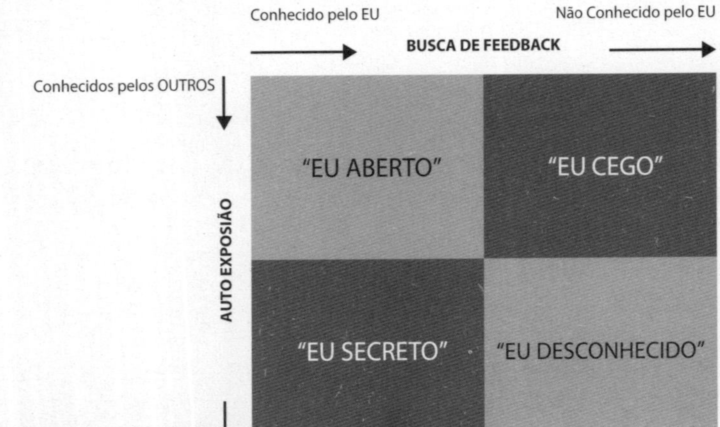

Eu Aberto

Qualidades que você sabe que tem e os outros também. É uma espécie de retrato onde a pessoa se identifica assim como os outros a identificam.

Modelo para *Coaching*

1. Até que ponto eu desejo e estimulo os outros a me darem informações sobre meu comportamento?

   Mínimo 0 1 2 3 4 5 Máximo

2. Avalio de forma adequada os resultados que obtenho?

   Mínimo 0 1 2 3 4 5 Máximo

3. Até que ponto eu me exponho, revelando aos outros opiniões, sentimentos e motivos do meu comportamento?

Eu Secreto

Qualidades que você sabe que tem e os outros não. É o que a pessoa realmente é, mas esconde das demais.

Modelo para *Coaching*

1. De 0 a 5 o quanto você mascara seus pontos de melhoria?
2. Em uma escala de 0 a 5, você é realmente você no contexto X ou na situação Y?

Eu Cego

Qualidades ou pontos de melhoria que você não sabe que tem, mas os outros sim. A percepção das demais pessoas sobre você.

Modelo para *Coaching*

1. Quem você imagina que poderia descrever adequadamente seus pontos de melhoria e suas qualidades?
2. Quais qualidades você acredita que essa pessoa diria que

você tem?

3. Quais pontos de melhoria você acredita que essa pessoa diria que você tem?
4. De 0 a 5 o quanto essa pessoa diria que você tem consciência do seu comportamento, da sua forma de ser?

Eu Desconhecido

Qualidades ou pontos de melhoria que nem você nem os outros sabem que você possui. É o que está presente no subconsciente, difícil de ser analisado e percebido.

Modelo para *Coaching*

1. Quais qualidades você acredita que a atual Presidente do Brasil encontraria em você? (Você pode utilizar personagens mitológicos, figuras enigmáticas de acordo com cada *coachee*, como por exemplo*: Buda ou Jesus Cristo.)*
2. Quais pontos de melhoria você acredita que Jesus Cristo encontraria em você?

→

Mínimo 0 1 2 3 4 5 Máximo

3. De 0 a 5 o quanto você acredita que Jesus Cristo diria que você tem consciência do seus comportamentos, da sua forma de ser? (Você pode utilizar personagens mitológicos, figuras enigmáticas de acordo com cada *coachee*).

Assessment* de Autopercepção e *Feedback

(Baseado na Janela de Johari)

→

Mínimo 0 1 2 3 4 5 Máximo

INSTRUÇÕES

A competência interpessoal está diretamente relacionada à capacidade de dar e receber informações relevantes. Abaixo, estão

→

Mínimo 0 1 2 3 4 5 Máximo

listadas algumas situações referentes a este interrelacionamento com duas opções como respostas: (A e B). Procure atribuir um total de dez pontos às duas alternativas, distribuindo-os segundo uma das seguintes combinações:

(10 / 0) – (0 / 10) – (8 / 2) – (2 / 8) – (6 / 4) – (4 / 6)

1. Se eu entro em conflito com alguém que me é particularmente importante e com quem sinto que tenho que cooperar para atingir um dado fim, eu geralmente:

a) (   ) Sinto-me parcialmente responsável e tento colocar-me na posição dele, vendo como pode estar sendo afetado.
b) ( ) Procuro não me envolver muito, pois tenho receio de que nossas relações possam romper-se.

2. Se ao dialogar com outra pessoa percebo que a conversa está polarizando em torno de assuntos que me são desconhecidos, na maioria dos casos, eu:

Mínimo	0	1	2	3	4	5	Máximo

a)(   ) Procuro desviar o curso da conversa para assuntos que eu domine.
b)( ) Manifesto abertamente meu desconhecimento do assunto e estimulo o prosseguimento da conversa.

3. Quando alguém manifesta suas impressões sobre o meu comportamento e sua pouca eficácia, eu, frequentemente:

a)( )Encorajo-o para que exemplifique e me explique melhor suas impressões.
b)(   )Tento explicar-lhe o "porquê" do meu comportamento.

4. Se um colega, com quem tenho um relacionamento próximo, passa a evitar-me e a agir de uma forma gentil, mas dissimulada, eu, geralmente:

a)( ) Chamo-lhe a atenção sobre sua atitude e peço-lhe que me diga

Mínimo	0	1	2	3	4	5	Máximo

o que está ocorrendo.
b)( )Comporto-me tal como ele é, relaciono-me superficialmente, já que é isto que ele deseja.

5. Se eu e um dos meus colegas tivemos uma discussão acirrada no passado e notei que, a partir de então, ele se sente pouco à vontade junto a mim, eu:

a)( ) Evito agravar a situação e deixo as coisas correrem como estão.
b)( )Chamo a atenção para os efeitos da controvérsia do nosso relacionamento.

6. Se você está com algum problema pessoal, torna-se irritável e descarrega sua tensão em coisas sem importância e alguém alerta sobre isso, você:

a)( ) Diz que está preocupado e gostaria de ficar sozinho, sem ser incomodado.
b)( ) Escuta as observações, sem tentar justificar sua atitude.

7. Se eu observo que alguém com quem tenho um relacionamento relativamente bom, está assumindo atitudes que limitam sua eficácia, eu:

a)( ) Guardo minhas opiniões com receio de que possa parecer muito intrometido.
b)( ) Digo o que acho e como me sinto a respeito dessas atitudes.
8. E numa conversa alguém, inadvertidamente, menciona algum fato que possa afetar minha área de atuação, eu, usualmente:

a)( ) Procuro estimulá-lo a falar, a fim de obter mais informações.
b)( ) Deixo-o à vontade para que, espontaneamente, me dê mais informações.

9. Se eu noto que alguém de minha relação está tenso e preocupado e descarrega sua irritação em coisa pequena, eu:

a)( ) Procuro tratá-lo com muito tato, sabendo que essa fase é temporária e que seu problema não é da minha conta.
b)( ) Procuro conversar com ele e mostrar-lhe como está afetando os

outros à sua volta, inclusive a mim.

10. Conversando com alguém que é muito "sensível", sobre sua própria atuação, eu, frequentemente:

a)( ) Evito ressaltar seus erros para não melindrá-lo.
b)( ) Foco basicamente em seus erros numa tentativa de auxiliá-lo.

Tabulação do questionário Janela de Johari

QUESTÕES	ITENS	PONTOS
01	A	
02	A	
07	B	
10	B	
09	A	
Total		

QUESTÕES	ITENS	PONTOS
03	A	
04	B	
05	B	
06	B	
08	B	
Total		

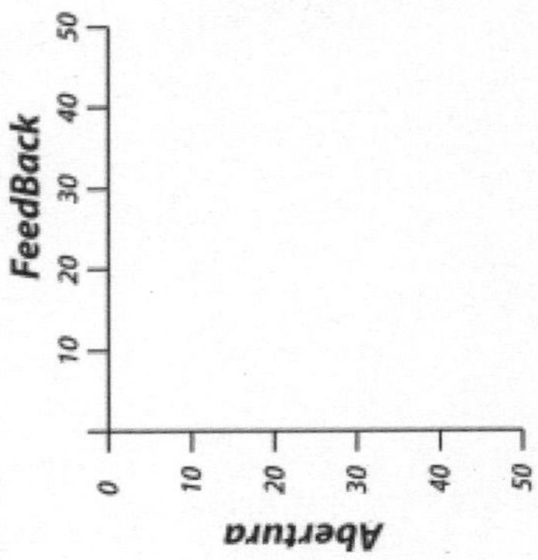

Gráfico Janela de Johari

Os seis chapéus pensantes

Dr. Edward De Bono

Dr. Edward De Bono, médico e psicólogo com mais de 60 livros publicados e traduzidos em 37 línguas, desenvolveu a teoria e método dos *Six Hats Thinking* (Seis Chapéus Pensantes). Dr. De Bono é considerado uma autoridade mundial no que diz respeito ao pensamento.

A principal dificuldade em tomar decisões reside no fato de que, quando pensamos lidamos simultaneamente com emoções, fatos, lógica, criatividade, etc. É este amálgama de dimensões do pensamento, que por muitas vezes torna nossas decisões difíceis de serem tomadas. O que a Teoria dos Seis Chapéus Pensantes vem sugerir é, precisamente, a separação entre os vários tipos de pensamento, de forma a conseguir obter mais clareza e lucidez. Na hora de tomar uma decisão, analise o contexto na perspectiva de pensamento de cada um dos chápeus. Cada chapéu representa um conjunto de pensamentos que devemos aprender para usar como filtros decisórios.

O método dos seis chapéus, de Edward de Bono, facilita e faz com que as pessoas possam explorar perspectivas diferentes para delimitar uma solução. Acaba por gerar sessões de criatividade, pois identificarão seis tipos de pensamentos, estes seis pensamentos são os "seis chapéus", cada vez que colocar "um deles" terá que pensar de forma diferente. Eles são:

White Hat ("Chapéu Branco")
Diz respeito à informação que é conhecida ou necessária, aos fatos relevantes para o problema em questão; aqui apenas se lida com fatos, com informações objetivas e necessárias para a tomada de decisão; expõe a situação (expõe os dados concretos da situação, demonstra em que ponto está, delata as informações obtidas até o momento) com neutralidade, sem julgamento.

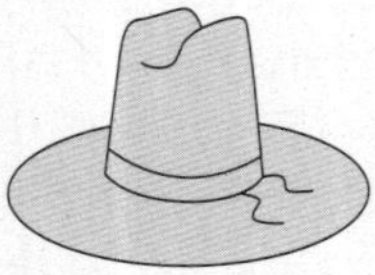

Yellow Hat ("Chapéu Amarelo")
Simboliza o pensamento otimista, a positividade, isto é, quais as vantagens que a situação tem. Fundamenta-se nos benefícios que poderão resultar do projeto/decisão ou solução em questão. Nesta abordagem de pensamento a situação é valorizada.

Black Hat ("Chapéu Preto")
Simboliza uma atitude crítica e de julgamento (precauções e possíveis efeitos negativos da decisão); cuidado para não utilizar esse chapéu em excesso. Representa também os obstáculos. Terá que analisar a situação em todos os níveis (orçamento, éticas, políticas etc.), pois originará uma lista das desvantagens.

Red Hat ("Chapéu Vermelho")
Corresponde à intuição, aos pressentimentos, às emoções, quais consequências você intuitivamente prevê para uma determinada decisão. Pensamento focado em sentimentos e à intuição, podendo se referir também a uma conciliação. Tudo isso sem que haja a necessidade de uma justificação para tais sentimentos.

Green Hat ("Chapéu Verde")
É o lado do pensamento correlacionado à criatividade, quais as possibilidades, alternativas e sugestões para tomar ou não uma determinada decisão. Nesta

abordagem de pensamento terá que criar opções, alternativas, gerar ideias provocadoras e obter variações da mesma ideia.

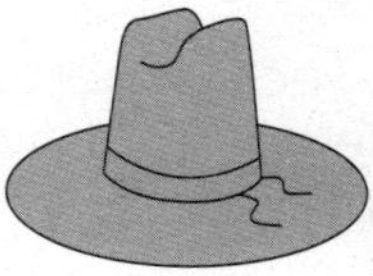

Blue Hat ("Chapéu azul")
É a perspectiva do pensamento que faz o gerenciamento de todo o processo, visando assegurar a dimensão real de cada pensamento, representa a reflexão. Administrará a reunião/pensamento/ processamento. Tem a função de sistematizar e encerrar a reunião.

Aplicações do Seis Chapéus Pensantes:

. Para gerar novas ideias
. Modelo para sessões/reuniões
. *Briefing/Brainstorming*
. *Team Coaching*
. Encontrar novas soluções
. Analisar cenários
. Tomada de decisão

Como aplicar?

Explique ao seu *coachee* a teoria dos seis chapéus, e vá desenvolvendo o diálogo com cada estilo de pensamento em questão.

Utilize os chapéus impressos para facilitar o processo

Técnicas AntiEstresse

Relaxamento

Grave uma fita usando a própria voz ou a voz de um amigo.
Ou leia as seguintes instruções:

1. Vá para um quarto silencioso com iluminação suave. Feche a porta, desligue o seu telefone celular e se sente em uma cadeira confortável, mantenha os pés apoiados no chão e os olhos fechados;

2. Comece a prestar atenção na sua respiração;

3. Faça inspirações profundas, e na medida em que você solta o ar em cada respiração, fale mentalmente a palavra "calma", ou "relaxe", ou "tranquilidade", qualquer uma delas com a qual você se identifique mais;

4. Concentre-se no seu rosto e nos olhos, sinta qualquer tensão. Faça uma imagem mental dessa tensão... Talvez seja uma corda amarrada fazendo um nó ou um punho fechado... Então mentalmente imagine seu rosto relaxando e ficando confortável, como uma tira de borracha flexível;

5. Perceba seu rosto e olhos ficando suaves... A parte de trás dos seus olhos ficando suave... Relaxada. Na medida em que eles relaxam, sinta uma onda de tranquilidade se espalhando pelo seu corpo;

6. Tensione os seus olhos e o seu rosto, contraindo com força, então relaxe-os... sinta o relaxamento se espalhando por todo o seu corpo;

7. Empregue as instruções anteriores às outras partes do seu corpo. Descendo pelo seu corpo lentamente... Mandíbula, pescoço, ombros, costas, braços e antebraços, mãos, peito, abdômen, coxas, pernas, tornozelos, pés, dedos dos pés... Até que todas as partes do seu corpo estejam relaxadas. Para cada parte do corpo imagine mentalmente a tensão e, então, imagine-a se diluindo e indo embora... Tensione a área... E, então, relaxe;

8. Quando você tiver relaxado cada parte do seu corpo, neste estado confortável, descanse durante cerca de dois a cindo minutos;

9. Então, deixe os músculos das suas pálpebras ficarem mais leves, prepare-se para abrir os olhos e comece a perceber a sala;

10. Agora deixe seus olhos se abrirem e você estará pronto para prosseguir com suas atividades usuais.

Roteiro de Coaching

1. Quais dos sinais de estresse assinalados na autoavaliação de nível de estresse que mais preocupam você?

2. Quais consequências você está tendo hoje por isso?

3. Quais consequências você pode ter, a longo prazo, se você não aprender a reequilibrar ou recompor o seu sistema?

4. De 0 a 10, quanto você gostaria de aprender estratégias eficazes para recompor o seu sistema e diminuir o nível de estresse e suas consequências?

5. Apresente as estratégias de recomposição e pergunte quais seriam mais fáceis de iniciar:

6. Quais ações você irá tomar hoje ou, no máximo amanhã, para iniciar o processo de reequilíbrio? Quais estragégias você gostaria de usar? (Recomposição física, cognitiva, emocional e de consciência)

Stress - Assesment

Sinais Físicos

- ☐ Dores de cabeça
- ☐ Problemas digestivos
- ☐ Palpitações
- ☐ Dores musculares
- ☐ Dores nas costas
- ☐ Erupções cultâneas
- ☐ Resfriados
- ☐ Alterações de apetite
- ☐ Ficar tamborilando os dedos
- ☐ Ficar batendo os pés
- ☐ Fadiga
- ☐ Insônia
- ☐ Propensão a acidentes
- ☐ Uso excessivo de remédios
- ☐ Abuso de álcool
- ☐ Uso de tabaco

Sinais Cognitivos

- ☐ Tédio
- ☐ Confusão
- ☐ Mente lenta
- ☐ Pouca energia
- ☐ Confusão mental
- ☐ Esquecimentos
- ☐ Expectativas negativas
- ☐ Dificuldades de concentração
- ☐ Sair da sintonia, "viajar"
- ☐ Vazio mental
- ☐ Ficar repentindo as coisas
- ☐ Preocupação
- ☐ Arrependimento
- ☐ Racionalização
- ☐ Negação
- ☐ Culpar os outros

Sinais Emocionais

- ☐ Ansiedade
- ☐ Apatia
- ☐ Desânimo fácil
- ☐ Ataques de choro
- ☐ Depressão
- ☐ Sentimento de "ninguém se importa"
- ☐ Cinismo
- ☐ Frustação
- ☐ Irritabilidade
- ☐ Agressividade
- ☐ Mudanças repentinas de humor
- ☐ Risada nervosa
- ☐ Solidão
- ☐ Inquietação
- ☐ Inveja
- ☐ Desconfiança

Recomposições Físicas

Programa de exercícios físicos
Respiração diafragmática

Recomposições Cognitivas

Crenças
Re-enquadramento

Recomposições Emocionais

Lidar com estados emocionais, trazer a consciência das formas de defesa (lutar, desanimar, fugir ou travar)

Recomposições de Consciência

Meditação, visualização, ioga, Tai-Chi-Chuan, sincronização de ondas cerebrais

Benefícios ao EXECUTIVO:

. Menor risco de doenças
. Melhoria em lidar com desafios
. Reflexão serena
. Mais otimista
. Mais confiança no trabalho
. Afeta positivamente o corpo
. Melhora a qualidade nos pensamentos
. Eleva o nível de resolução criativa de problemas

Punho Cerrado

1. Cerre o seu punho bem forte até doer...um pouco...e suas juntas ficarem um pouco esbranquiçadas...até que seu antebraço comece a tremer um pouco;

2. Solte o seu punho, sinta a tensão afrouxar e na medida em que você deixa a sua mão e o seu braço ficarem soltos...Sinta alívio conforme isso se espalha pelo seu corpo.

3. Levemente chacoalhe a mão e o braço e retorne ao que você estava fazendo.

Faça isso sempre que sentir sua tensão interior crescendo. Várias vezes ao dia se quiser. Você pode alternar os punhos.

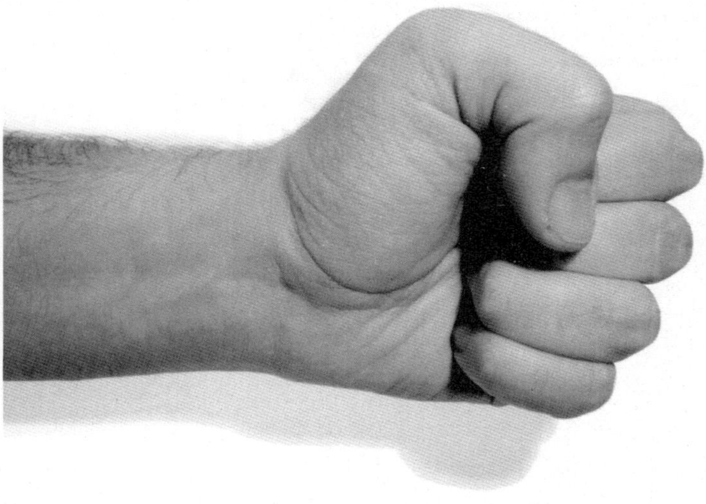

Avaliação do Estresse de Vida

☐ 100 - Morte do cônjugue	☐ 73 - Divórcio	☐ 36 - Mudança para um tipo de trabalho diferente
☐ 37 - Morte de um amigo íntimo	☐ 65 - Separação marital (ou separação de qualquer amigo íntimo mais significativo)	☐ 36 - Mudança para um tipo de trabalho diferente
☐ 63 - Morte de um membro da família próximo	☐ 53 - Ferimento ou doença pessoal	☐ 44 - Mudança significativa na saúde ou no comportamento de um membro da família
☐ 47 - Ser demitido do trabalho	☐ 40 - Dificuldades sexuais	☐ 45 - Reconciliação marital
☐ 45 - Aposentadoria	☐ 39 - Reajuste nos negócios	☐ 40 - Gravidez
☐ 38 - Mudança financeira significativa	☐ 50 - Casamento	☐ 35 - Aumento no número de brigas com o cônjugue
☐ 23 - Problemas com o chefe/ superior	☐ 31 - Hipoteca ou empréstimo	☐ 30 - Execução da hipoteca ou empréstimo
☐ 29 - Mudanças no nível de responsabilidade no trabalho	☐ 29 - Filho ou filha saindo de casa	☐ 28 - Realização pessoal marcante
☐ 26 - O cônjugue parou de trabalhar fora de casa	☐ 29 - Problemas com parentes por afinidade (sogros, genro/ nora, etc.)	☐ 26 - Voltar a estudar
☐ 25 - Mudanças nas condições de moradia (reformar, remodelar)	☐ 20 - Mudança de casa	☐ 24 - Revisão/mudança de hábitos pessoais
☐ 19 - Mudança nos hábitos recreativos	☐ 19 - Mudança de igreja/atividades espirituais	☐ 18 - Mudança nas atividades sociais
☐ 17 - Aquisição de itens importantes (carro, computador, etc.)	☐ 16 - Mudança nos hábitos de dormir	☐ 15 - Mudança na quantidade de reuniões de família
☐ 15 - Mudanças de hábitos alimentares	☐ 15 - Férias 1	☐ 2 - Natal
☐ 11 - Pequenas violações da lei (ex. multas de trânsito, delitos leves)	**Sua pontuação Geral:**	

Pontuação do Estresse de Vida

Esta escala mostra o tipo de pressão de vida que você está enfrentando. Dependendo das suas habilidades ou delas para lidar com isto, essa escala pode prever a probabilidade de você ser vítima de alguma doença relacionada ao estresse. A doença pode ser leve: dores de cabeça frequentes, devido à tensão, indigestão ácida, perda de sono, como também pode ser muito grave como: úlceras, câncer, enxaquecas e similares.

0 - 149	150 -299	300 -*

. **0 a 149:** baixa suscetibilidade a doenças relacionadas ao estresse.

. **150 a 299:** média suscetibilidade a doenças relacionadas ao estresse. Aprenda e pratique habilidades de relaxamento e habilidades de gerenciamente de estresse e desenvolva um estilo de vida bom e saudável.

. **300 ou mais**: alta suscetibilidade a doenças relacionadas ao estresse. A prática diária de habilidades de relaxamento é muito importante para o seu bem-estar. Cuide disso agora, antes que surja uma doença grave ou que os problemas piorem.

Resolução Criativa de Problemas
Mind Mapping

A técnica de *Mind Mapping* foi desenvolvida por Tony Buzan, na década de 70. É um metodo efetivo de organizar informações e melhorar as habilidades de pensamento. Permite que tenhamos uma visão global dos detalhes melhorando a associação livre de ideias. Gera criatividade e integra lógica e imaginação. *Mind Mapping* tem virtualmente um número ilimitado de uso no *Coaching*. Algumas áreas que o *coach* pode utilizar as técnicas de *Mind Mapping* incluem:

. Habilidades de apresentação
. Desenvolvimento de relatórios escritos
. *Brainstorming*
. Definição de objetivos
. Plano de ação
. Plano para crescimento pessoal
. Resolução de problemas
. Sedimentação de aprendizado
. Gerenciamento do tempo
. Equilíbrio vida/trabalho

Passos para elaboração de um mapa mental:

1. Solicite ao *coachee* que desenhe um retângulo ou um círculo no centro da página;

2. Solicite ao *coach*ee escrever o tópico a ser trabalhado no centro do círculo ou retângulo;

3. Conforme cada ideia vai surgindo, solicite ao *coachee* desenhar um ramo saindo do retângulo ou círculo;

4. A medida que as ideias forem surgindo, o *coachee* pode avaliar se é uma extensão da ideia existente. Se sim, continue no mesmo ramo, se não, crie um novo ramo, nomeando cada um deles.

Exemplo de *Mind Mapping*

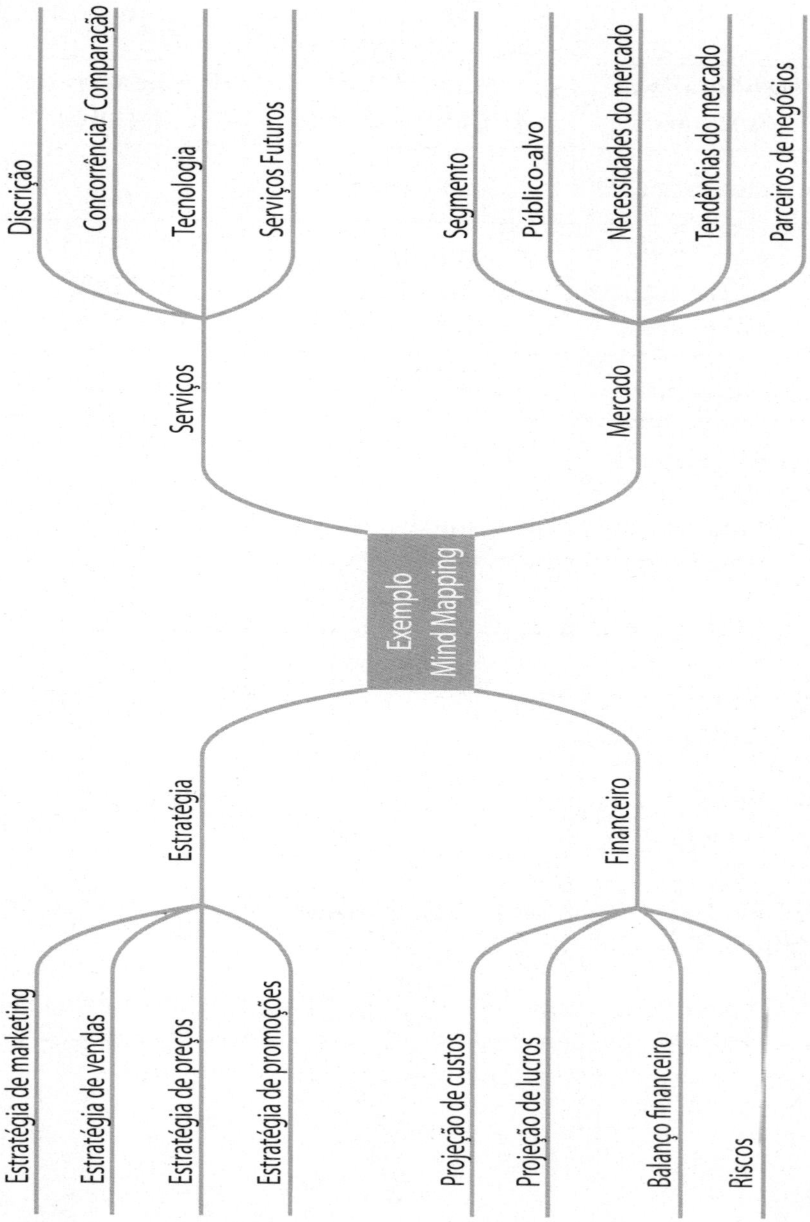

Perfil de competências

Habilidades Pessoais	Habilidades Organizacionais	Habilidades de Liderança
Conexão emocional	Administração	Conciliação/ Mediação
Capacidade de Decisão	Análise de dados	Planejamento estratégico
Confiança em si	Planejamento	Motivação
Empatia	Fontes de recursos	Persuasão
Controle emocional	Tomada de decisão	Influência
Resiliência	Resolução de problemas	Desenvolvimento de confiança
Habilidades de comunicação	Negociação	Direcionamento
Autoestima	Técnicas de apresenta-ção	Promoção de aprendizado e mudança
Habilidades com pessoas	Delegação	Visionar
Assertividade	Flexibilidade	Liderar
Alegria / Despreocupação	Gerenciamento do tempo	Classificar valores
Persistência	Gerenciamento de sistemas	Dar *Coaching*

1 - Você pode listar três áreas de cada grupo nas quais se acha competente?

Habilidades pessoais

Habilidades organizacionais

Habilidades de liderança

2 - Você pode listar três áreas de cada grupo que gostaria de desenvolver?

Habilidades pessoais

Habilidades organizacionais

Habilidades de liderança

3 - De maneira geral, quais são as três habilidades em que você é mais eficiente?

4 - Quais são as habilidades em que você é menos eficiente?

***Self-assessment* (pós-sessão)**
Evolução contínua

1 - Quão bem preparado eu estava para esta sessão?

2 - Quão claro eu fui nos objetivos da sessão?

3 - Quão apropriados foram os modelos e técnicas que empreguei?

4 - Quanto êxito teve as técnicas que eu empreguei?

5 - Eu preciso desenvolver técnicas novas?

6 - Quão intensa foi a concordância com o *coachee*?

7 - Como efetivamente eu usei minhas habilidades de ouvir?

8 - Como efetivamente eu usei minhas habilidades interrogativas?

9 - Quão verdadeiramente empenhado e interessado eu estava na sessão?

10 - Eu tentei qualquer coisa nova na sessão?

11 - Quão paciente eu estava na sessão?

12 - Quão empático e não julgamental eu estava na sessão?

13 - Quais dicas, verbais ou não verbais, eu peguei do *coachee*?

14 - Com que eficiência eu as segui?

15 - O que eu mais gostei da sessão?

16 - Onde, de alguma forma, eu me senti incomodado ou entediado?

17 - Qual foi meu nível de satisfação com a sessão?

18 - Qual foi meu nível de frustração com a sessão?
19 - Em uma escala de 1 (baixo) a 10 (muito alto), de uma forma global, quão eficaz foi meu *coach*?

21 - O que eu acho que o *coachee* ganhou com a sessão?

22 - Como eu assegurei que esta aprendizagem pudesse ser transferida para outras situações?

24 - Qual a coisa mais importante que eu aprendi na sessão?

25 - O que eu faria diferente se pudesse refazer a sessão?

26 - Quais competências do *coachee* foram realçadas na sessão?

27 - Quais ações eu preciso tomar para aumentar ou melhorar minhas competências de *Coaching*?

Coaching Group de carreira

Várias pessoas solicitaram, enquanto apresentávamos o método, um roteiro de como implantar o MCC em suas empresas ou universidades. Diante disto, resolvemos colocar um manual de procedimentos para a execução de uma oficina, onde com a ajuda de um mediador, várias pessoas podem ter seu primeiro contato com o método e consigo mesmas, gerando um plano básico de desenvolvimento que poderá ser mantido como um *scorecard* pessoal e um protocolo de comunicação entre o profissional, seu *coach*, seu mentor ou qualquer outro elemento que a empresa ofereça como facilitador de carreira.

Aos profissionais que não estão em uma empresa e buscam orientação para o desenvolvimento profissional, este *workshop* facilita a organização das ideias, permitindo que esta mesma pessoa passe a se ver como uma empresa individual capaz de oferecer seu conhecimento na forma de um produto ao mercado e desta maneira, atingir seus objetivos. O *workshop* está desenhado para ser executado em dois dias ou quatro períodos de meio dia, de acordo com a disponibilidade de tempo e de recursos dos participantes.

É importante não condensar o conteúdo em um tempo menor, pois, a riqueza do processo está exatamente na experimentação e na reflexão que o participante fará sobre sua vida, suas opções, seus valores e finalmente sobre sua carreira. Os trabalhos que serão desenvolvidos ao longo dos dois dias combinam uma pequena apresentação teórica sobre o ponto que será abordado, para isso, existem páginas e páginas de explicações neste livro. Imediatamente após a explanação, os participantes executam uma das passagens do método, de acordo com sua sequência lógica.

Embora seja um trabalho assumidamente individual, pois cada um tem sua própria visão de carreira, recomendamos que a montagem da sala de eventos seja feita com mesas para um mínimo de quatro e o máximo de seis pessoas. Esta disposição em forma de grupos facilita a ação do mediador, pois ele terá uma quantidade menor de interlocutores ao se dirigir a um grupo e não a um indivíduo, e, que ao mesmo tempo, permite aos participantes a sensação de grupo e compartilhamento de ideias, tão necessária.

Como material de trabalho, os participantes do *workshop* deverão receber duas cópias do roteiro de perguntas poderosas e tabelas, sendo uma em branco para seu uso e anotações e outra preenchida para servir de guia e modelo em caso de dúvidas.

Um dos problemas que notamos na execução dos primeiros *workshops* foi uma considerável perda de produtividade devido à ansiedade dos participantes por não conhecerem o modelo todo e não compreenderem em um primeiro momento qual seria o produto final. Recomendamos fortemente que estas dúvidas sejam sanadas já nos primeiros momentos do trabalho.

No modelo abaixo está a estrutura de programação que normalmente utilizamos e que pode servir de guia para a elaboração de seu *workshop*:

Uma vez montada a estrutura com os grupos dispostos em suas mesas, iniciamos o *workshop* com uma detalhada explanação do conceito de *Coaching* de Carreira, do conceito de valor e da necessidade de identificar e mapear seus *stakeholders*.

O objetivo desta pequena introdução, que não deve ser maior do que uma hora, é preparar as pessoas para a responsabilidade que terão com suas vidas deste ponto em diante e sensibilizá-las sobre o futuro profissional que os espera.

O profissional que irá atuar como facilitador do *workshop* deve, acima de tudo, passar confiança para o grupo e experiência. Muitas dúvidas surgirão, não somente sobre a aplicação do método em si, mas principalmente sobre situações e pessoas que cada participante tem como referência profissional em sua realidade.

Nesta hora o facilitador deve agir como um *coach*, apresentando cenários, contando histórias e fatos, conduzindo o participante a encontrar suas próprias respostas.

A condução do *workshop* se dá de acordo com a sequência descrita, onde a cada passo do caminho o facilitador deverá falar sobre o conteúdo que será trabalhado, apresentar campo a campo como preencher as tabelas (usando o exemplo que os participantes têm) e verificando o real entendimento de todos os passos a serem seguidos.

Dependendo do estilo do grupo e da experiência do facilitador, será possível solicitar *feedbacks* dos participantes a cada final de exercício, contudo é importante lembrar que os planos de trabalho assim como a definição das estratégias são pessoais e, portanto, esses *feedbacks* devem ser voluntários.

No início do segundo dia de atividades é natural que os participantes tenham dúvidas sobre o que fizeram e como estão conduzindo a criação do plano de desenvolvimento. É importante reservar alguns minutos antes do início do evento para esclarecer dúvidas individuais e segundo a estrutura proposta acima, revisar com todos os participantes o conteúdo do dia anterior preparando-os para um novo dia de atividades.

Ao final do segundo dia, quando todos terão seus planos montados, ainda que de forma preliminar, será feita uma revisão de todos os passos de forma a consolidar o entendimento e cristalizar a percepção de conjunto do caminho pelos futuros *coaches*.

Este *Coaching Group* não encerra o assunto, pelo contrário, ele instiga os participantes a aprofundarem seu conhecimento abrindo portas para um novo e empolgante relacionamento.

Resultados extraordinários

"Recomeça... se puderes, sem angústia e sem pressa e os passos que deres, neste caminho duro do futuro, dá-os em liberdade, enquanto não alcances não descanses, de nenhum fruto queiras só metade." **Miguel Torga**

O segmento de carreiras no universo de *Coaching* é o que mais cresce em função da enorme competitividade e cobrança em busca de resultados dentro das empresas. Paradoxalmente, quanto mais as pessoas anseiam pelo sucesso em suas carreiras mais elas buscam harmonia pessoal e a realização como indivíduos e elementos de família.

Neste livro, combinamos as duas visões do mundo profissional com o melhor do *Professional & Self Coaching* (PSC) e do pragmatismo e visão estratégica da metodologia *Career And Relationship Management (CRM)*, oferecendo um arsenal de técnicas e ferramentas para que o *coach* de qualquer nível possa atuar como especialista em *Coaching* de Carreira, atendendo tanto a indivíduos como empresas.

Agora estamos no início de mais uma caminhada em nossas vidas. Temos a oportunidade de ressignificar tudo pelo o que já passamos e começar uma nova jornada. Vimos bons exemplos de como e por onde podemos começar, então chegou a hora em que você deve pensar qual a melhor maneira de aplicar as ferramentas que foram expostas, e quais irão se adequar melhor ao estado desejado do seu *coachee*. O importante é sempre manter o foco no positivo e transmitir isso ao seu cliente para que, assim, ele possa se sentir seguro durante todo o processo. Faça com que ele se lembre sempre de se lembrar de nunca esquecer que você está ali para mostrar a ele caminhos, mas que o resultado de todas as ações depende única e exclusivamente dele, pois é a história profissional dele que será verdadeiramente transformada.

Quando falamos em resultados, uma das principais referências que temos é a dos que incidem diretamente na qualidade de vida das pessoas, onde cada vez mais elas desejam melhorá-la. O *Coaching* de Carreira atua principalmente neste aspecto, pois trabalha de forma conjunta o EU Profissional e o EU Pessoal, que são totalmente beneficiados por este processo, já que pessoal e profissional se complementam e têm necessidade de conviver harmonicamente. São sempre nestes dois espaços da vida que o ser humano mais busca realizações para se sentir perfeitamente completo. Neste sentido, no momento em que estes dois ambientes estão em inteira sintonia é que podemos dizer que os indivíduos se sentem mais plenos para enfrentar quaisquer desafios que lhe forem impostos.

Percebemos então que o *Coaching* é um processo extremamente poderoso de transformação, mudança, motivação, de aceleração de resultados, de autoconhecimento, autodesenvolvimento, do qual podemos nos atrever a dizer, que o seu objetivo é a satisfação e por que não, intrinsecamente, trazer a felicidade de quem tem a oportunidade de vivenciá-lo. De fato é isso que nós, *coaches,* sentimos e temos a certeza de que nossos *coachees* também sentem, quando alcançam suas metas, objetivos e, principalmente, realizam seus sonhos. A cada formação, a cada atendimento, a cada resultado que obtemos em cada passo do processo, podemos ver e sentir em nossos clientes a FELICIDADE.

Em uma das formações do *Business and Executive Coaching* do IBC, durante o encerramento, um dos participantes tomou a palavra e disse que "*coaches* são pessoas escolhidas por Deus para mudar o mundo". Relatos como estes nos dão a certeza de que estamos seguindo pelo caminho certo e nos dão, ainda, o incentivo e a força para buscar cada vez mais alcançar metas e objetivos maiores, sempre e a todo instante. Agora querido leitor, que chegamos até aqui, o desafio está lançado: veja, reveja, avalie, pense em tudo que já viveu e quer viver, e se desafie todos os dias a fazer sempre o melhor que puder em tudo aquilo que se propuser em sua vida, pois as iniciativas devem partir, primeiramente, de nós mesmos, para que assim possamos chegar aos resultados esperados e para que estes sejam refletidos de forma eficaz por onde quer que passemos. Temos muito trabalho pela frente, e como já foi dito, o momento é de RESSIGNIFICAÇÃO, então, sigamos em frente, pois os nossos sonhos nos esperam.

A seguir, reproduziremos um artigo de José Roberto Marques, publicado em janeiro de 2012. Uma poderosa dica de como agir verdadeiramente com humanidade pode mudar você, seus pares e o mundo.

Humanidade

PERMITA-SE VIVER NA ESSÊNCIA A SUA HUMANIDADE...

Afinal, o que é HUMANIDADE? Como isso nos leva a RESULTADOS EXTRAORDINÁRIOS?

Humanidade é o resumo de tudo que há de Melhor dentro de cada ser humano. É a Melhor Pessoa que existe dentro de nós. É o ato de praticar o "bem" intuitivamente. É o resumo dos ensinamentos de todas as religiões. Humanidade é o pequeno gesto de perdão quando sofremos calúnia. É a nossa capacidade intrínseca de entender, respeitar a aceitar a opinião dos outros. Não há no coração e na alma da pessoa que pratica a Humanidade o sentimento de ser o mais correto ou o mais inteligente, como acontece, com frequência, com algumas pessoas e até mesmo filosofias, doutrinas e religiões.

Humanidade é Permitir-se e Ousar ir Além, é fazer diferente, escolhendo e decidindo viver no sétimo nível do processo evolutivo. É VIVER O LEGADO, ter uma missão de vida, reconhecer sua SOMBRA e LUZ, viver o pensamento sistêmico, o NÃO JULGAMENTO. Representa por si um ato de respeito ao próximo. É o sorriso que damos para as crianças que vêm ao nosso encontro, sem motivo, sem interesse, sem julgamento.

Para viver a Humanidade é muito simples, não precisa pagar nada, não precisa doar nenhum bem material, não precisa necessariamente ir toda semana para algum lugar... Mas o melhor de tudo, que nem é preciso falar que faz parte do movimento da humanidade "SER FELIZ".

Quem pratica a Humanidade é manso e pacífico, carinhoso e bondoso, leal e verdadeiro. Sério e bondoso ao mesmo tempo, pois a Humanidade transforma o homem e a mulher em Seres "Realmente" Humanos.

O termo Humanidade foi escolhido com muito cuidado para que todos, sem diferença alguma, possam participar e praticar. Acreditamos que o maior potencial do Ser Humano é viver a sua Humanidade e, para isso, basta AMAR no sentido literal da palavra: AMAR Incondicionalmente.

O que pedimos aqui é que as pessoas Permitam-se a viver e praticar sua Humanidade todos os dias. Isso tudo, para nós, é o que significa HUMANIDADE.

MAS E OS RESULTADOS EXTRAORDINÁRIOS?

Resultados Extraordinários são apenas detalhes para quem vive a humanidade na essência. Simples assim!

E Lembre-se Sempre de se Lembrar de Nunca Esquecer: a aceleração de nosso processo evolutivo está intimamente ligada à habilidade de vivermos nossa humanidade.

Paz, Luz e Harmonia!

Com Carinho,

José Roberto Marques

Coisas que aprendi com o tempo

"O Tempo é um presente precioso. Aprendi que é preciso usá-lo com permissão e carinho!"

José Roberto Marques

Ele é a nossa dimensão de temporalidade, de presente, passado e futuro, ou melhor, nossa noção de presente e a lembrança do que ficou e, ainda, nossa projeção de sonhos e conquistas feitas AQUI e AGORA!

Nunca perca seu tempo com ressentimentos, mágoas ou vinganças. Ao invés disso, tente sempre construir relações verdadeiras, com respeito, afeto e companheirismo. E não importa o Tempo que gaste: Faça com Amor!

Aprendi que Sucesso e Fracasso, Vitórias e Derrotas, Felicidades e Tristezas, tudo isso em maior ou menor proporção, faz parte da vida de todo mundo. O que nos difere é a forma como escolhemos alcançar aquilo que desejamos e imaginamos ser o melhor para nós!

Em seu caminho, lembre-se de que dinheiro é importante, mas não mais do que você e o tempo que dedica aos seus filhos, familiares, amigos, pois nenhum dinheiro pagará por sua ausência, o vazio e a solidão deles.

Aprendi com o Tempo que perder não é vergonhoso. Vergonhoso é perder Tempo continuando a focar na dor. Perder é uma oportunidade de aprendizagem e crescimento, uma permissão direta para ressignificar.

Aprendi que meu Exemplo e, não os bens materiais, será o meu maior Legado. Pois diante da morte não quero causar alegria pela herança material, mas sim a comoção sincera naqueles que realmente me amaram em vida.

Aprendi que Ser Feliz parte realmente de dentro de nós, todo o resto está longe, pode partir, está fora do nosso controle, enquanto a Felicidade é uma sementinha interna, que vai crescendo e crescendo, se alimentada pelo que cultivamos de melhor em nós!

Confesso com alegria no coração que Aprendi com cada um dos meus *coachees* como ser um Profissional, Pai, Filho, Ser Humano Melhor, porque ao compartilharmos nosso Tempo, vi em cada uma dessas pessoas uma ENERGIA VIBRANTE, uma FONTE DE LUZ!

E é essa Luz que nos faz ser mais Fortes, ter mais Fé, mais Esperança e Existir de Verdade.

E **Lembre-se sempre de se lembrar de nunca esquecer**: Tudo Isso Que Aqui Compartilho com você leitor, também tem uma parte do que Aprendi com todas as pessoas que pela minha vida passaram, seja em minhas formações ou em minhas sessões de atendimento.

Que esta mensagem seja um instrumento de *empoderamento* e permissão do "EU" de cada um de nós.

Obrigado pelo "Tempo" dado a esta leitura.

Paz, Fé, Proteção Divina e Muita Luz.
Obrigado!!!

José Roberto Marques

Bibliografia

- **Revista Você RH**
  Edição 03 – Jun/Jul/Ago 2008
  Matéria Junte-se a eles – Juliana Garçon
- **Ganhando Mais**
  Ian Brooks
  Editora Fundamento
- **Cem dias entre Céu e Mar**
  Amyr Klink
  Companhia das Letras
- **Linha-D'agua**
  Amyr Klink
  Companhia das Letras
- **Os Arquétipos e o Inconsciente coletivo**
  Carl Gustav Jung
  Editora Vozes
- **Introdução à psicologia Junguiana**
  Calvin S. Hall e Vernon J. Nordby
  Cultrix
- **Velejando com a Vida**
  Richard Bode
  Sextante
- **Como Conquistar um Ótimo Emprego**
  Thomas A. Case
  Makron Books
- **O 8º Hábito**
  Stephen Covey
  Campos
- **A descoberta do fluxo**
  Mihaly Csikszentmihalyi
  Rocco
- **Trabalhando com a Inteligência Emocional**
  Daniel Goleman
  Objetiva
- **Do estresse à força: como aliviar a sua carga e salvar sua vida**
  Robert S. Eliot
  Bantam

- **O Conde de Monte Cristo**
  Alexandre Dumas
  Publicações Europa-América
- **Apostila PSC - *Professional and Self Coaching***
  Instituto Brasileiro de Coaching
- **Apostila BEC - *Business and Executive Coaching***
  Instituto Brasileiro de Coaching
- **O homem e seus símbolos**
  Carl Gustav Jung
  Nova Fronteira
- **Florescer**
  Martin P. Seligman
  Objetiva

Filmografia

- **Tucker - Um Homem e Seu Sonho**
(Tucker: The Man and His Dream, EUA, 1988)
Gênero: Drama
Produtora(s): Lucasfilm Ltda
- **Batman - O Cavaleiro das Trevas**
(The Dark Knight, EUA, 2008)
Gênero: Ação, Crime, Drama etc.
Produtora(s): Warner Bros. Pictures, Legendary Pictures, DC Comics, Syncopy
- **O Conde de Monte Cristo**
(Comte de Monte Cristo, Le, Alemanha/França/Itália, 1998)
Gênero: Aventura
Produtora(s): Cité Films, DD Productions, G.M.T. Productions, Mediaset, TF1, Taurus Film
- **Peter Pan**
(Peter Pan, EUA, 1953)
Gênero: Infantil
Produtora(s): Walt Disney Pictures
- **O Vôo da Fênix**
(Flight of the Phoenix, EUA, 2004)
Gênero: Ação
Produtora(s): 20th Century Fox, Davis Entertainment, Optional Pictures
- **À procura da felicidade**
(The Pursuit of Happyness,2006)
Gênero: Drama
Produtora(s): Columbia Pictures Corporation, Escape Artists, Overbrook Entertainment, Relativity Media
- **A rede social**
(The Social Network, 2010)
Gênero: Drama, História
Produtora(s): Columbia Pictures Corporation, Escape Artists, Overbrook Entertainment, Relativity Media
- **O desinformante**
(The Social Network, 2009)
Gênero: Comédia,Crime,Drama, Suspense

Produtora(s): Warner Bros. Pictures, Participant Media, Groundswell Productions, Section Eight, Jaffe/Braunstein Enterprise

- **Wall Street - O Dinheiro Nunca Dorme**
  (Wall Street: Money Never Sleeps, 2010)
  Gênero: Drama
  Produtora(s): Edward R. Pressman Film
- **Desafio no gelo**
  (Miracle, 2004)
  Gênero: Drama
  Produtora(s): Pop Pop Productions, Mayhem Pictures, Walt Disney Pictures
- **O primeiro milhão**
  (Boiler Room, 2000)
  Gênero: Suspense
  Produtora(s): New Line Cinema, Team Todd
- **A fraude**
  (Rogue Trader, 1999)
  Gênero: Drama
  Produtora(s):Granada Film Productions, Newmarket Capital Group LLC
- **A firma**
  (The firm, 1993)
  Gênero: Suspense
  Produtora(s): Paramount Pictures
- **Sucesso a qualquer preço**
  (Glengarry Glen Ross,1992)
  Gênero: Comédia, Drama
  Produtora(s): GGR, New Line Cinema, Zupnik Cinema Group II
- **O advogado do diabo**
  (The Devil's Advocate,1997)
  Gênero: Drama
  Produtora(s): Kopelson Entertainment, New Regency Pictures, Taurus Film, Warner Bros. Pictures